Potenzial und Grenzen der Missbrauchskontrollregelung in der Europäischen Union und in der Volksrepublik China

SCHRIFTEN
zum internationalen und zum öffentlichen
RECHT
Herausgegeben von Gilbert Gornig

Band 111

Zu Qualitätssicherung und Peer Review der vorliegenden Publikation

Die Qualität der in dieser Reihe erscheinenden Arbeiten wird vor der Publikation durch den Herausgeber der Reihe geprüft.

Notes on the quality assurance and peer review of this publication

Prior to publication, the quality of the work published in this series is reviewed by the editor of the series.

Lì Lǐ

Potenzial und Grenzen der Missbrauchskontrollregelung in der Europäischen Union und in der Volksrepublik China

Eine rechtsvergleichende Analyse am Beispiel der Kampfpreisstrategien

PL ACADEMIC RESEARCH

Bibliografische Information der Deutschen Nationalbibliothek
Die Deutsche Nationalbibliothek verzeichnet diese Publikation in der DeutschenNationalbibliografie; detaillierte bibliografische Daten sind im Internet über http://dnb.d-nb.de abrufbar.

Zugl.: Marburg, Univ., Diss., 2014

Gedruckt auf alterungsbeständigem,
säurefreiem Papier.

D 4
ISSN 0943-173X
ISBN 978-3-631-65281-7 (Print)
E-ISBN 978-3-653-04396-9 (E-Book)
DOI 10.3726/978-3-653-04396-9

PL Academic Research ist ein Imprint der Peter Lang GmbH.
Peter Lang – Frankfurt am Main · Bern · Bruxelles · New York ·
Oxford · Warszawa · Wien

Diese Publikation wurde begutachtet.

www.peterlang.com

Diese Arbeit ist meinen Eltern
Shan, Shuqin (单淑琴) Li, Yongcai (李永财)
gewidmet

Vorwort

Die vorliegende Arbeit wurde im Jahr 2014 vom Fachbereich Rechtswissenschaften der Philipps-Universität Marburg als Dissertation angenommen. Die Disputation fand am 10.2.2014 statt.

Mein ganz besonderer Dank gilt meinem Doktorvater Herrn Professor Dr. Dr. h. c. mult. Gilbert Gornig für seine Betreuung, Ermutigung sowie die zügige Korrektur der Arbeit. Er stand für akademische Fragen und in meinen Depressionsphasen für mich immer zur Verfügung. Ohne seine Unterstützung wäre das Gelingen der Arbeit unmöglich gewesen. Es ist mir eine große Ehre in Deutschland einen Doktortitel zu erlangen, dafür verdient der liebe Professor Gornig meinen herzlichen Dank. Sein Angebot in Deutschland zu promovieren veränderte mein Leben.

Zu Dank verpflichtet bin ich auch Herrn Professor Dr. Kling, der mich bei meiner Arbeit mit thematischen Anregungen, wertvollen Ratschlägen und wichtigen Materialien aus Deutschland unterstützte. Ich danke ihm auch herzlich dafür, dass er das Zweitgutachten in einem bemerkenswert kurzen Zeitraum anfertigte.

Beim China Scholarship Council bedanke ich mich herzlich für die großzügige finanzielle Unterstützung meines vierjährigen Aufenthaltes in Deutschland. Während der Zeit in Marburg kümmerten sich meine Freunde am Lehrstuhl von Professor Gornig um mich wie um ein Familienmitglied, dafür danke ich allen herzlich. Weiterhin danke allen meinen guten Freunden in Marburg, mit denen ich eine unvergessliche Zeit verbrachte und meine Disputation feierte.

Frau Dr. Romy Nicole Fleischer gilt mein besonderer Dank für die gründliche, kritische Durchsicht und die wertvollen Ratschläge, die zur Verbesserung der Dissertation beitrugen. Dafür danke ich auch meiner Freundin Frau Dr. Frauke Timm. Frau Heike Speier, Frau Anne Shaker sowie meinen Praktikanten in Nanjing, Frau Kathera Zuschlag, Herr Christoph Zuschlag und Herr Niklas Füchten möchte ich für die sprachlichen Korrekturen sehr danken.

Der letzte Teil der Dissertation wurde in China gefertig, wo ich an der Universität für Finanzen und Wirtschaft in Nanjing als Dozentin tätig bin. Außer für die Geduld meines Arbeitsgebers möchte ich meinen herzlichen Dank meinen Freunden Frau Xue Li und ihrem Ehemann Ang Lü für ihre Unterstützung, Ermutigung und Begleitung in dieser Zeit aussprechen.

Die Dissertation war für mich eine große Herausforderung. Ohne die bedingungslose Unterstützung, das Vertrauen und die Liebe meiner Eltern hätte ich alles nicht geschafft. Dass ihre Tochter Doktorin wird, war ihr großer Traum, den ich ihnen heute mit großer Freude endlich erfüllen kann. Diese Arbeit ist daher meiner Familie gewidmet.

Nanjing, im 28. März 2014 Li Li

Inhaltsverzeichnis

Abkürzungsverzeichnis

a. A.	anderer Ansicht
ABl.	Amtsblatt
Abs.	Absatz
AEUV	Vertrag über die Arbeitsweise der Europäischen Union
AMG	Antimonopolgesetz der Volksrepublik China
Art.	Artikel
Az	Aktenzeichen
BB	Betriebsberater (Zeitschrift)
Bd.	Band
Diss.	Dissertation
EC	European Community
EG	Europäische Gemeinschaft
EGKS	Europäische Gemeinschaft für Kohle und Stahl
EGKSV	Vertrag über die Gründung der Europäischen Gemeinschaft für Kohle und Stahl
EGV	Vertrag zur Gründung der Europäischen Union
EU	Europäische Union
EuG	Europäisches Gericht erster Instanz
EuGH	Europäischer Gerichtshof
EUV	Vertrag über die Europäische Union
EuZW	Europäische Zeitschrift für Wirtschaftsrecht
EWG	Europäische Wirtschaftsgemeinschaft
EWS	Europäisches Wirtschafts- und Steuerrecht
f(f.)	folgende
FK	Frankfurter Kommentar
FKVO	Fusionskontrollverordnung
FS	Festschrift
Fn.	Fußnote
GA	Generalanwalt
Geo. L. J.	Georgetown Law Journal
GWB	Gesetz gegen Wettbewerbsbeschränkungen
Harv. L. Rev.	Harvard Law Review

Hrsg.	Herausgeber
i. V. m.	in Verbindung mit
JZ	Juristenzeitung
KPCh	Kommunistische Partei Chinas
Lfg.	Lieferung
lit.	litera
LS	Leitsatz
Ltd.	Limited
m. w. N.	mit weiteren Nachweisen
MarktAbgrLL	Leitlinien zur Abgrenzung des relevanten Marktes
MOFCOM	Untersuchung des Handelsministeriums
MünchKomm	Münchener Kommentar
NDRC	Nationaler Ausschuss für Entwicklung und Reformen
Nr.	Nummer
OECD	Organisation for Economic Co-operation and Development
OVG	Oberes Volksgericht
RIW	Recht der internationalen Wirtschaft
Rn.	Randnummer
Rs.	Rechtssache
S.	Satz
S.	Seite
SAIC	Staatliche Industrie- und Handelsbehörde
sec.	section
Slg.	Sammlung
sog.	sogenannt (e)
SSNIP-Test	small but significant non-transitory increase in price-test
StGB	Strafgesetzbuch
Texas Int'l L.J.	Texas International Law Journal
Tz.	Textziffer
USA	United States of America
v.	vom
Var.	Variante
verb.	verbunden
vgl.	vergleiche
VO	Verordnung
VR	Volksrepublik
WettbR	Wettbewerbsrecht
WTO	World Trade Organisation

WuW	Wirtschaft und Wettbewerb (Zeitschrift)
Yale L. J.	Yale Law Journal
z. B.	zum Beispiel
ZChinR	Zeitschrift für chinesisches Recht
ZEus	Zeitschrift für Europarechtliche Studien
ZHR	Zeitschrift für das gesamte Handelsrecht und Wirtschaftsrecht
ZWeR	Zeitschrift für Wettbewerbsrecht

§ 1. Einleitung

A. Hintergrund der Untersuchung

Der ökonomische Wettbewerb ist die Grundlage für den Aufschwung der wirtschaftlichen Effizienz und der Verbraucherwohlfahrt im Rahmen einer florierenden Marktwirtschaft. Darüber sind sich die Europäische Union und die Volksrepublik China einig. Dieser Wettbewerb ist die wichtigste Institution zur Gewährleistung einer effektiven Ressourcenallokation, zumal er die wirtschaftliche Entwicklung insgesamt ankurbelt.[1] Der Schutz des Wettbewerbs als Institution ist vor allem wegen seiner verschiedenen wirtschaftlichen und gesellschaftspolitischen Funktionen und Aufgaben von hoher Relevanz.[2] Die Umsetzung des Wettbewerbsschutzes, insbesondere durch das Kartellrecht und hier die Vorgehensweise gegen einseitige Beeinträchtigungen seitens marktdominierender Unternehmen, weicht mitunter im Detail aufgrund spezifischer, teils kulturell und teils politisch bedingter Eigenheiten im europäischen und chinesischen Rechts- und Wirtschaftskreis voneinander ab.

Im Zuge der Globalisierung und der raschen Entwicklung der Technik zeigt sich nicht nur eine Wettbewerbszunahme in bestimmten Märkten (z. B. im Telekommunikationssektor in der Bundesrepublik Deutschland), sondern ebenso ein Anstieg von wirtschaftlichen Konzentrationen, der der Wohlfahrt schaden kann. Dies bringt zugleich immer komplexere kartellrechtliche Sachverhalte mit sich und verdeutlicht das Erfordernis einer klaren Rechtslage. Dabei stellt sich insbesondere die derzeit besonders stark diskutierte Frage, wie viel (kartell-)rechtliche Regulierung in bestimmten Märkten erforderlich ist (EU) bzw. wie viel Liberalisierung geboten erscheint (China). Oftmals spielen bei der Beantwortung dieser Fragen besondere Marktumstände in bestimmten Industriezweigen, wie etwa

---

1 *Wang, Xiaoye,* Monopole und Wettbewerb in der chinesischen Wirtschaft. Eine kartellrechtliche Untersuchung unter Berücksichtigung der US-amerikanischen und deutschen Erfahrungen bei der Fusionskontrolle, Tübingen 1993, S. 18.

2 *Lange, Knut Werner/Pries, Thorsten,* Einführung in das europäische und deutsche Kartellrecht, 2. Auflage, Frankfurt am Main 2011, Rn. 1, S. 1.

staatliche Regulierungen im Pharmasektor auf EU-Ebene[3] oder Begünstigungen von bestimmten Marktakteuren in der Automobilbranche in China, sowie die über Jahrzehnte gewachsene Marktstruktur eine wichtige Rolle. Eine effektive Umsetzung des Wettbewerbsphänomens lässt sich aber nicht nur durch rechtliche Regelungen erreichen, sondern erfordert darüber hinaus eine effektive Umsetzung und nicht zuletzt auch die Unterstützung politischer Kreise, da diese nicht selten den Kurs des Wettbewerbsrechts mitbestimmen. So verkündete beispielsweise die Kommunistische Partei Chinas (KPCh) Mitte November 2013 im Rahmen der dritten Plenarsitzung des Achtzehnten Zentralkomitees eine „Entscheidung zu den Kernpunkten einer Vertiefung der Reform", die weitreichende Konsequenzen für die wirtschaftliche Entwicklung Chinas vorsieht. Neben der in Europa vor allem in den Medien betonten Lockerung der „Ein-Kind-Politik" ist in ökonomischer Hinsicht die weitere Öffnung der Wirtschaftspolitik nachfolgend von Bedeutung. Der dritte Teil der Entscheidung des Zentralkomitees bezieht sich insoweit auf die rasche Verbesserung des Wirtschaftssystems und die Etablierung einer fairen, offenen und transparenten Regulierung der Märkte. Es soll künftig stärker gegen den Regionalschutz, gegen Monopole und gegen unlauteren Wettbewerb angekämpft werden. Es handelt sich insgesamt um eine weitgehende, grundlegende Reformbestrebung des Landes, die zu begrüßen ist. So soll durch die Preisreform im Bereich der Wasser-, Öl-, Gas- und Stromkraftversorgung, aber auch in den Industriesektoren Verkehr und Kommunikation der Wettbewerb intensiviert werden. Zudem ist eine Öffnung der Finanzbranche geplant, die es privaten Investoren (z. B. kleine und mittelständischen Banken) ermöglicht, sich in China zu etablieren. Dennoch ist man sich im Klaren darüber, dass der Markt sich nicht immer selbst reguliert. Dessen unkontrollierte Entwicklung kann zu einem für die Wohlfahrt negativen Konzentrationsprozess oder bei preisbezogenen Marktpraktiken zu einem Vernichtungswettbewerb führen, deren Verhinderung klare und umfassende Regelungen erfordert. Diese Regelungen sind jedoch vor allem im Bereich der relativ „jungen" chinesischen Missbrauchskontrolle noch nicht gegeben, was nicht zuletzt durch viele bekannte Fälle nach Inkrafttreten des Antimonopolgesetzes der Volksrepublik China (AMG) belegt werden kann, so etwa im Jahr 2009 *Renren* gegen *Baidu*, die 2011 begonnene Untersuchung gegen *China Telecom* und *China Unicom* oder der 2013 entschiedene Fall *Qihu 360* gegen *Tencent*.

3 Siehe *Fleischer, Romy,* Die Dynamik des Wettbewerbsschutzes im US-amerikanischen, europäischen und australischen Kartellrecht – eine rechtsvergleichende Untersuchung zu Sec. 2 Sherman Act, Art. 102 AEUV und Sec. 46 CCA 2010, Köln 2013, S. 46.

B. Ziel der Untersuchung

Das vor fünf Jahren in Kraft getretene chinesische Antimonopolrecht orientiert sich inhaltlich und strukturell stark am deutschen und europäischen Modell, weshalb eine rechtsvergleichende Untersuchung zu den Unterschieden und Gemeinsamkeiten gewinnbringend ist. Dies erfolgt vor dem Hintergrund der sprachlichen Hürden und Feinheiten beider Rechtskreise, da die Lehre in China oftmals nach Europa oder in Richtung USA blickt, um Antworten auf „eigene" Rechtsfragen zu finden, während dagegen relativ wenige Wissenschaftler im Westen auf die Rechtslage im „Reich der Mitte" blicken. Ein Grund kann die sprachliche Barriere sein, jedoch ist gerade deshalb eine tiefgehende Analyse aus chinesischer Sicht, vor allem am Beispiel der europäischen und chinesischen Missbrauchskontrolle, bei der in den letzten Jahren eine „Modernisierungswelle" zu verzeichnen war, lohnend. Es ist zugleich eine Gelegenheit herauszuarbeiten, an welchen Stellen China bei der Kartellrechtsanalyse auf die Erfahrungen des europäischen Rechtskreises zurückgreifen kann, um auf diesem Weg die „eigene" Rechtsauslegung zu bereichern. Sinn und Zweck jener Praxis ist es, aus dem fremden Rechtsfundus zu lernen, ohne dabei dessen Probleme und Defizite aus dem Blickwinkel zu verlieren und die chinesischen Besonderheiten zu vernachlässigen, die im gebotenen Umfang ebenso zu würdigen sind.

C. Gang der Untersuchung

Angesichts der im November 2013 angekündigten Reformen Chinas im Bereich der Entwicklung der Volkswirtschaft, wie der Öffnung der Märkte für private Banken, des Abbaus der Monopole und der Förderung eines fairen Wettbewerbs, thematisiert die vorliegende Arbeit die Durchsetzung der Missbrauchskontrollregelung in China und der Europäischen Union. Dabei soll die Europäische Union als Bezugspunkt dienen, so dass die chinesische Rechtslage anhand ausgewählter Entscheidungen der Judikative und unter Beachtung der gesetzgeberischen Konkretisierungsansätze im Rahmen eines Vergleichs dazu in Ansatz gebracht wird. Dies erfordert vorab einen Überblick über die Grundlagen beider den Wettbewerb schützenden Vorschriften vor dem Hintergrund der jeweiligen Kartellrechtssysteme. Hiermit setzt sich im Detail § 2 der Arbeit unter hinreichender Würdigung historischer, rechtlicher und struktureller Besonderheiten auseinander. Sodann beschäftigt sich § 3 der Arbeit mit einem im Bereich des chinesischen Missbrauchsverbots gegenwärtig stark diskutierten Problem, nämlich der genauen Bestimmung des relevanten Marktes in sachlicher, räumlicher und zeitlicher Hinsicht. Dieser relevante Markt wird nach einer Vorstellung der europäischen Marktabgrenzung in rechtsvergleichender Weise untersucht. § 4 der Arbeit widmet sich dann dem eigentlichen Tatbestandsmerkmal der marktbeherrschenden Stellung des in Frage stehenden Unternehmens, wobei die vorher gesammelten Erkenntnisse zur Marktabgrenzung – als Voraussetzung der Prüfung – aufgegriffen und im Zusammenhang mit der Beherrschung jeweils am Beispiel der Europäischen Union und der Volksrepublik China analysiert werden. Der anschließende § 5 der Arbeit behandelt das zweite verhaltensorientierte Tatbestandsmerkmal beider Vorschriften, nämlich den Marktmacht*missbrauch.* Dieser soll anhand der Fallgruppe der Preisunterbietungen in rechtlicher, systematischer und analytischer Hinsicht beleuchtet werden, um etwaige Gemeinsamkeiten und Unterschiede zwischen den beiden untersuchten Rechtsordnungen zu ermitteln. Im Anschluss daran erfolgt im letzten Teil, dem § 6 der Arbeit, in gebotenem Umfang eine Zusammenfassung der wesentlichen Ergebnisse der Untersuchung

§ 2. Das Missbrauchsverbot auf EU-Ebene und in China

Das Bild der „kartellrechtlichen Landschaft“ wandelt sich in jüngerer Zeit vor allem im Bereich der kartellrechtlichen Beurteilung monopolistischer Marktverhaltensweisen von Großunternehmen rasant.[4] Es handelt sich um ein Phänomen, das sowohl im europäischen als auch im chinesischen Recht gegen Wettbewerbsbeschränkungen zu beobachten ist, wobei die Analyse des Missbrauchsverbots auf EU-Ebene und in China unter Berücksichtigung der besonderen Eigenheiten des jeweiligen Rechtskreises zu erfolgen hat. Das Verständnis von Wettbewerb und Wirtschaft ist hierbei von einem weiteren relevanten Aspekt abhängig, nämlich dass in Europa in der Regel eine soziale, freie Marktwirtschaft floriert, während in China eine sozialistische, quasi „geplante Marktwirtschaft“[5] existiert.

A. Grundlagen des EU-Kartellrechts

Um die Missbrauchskontrollregelung und ihre Bedeutung im System des europäischen Kartellrechts durchleuchten zu können, ist eine vorherige Analyse der Grundlagen nötig, welche den historischen und rechtlichen Hintergrund erfasst sowie eine Auseinandersetzung mit der Judikative und der Literatur im gebotenen Maße neben Fragen des Verhältnisses zu anderen Verboten erfordert. Dies ist zum Gelingen der Untersuchung unerlässlich, denn das Recht gegen Wettbewerbsbeschränkungen ist unstreitig

> “*[...] a complex and highly technical subject, which does not lend itself to easy summary or concise clarification [...].*”[6]

---

4 *Fleischer*, S. 59.

5 *Wang, Xiaoye,* Monopole und Wettbewerb in der chinesischen Wirtschaft. Eine kartellrechtliche Untersuchung unter Berücksichtigung der US-amerikanischen und deutschen Erfahrungen bei der Fusionskontrolle, 1993, S. 222.

6 *Goyder, J./Goyder, D. G./Albors-Llorens, A*, EC Competition Law, 5th edition, Oxford 2009, S. 3.

I. Geschichte und Rechtsgrundlagen

1. Historischer Abriss

Die ersten Bestimmungen des europäischen Kartellrechts gehen auf die Vorschriften der Europäischen Gemeinschaft für Kohle und Stahl (Montanunion)[7] zurück. Deren Wettbewerbsregeln umfassten in Art. 65 Abs. 1 bis 6 EGKS das Kartellverbot, in Art. 66 EGKS die Fusionskontrolle und in Art. 66 Abs. 7 EGKS das Verbot des Missbrauchs einer beherrschenden Stellung.[8] In den im Januar 1958 in Kraft getretenen Vertrag über die Europäische Wirtschaftsgemeinschaft (kurz: EWG-Vertrag) wurden in den Art. 85, 86 EWG-Vertrag vergleichbare Bestimmungen aufgenommen. Hervorzuheben ist hierbei, dass zu jener Zeit kein Gründungsstaat der EWG über ein Kartellrecht mit entsprechend umfangreichen Regelungen verfügte. Trotz zahlreicher Änderungsverträge in der Folgezeit erfuhren die Vorschriften kaum eine inhaltliche Änderung. So waren durch den Vertrag von Amsterdam vom 1. Januar 1999 die Wettbewerbsregeln nunmehr lediglich in den Art. 81 ff. EGV verortet. Eine neue Zählung erfolgte wiederum durch den Lissabonner Vertrag vom 1. Dezember 2009, so dass die Wettbewerbsregeln heute in den Art. 101 ff. des Vertrages über die Arbeitsweise der Europäischen Union (nachfolgend bezeichnet als „AEUV“) zu finden sind. Obgleich sich die Nummerierung der Vorschriften mehrfach änderte, blieben ihr Inhalt und die dahinter stehenden Primärziele weitestgehend erhalten.[9] Allerdings ist aufgrund der Forderung Frankreichs der Wettbewerbsschutzgedanke aus dem EG-Vertrag gestrichen worden[10] und seit dem Lissabonner Vertrag nur noch im rechtsverbindlichen Protokoll Nr. 27 zum EUV und AEUV[11] verankert.

Die Präambel zum AEUV nennt die Zielvorstellungen, in denen die Relevanz des politischen und wirtschaftlichen Zusammenschlusses der europäischen Völker zum Ausdruck kommt. Dazu zählt im Allgemeinen die

---

7 Offizielle Abkürzung: EGKS.

8 Dazu *Mestmäcker, Ernst-Joachim/Schweitzer, Heike,* Europäisches Wettbewerbsrecht, 2. Auflage, München 2004, § 2, Rn. 11 ff.; *Goyder/Goyder/Albors-Llorens*, EC Competition Law, S. 30; *Schröter, Helmuth/Jakob, Thinam/Mederer, Wolfgang*, Kommentar zum Europäischen Wettbewerbsrecht, Baden-Baden 2003.

9 *Fleischer*, S. 61.

10 Siehe *Chalmers, Damian/Monti, Giorgio,* European Union Law, Updating Supplement, Cambridge 2008, S. 21 f.

11 Protokoll über den Binnenmarkt und den Wettbewerb, ABl. EU v. 17.12.2007, Nr. C 306/156.

Verschmelzung der Märkte[12] und der Politik Europas. Durch ein gemeinsames Handeln soll der wirtschaftliche und soziale Fortschritt der Mitgliedsstaaten gesichert werden.[13] Dies erfordert vor allem die Beseitigung der Schranken (Zölle) innerhalb von Europa. Angesichts der favorisierten marktwirtschaftlichen Ordnung fällt jedoch die Aufgabe der Koordinierung unternehmerischer Entscheidungen nicht in den Bereich der einzelnen Mitgliedsstaaten und soll auch nicht durch die Unternehmen oder die Ausübung privater Macht gesteuert werden. Dies obliegt vielmehr grundsätzlich dem Wettbewerb selbst.[14] Gleichwohl ist in Anlehnung an den Vertrag von Lissabon die Errichtung eines Systems des unverfälschten Wettbewerbs nicht mehr als eigenständiges Vertragsziel, sondern als notwendiger Bestandteil des Binnenmarktes zu betrachten.[15] Ein einvernehmliches Vorgehen ist dabei zur Verwirklichung jener Prämissen unerlässlich. Dies gewährleistet nicht nur ein fortwährend beständiges Wirtschaftswachstum und einen ausgewogenen Handelsverkehr, sondern auch einen redlichen Wettbewerb.[16]

2. Struktur und Hintergrund des EU-Kartellrecht

Der AEUV besteht aus sieben Teilen und 358 Artikeln. Es handelt sich demnach um ein umfangreiches Gesetzeswerk, was angesichts der Kürze seiner Entstehung durchaus erstaunt. Aus den einzelnen Normen lassen sich trotz fehlender Legaldefinitionen die grundlegenden Ziele des europäischen Kartellrechts ableiten.[17] Diese sind stets vor der eigentlichen Prüfung der einzelnen Verbote zu ermitteln. Es ist zunächst zu klären, was überhaupt das Ziel der Rechtsanwendung ist.[18] In diesem Zusammenhang ist insbesondere die grundlegende Erkenntnis zu berücksichtigen, dass sowohl der Markt als

---

12 *Dietze, Philipp von/Janssen, Helmut,* Kartellrecht in der anwaltlichen Praxis, 4 Auflage, München 2011, S. 20, Rn. 20; *Bunte, Hermann Josef,* Kartellrecht, 2. Auflage, München 2008, S. 3.

13 Siehe *Fleischer*, S. 34, m. w. N.

14 *Hoffmann, Jochen,* in: *Dauses, Manfred A. (Hrsg.),* Handbuch des EU-Wirtschaftsrechts, 34. Auflage, München 2013, H I, § 1, Rn. 3.

15 *Hoffmann,* in: *Dauses*, EU-Wirtschaftsrecht, H I, § 1,, Rn. 1.

16 Der „Wettbewerbsschutz“ bedeutet im Allgemeinen, dass das an sich undefinierbare Realphänomen Wettbewerb vor unzulässigen privaten und staatlichen Beschränkungen geschützt wird.

17 Dazu *Fleischer*, S. 10 und S. 23.

18 *Bork, Robert H.,* The Antitrust Paradox: A Policy at War with Itself, 1978, und 2d edition, New York 1993, S. 50.

auch der Wettbewerb wesentliche Elemente der nicht ausdrücklich im AEUV verankerten Wirtschaftsverfassung sind. Das europäische Wirtschaftsrecht bildet einen wichtigen Teil des Vertragswerkes, da es den wesentlichen Rahmen für die Durchsetzung des Wettbewerbsprinzips normiert. Insofern enthält das Regelungswerk im VII. Titel, 3. Teil das kartellrechtliche Primärrecht der Europäischen Union, das heißt das Kartell- und das Missbrauchsverbot. Die Wettbewerbsregelungen auf EU-Ebene in den Artikeln 101 bis 109 (ex-Artikel 81–89 EUV) erfassen Verbotstatbestände, die sich gegen Wettbewerbsbeschränkungen richten und besonders „unliebsame" Marktpraktiken von Unternehmen unterbinden wollen.[19] Insofern untersagt das in Art. 101 AEUV verankerte Kartellverbot wettbewerbsbeschränkende Vereinbarungen zwischen mehreren Unternehmen, Beschlüsse von Unternehmensvereinigungen und aufeinander abgestimmte Verhaltensweisen. Dagegen erfasst das Missbrauchsverbot in Art. 102 AEUV die missbräuchliche Ausnutzung einer marktbeherrschenden Stellung durch ein oder mehrere Unternehmen. Beiden Normen ist gemein, dass für dessen Anwendbarkeit der „Handel zwischen den Mitgliedstaaten" beeinträchtigt sein muss. Diese regelmäßig als Zwischenstaatlichkeitsklausel bezeichnete Passage dient in jurisdiktioneller Hinsicht der Abgrenzung gegenüber nationalen Wettbewerbsrechten, weshalb die Normen auch als Kollisionsnormen gelten.[20] Sie fungiert zudem in integrationspolitischer Hinsicht als Begrenzung solcher wettbewerbswidrigen Marktpraktiken, welche die Verwirklichung des Binnenmarktes behindern, weshalb man auch von Sachnormen spricht.[21] Neben diesen beiden Säulen des Kartellrechts findet sich ein dritter Pfeiler im europäischen Sekundärrecht. Es handelt sich um die präventiv[22] wirkende Fusionskontrolle, nach der Zusammenschlüsse nach den Marktanteilen der Akteure und den Fusionseffekten auf den Wettbewerb einer Kontrolle unterfallen. In diesem Bereich erfährt insbesondere die ökonomische Analyse des Rechts eine stärkere Würdigung.[23] Des Weiteren dienen die im Sekundärrecht geregelten Kartellrechtsbestimmungen der Konkretisierung der Auslegung und Durchsetzung der Normen, wie beispielsweise die Verordnung Nr. 1/2003 (kurz: VO Nr. 1/2003) und die Gruppenfreistellungsverordnungen

19 *Fleischer*, S. 12.
20 *Mestmäcker/Schweitzer*, Europäisches Wettbewerbsrecht, § 4, Rn. 1.
21 Dazu *Kling Michael/Thomas Stefan,* Kartellrecht, München 2007, § 1, Rn. 9, S. 5.
22 *Fleischer*, S. 39.
23 Siehe EuG, Urteil v. 06.06.2002, Rs. T-342/99, Slg. 1999, II-2969 – *Airtours*.

(kurz: GVOen), so etwa für den Technologietransfer[24] oder über die Kontrolle von Fusionen.[25]

Die aufgezeigte kartellrechtliche Einteilung der Verbote hat den Vorteil, dass hierdurch der Gesetzgeber das Problem der schwierigen Systematisierung umgeht, das wegen der fehlenden Definition und der infolge Privatautonomie existenten Vielfalt privater Beschränkungen des Wettbewerbs besteht. Bei einer Systematisierung kommen unterschiedliche Anknüpfungspunkte in Betracht (z. B. Art des beschränkenden Verhaltens, Dauer, Marktwirkung, Ursache der Wettbewerbsbeschränkung). Angesichts möglicher Überschneidungen ist jedoch bislang eine allgemein anerkannte, theoretische Systematik der Wettbewerbsbeschränkungen noch nicht gelungen[26] und aus diesem Grund auch unterblieben.

II. Allgemeines zur Missbrauchskontrolle in Art. 102 AEUV

1. Inhaltliche Rahmenbedingungen

a. Zielsetzung

Der Regelung des Art. 102 AEUV liegt der Gedanke zugrunde, dass Unternehmen nicht nur durch zwei- oder mehrseitige Vereinbarungen das Ziel des Binnenmarktes gefährden können,[27] sondern ebenso marktbeherrschende oder über eine große Wirtschaftsmacht verfügende Unternehmen allein in der Lage sind, den Wettbewerb auf den Märkten negativ zu beeinflussen, insbesondere die nationalen Märkte gegeneinander abzuschotten.[28] Aus diesem Grund sind Marktbeherrscher besonderen Verhaltensanforderungen unterworfen, da bei ihnen der Spielraum, durch den Wettbewerb selbst am Markt teilzunehmen, nicht ausreichend kontrollierbar ist. Sie trifft eine besondere Verantwortung dafür, dass durch ihr Verhalten

---

24 VO (EG) Nr. 772/2004 über die Anwendung von Artikel 81 (heute: Art. 101 AEUV) und Artikel 82 (heute: Art. 102 AEUV) EG-Vertrag auf Gruppen von Technologietransfervereinbarungen, ABl. EG Nr. L 123 vom 27.04.2004, S. 11.

25 VO (EG) Nr. 4064/89 vom 21.12.1989, ABl. EG Nr. L 395 vom 30.12.1989, S. 1, berichtigt ABl. EG Nr. L 257 vom 21.09.1990, S. 13.

26 *Rittner, Fritz/Kulka*, Michael, Wettbewerbs- und Kartellrecht, eine systematische Darstellung des deutschen und europäischen Rechts, 7. Auflage 2008, § 5, Rn. 51, S. 179.

27 EuGH, Urteil v. 13.02.1979, Rs. 85/76, Slg. 1979, 461 (Tz. 91) – *Hoffmann-LaRoche.*

28 EuG, Urteil v. 06.10.1994, Rs. T-83/91, Slg. 1994, II-755 (Tz. 91) – *Tetra Pak II.*

kein wirksamer (Rest-)Wettbewerb beeinträchtigt oder vereitelt wird.[29] Das Wirtschaftsphänomen kann seine Ordnungsfunktionen nur dann erfüllen, wenn auf den Märkten ein freies und ungehindertes Spiel der Marktkräfte existiert. Verfügen daher Unternehmen aufgrund ihrer beherrschenden Stellung über eine besonders hohe Marktmacht, besteht ein erhöhtes Potenzial, die Wettbewerbsprozesse zu stören. Das Verbot in Art. 102 AEUV soll dieser Gefahr effektiv entgegen wirken, weshalb es für den Schutz des Wettbewerbs von erheblicher Bedeutung ist.[30]

Der Vorteil des Art. 102 AEUV besteht darin, dass die Regelung – vielfach in Verbindung mit Art. 106 AEUV – als ein effektives Mittel zur Auflockerung vor allem „verkrusteter" Marktstrukturen, die durch wenige Unternehmen mit hoher Marktmacht gekennzeichnet sind, fungiert. Das Verbot ist in erster Linie ein Instrument zur Zurückdrängung vieler „überflüssiger" Monopole, welche die Entwicklung eines florierenden Wettbewerbs behindern. Das wettbewerbsschädliche Entstehen einer beherrschenden Marktstellung verhindern dabei bereits das Kartellverbot und die Fusionskontrolle. Letztere markiert den Anfang des Schutzes, an den das Missbrauchsverbot des Art. 102 AEUV anknüpft. Einen darüber hinausgehenden Schutz etwa vor unlauterem Wettbewerb verankert das EU-Recht in der Richtlinie über unlautere Geschäftspraktiken und im Übrigen das nationale Recht der einzelnen Mitgliedsstaaten.

b. Verbotsinhalt

Das in Art. 102 S. 1 AEUV geregelte Verbot untersagt den Missbrauch einer beherrschenden Stellung auf dem Binnenmarkt oder auf einem wesentlichen Teil desselben durch ein oder mehrere Unternehmen, soweit dieser Missbrauch dazu führen kann, dass der Handel zwischen Mitgliedstaaten beeinträchtigt wird. Aus Satz 2 der Norm folgen Regelbeispiele zum Missbrauchsverhalten, was bereits der Begriff „insbesondere" verdeutlicht. Diese sind keineswegs abschließender Natur, jedoch zeigen sie umso mehr die Besorgnis des Gesetzgebers hinsichtlich bestimmter Missbrauchsformen, die er als besonders wettbewerbsschädlich einstuft. Die Auflistung umfasst dabei die unmittelbare oder mittelbare Erzwingung unangemessener Einkaufs- oder Verkaufspreise oder sonstiger Geschäftsbedingungen, die Einschränkung der Erzeugung, des Absatzes oder der technischen Entwicklung

29 EuGH, Urteil v. 16.03.2000, verb. Rs. C-395/96 P u.a, Slg. 2000, I-1365 (Tz. 37) – *Compagnie Maritime Belge;* EuG, Urteil v. 23.10.2003, Rs. T-65/98, Slg. 2003, II-4653 (Tz. 158) – *Van den Bergh Foods.*

30 *Lange, Knut Werner*, Europäisches und deutsches Kartellrecht, Frankfurt am Main 2006, S. 81.

zum Schaden der Verbraucher, die Anwendung unterschiedlicher Bedingungen bei gleichwertigen Leistungen gegenüber Handelspartnern, wodurch diese im Wettbewerb benachteiligt werden, sowie die an den Abschluss von Verträgen geknüpfte Bedingung, dass die Vertragspartner zusätzliche Leistungen abnehmen, die weder sachlich noch nach Handelsbrauch in Beziehung zum Vertragsgegenstand stehen.[31] Sofern ein Verhalten nicht in eine der durch die Regelbeispiele vorgezeichneten Fallgruppen missbräuchlichen Verhaltens fällt, kann auf die Generalklausel in Satz 1 zurückgegriffen werden.[32] Insgesamt folgt aus der Struktur der Norm, dass die Missbrauchskontrolle ein umfassendes Instrument zum Erhalt und der Sicherung eines funktionsfähigen Wettbewerbs verkörpert, das sich auf einseitige Praktiken besonders marktstarker Akteure bezieht.

2. Wohlfahrtsaspekte im Bereich des Art. 102 AEUV

In jüngerer Zeit verfolgt insbesondere die Kommission bei der Umsetzung des europäischen Missbrauchsverbots, das traditionell neben der Stabilisierung der Wettbewerbsprozesse die Marktintegration und die Handelsfreiheit verfolgt,[33] einen sog. *more economic approach.* Hierbei spielen weder die Verdrängung der Konkurrenz vom Markt noch die Wettbewerbsinstitution eine primäre Rolle,[34] sondern ausschließlich die Nachteile des fraglichen Marktverhaltens für die Konsumenten,[35] was nicht nur die Endverbraucher, sondern jeden industriellen Abnehmer umfasst.[36] Dabei spricht sich die Kommission bei der Auslegung des Art. 102 AEUV für eine stärkere Berücksichtigung (wohlfahrts-)ökonomischer Effekte (Steigerung der Effizienz und Konsumentenwohlfahrt) aus. Befürworter vertreten, dass diese wohlfahrtsökonomischen Aspekte bislang vom vorherrschenden marktstrukturorientierten Ansatz vernachlässig werden.[37] Dieser knüpfe an bestimmten Verhaltensweisen von Unternehmen an, weshalb er heute oftmals als formalistischer Ansatz bezeichnet wird.[38] Die Bedeutung des Wohlfahrtsansatzes im

31 *Emmerich, Volker,* Kartellrecht, 12. Auflage, München 2012, § 14, S. 130 f.

32 EuGH, Urteil v. 14.11.1996, Rs. C-333/94 P, Slg. 1996, I-5951 (Tz. 37) – *Tetra Pak II.*

33 *Fleischer*, S. 38.

34 *Goyder/Goyder/Albors-Llorens*, EC Competition Law, S. 11.

35 EU-Kommission, XXXII. Bericht über die Wettbewerbspolitik, Tz. 2, S. 19.

36 *Weitbrecht, Andreas/Mühle, Jan,* Europäisches Kartellrecht 2003–2008, in: EuZW 2008, S. 551 (551).

37 Dazu *Glöckner, Jochen,* Kartellrecht: Recht gegen Wettbewerbsbeschränkung, Stuttgart 2012, S. 182.

38 *Fleischer*, S. 42.

Rahmen der Missbrauchskontrolle ist allerdings höchst umstritten[39] und wird teilweise vor allem aus systematischen Gründen abgelehnt.[40] Dennoch berücksichtigt auch der EuGH zunehmend industrie- und wohlfahrtsökonomische Analysen bei seiner Entscheidungsfindung, ohne dabei die Struktur und Systematik des EU-Kartellrechts, insbesondere des Missbrauchsverbots außer Acht lassen. Er lehnt daher für den Bereich des Art. 102 AEUV eindeutig den seitens der Kommission postulierten rechtsökonomischen Ansatz aus guten Gründen und in ständiger Rechtsprechung[41] ab. Zunächst läuft jener wohlfahrtsökonomische Ansatz dem klaren Ziel des Schutzes des Wettbewerbs als Institution entgegen, denn Letzterer wird im Grunde zum bloßen Mittel der Wohlfahrtssteigerung, gemessen an Effizienzen und der Verbraucherwohlfahrt, degradiert. Zudem ist eine unmittelbare Würdigung des Wohlfahrtsaspektes auf der Tatbestandsebene kaum begründbar, da sich jener Gesichtspunkt dort nicht plausibel integrieren lässt.[42] Ferner lässt sich der Wohlfahrtsansatz – zumindest in seinem derzeitigen Korsett – nicht vollends rechtstheoretisch unterfüttern[43], da er nicht das dynamische Wesen des Wettbewerbs als undefinierbares „Such- und Entdeckungsverfahren"[44] hinreichend berücksichtigt; dynamische Wettbewerbsgrößen (Effizienzen) wie etwa künftige Innovationen sind mangels einer vollzufriedenstellenden ökonometrischen Analysemethode im Voraus nicht definierbar,[45] weshalb sie auch nicht als justiziabler Anknüpfungspunkt für eine Marktanalyse fungieren können, was völlig vernachlässigt wird, da nur kurzfristige Effizienzen maßgeblich sind.[46] Aufgrund solcher Unstimmigkeiten und noch vieler ungeklärter Fragen hinsichtlich der Konzeption schafft der Wohlfahrtsansatz der Kommission letztlich mehr Verwirrung als Klarheit. Er lässt sich in den Missbrauchstatbestand allenfalls „mit Gewalt hinein pressen", was aber aus systematischer Sicht alles andere als sinnvoll ist. Eine

---

39 Generell dazu etwa *Weitbrecht/Mühle*, in: EuZW 2008, 551 (551).

40 *Fleischer*, S. 43 ff. m. w. N.

41 Siehe etwa EuGH, Urteil v. 04.06.2009, Rs. C-8/08, Slg. 2009, I-4529 (Tz. 38) – *T-Mobile Netherlands;* EuGH, Urteil v. 06.10.2009, Rs. C-501/06 P, Slg. 2009, I-9291 (Tz. 63) – *GlaxoSmithKline (Spanien)*.

42 *Fleischer*, S. 44.

43 Siehe *Fleischer*, S. 45, m. w. N.

44 *Von Hayek, Friedrich August von,* Der Wettbewerb als Entdeckungsverfahren, Kiel 1968, S. 132 ff.

45 Siehe *Schwalbe, Ulrich*, Die Berücksichtigung von Effizienzgewinnen in der Fusionskontrolle – Ökonomische Aspekte, in: Oberender, Peter (Hrsg.), Effizienz und Wettbewerb, Berlin 2005, S. 63 (92).

46 *Fleischer*, S. 45.

einleuchtende Einfügung ökonomischer Aspekte in den Tatbestand des Art. 102 AEUV, der im Gegensatz zu Art. 101 AEUV gerade keinen Absatz 3 kennt, ist vielmehr konstruiert.[47] Jene Wohlfahrtsaspekte sind in erster Linie das Ergebnis eines funktionierenden Wettbewerbs, so dass sie auf Tatbestandsebene allenfalls mittelbar Berücksichtigung finden können.[48]

3. Kritik an der Konkretisierungspraxis der Kommission

Die Kommission hat vor allem im letzten Jahrzehnt eine Vielzahl konkretisierender Regeln zum Missbrauchsverbot publiziert, um dessen Anwendung und Durchsetzung zu erleichtern. Dem liegt der Umstand zugrunde, dass die Vorschrift relativ weit konzipiert ist. Art. 102 S. 1 AEUV beinhaltet eine Generalklausel, während Satz 2 einen nicht abschließenden Regelbeispielskatalog zu Missbräuchen verankert, dem eine Indizwirkung zukommt.[49] Derartige Generalklauseln mit ergänzenden Beispielen sind als legislatives Werkzeug im kontinentaleuropäischen Recht weit verbreitet. Dies lässt sich für den Bereich des EU-Rechts darauf stützen, dass die Verfasser der Römischen Verträge insgesamt eher eine Art diplomatische Urkunde formulieren wollten, mithin bei der Gestaltung der Einzelnormen weniger darauf abzielten, unmittelbar anwendbares Recht zu schaffen. Problematisch ist dennoch die teilweise Unklarheit einiger Artikel des AEUV, insbesondere im Hinblick auf einige Tatbestandselemente im Rahmen des Art. 102 AEUV (z. B.: Wie lässt sich der Missbrauch definieren?), was sich *prima facie* zu Lasten der Durchsetzbarkeit der Regelung auswirken kann. Stimmen in der Literatur[50] führen hierzu aus, dass der Vorschrift inhaltlich bestimmte Elemente (z. B. eine Definition des Begriffs der marktbeherrschenden Stellung) und detaillierte Ziele fehlen, so dass eine Entscheidungsprognose im Einzelfall oftmals nur schwer zu treffen sei bzw. die Gefahr falscher und ungleichartiger Entscheidung drohe. Zudem seien die der Konkretisierung dienenden Richtlinien oftmals unzureichend. Die Kommission

47 *Generalanwalt Jacobs*, Schlussanträge v. 28.10.*2004 zu Syfait I (zu EuGH, Urteil v. 31. 5. 2005*, Rs. C-53/03, Slg. 2004, I-4609), Tz. 72.

48 *Dreher, Meinrad*, Die Zukunft der Missbrauchsaufsicht in einem ökonomisierten Kartellrecht, in: WuW 2008, S. 23 (23); *Dreher, Meinrad/Adams, Michael,* The More Economic Approach to Art. 82 EC and the Legal Process, in: ZWeR 2006, S. 259 (261).

49 *Fleischer*, S. 93.

50 Beispielsweise *Rittner/Kulka*, Wettbewerbs- und Kartellrecht, § 10, Rn. 1, S. 317; *Wessely, Thomas,* in: Frankfurter Kommentar zum Kartellrecht, Lfg. 57, Bd. 3, Art. 82: A. (Anwendungsgrundsatz und Regelungsgründe des Art. 82 EGV) sowie Art. 82: B. (Normadressaten) 2005, Rn. 51.

versucht aber das Problem zu lösen, ohne dabei den Text des Art. 102 AEUV zu verändern oder gar völlig neu zu formulieren, was das Problem noch verstärken würde. Jene Richtlinien sind dennoch vielfach sehr einseitig und betreffen nur bestimmte Einzelfälle. Sie lassen viele Fragen offen bzw. schaffen neue, indem sie „modische" Ansätze einführen, ohne diese hinreichend zu erklären, wie etwa den *likely-effects approach* im Diskussionspapier[51] von 2005. Jene Publikation umfasste nur den Behinderungsmissbrauch und vernachlässigte dementsprechend völlig den Ausbeutungsmissbrauch.[52] Das Dilemma vervollständigt sodann das Postulat eines „modernen" rechtsökonomischen Ansatzes im Bereich des Art. 102 AEUV. Der seitens der Kommission favorisierte *more economic approach*, dem eine wirkungsbezogene Betrachtung kartellrechtlicher Sachverhalte zugrunde liegt, ist stark umstritten und wenig weiterführend, wie bereits an obiger Stelle ausgeführt wurde.

III. Verhältnis von Missbrauchsverbot und Kartellverbot sowie Fusionskontrolle

1. Verhältnis von Kartellverbot und Missbrauchsverbot

Die beiden Verbote in den Art. 101 und 102 AEUV weisen zahlreiche Gemeinsamkeiten auf, welche ihr enges Verhältnis zum Ausdruck bringen und im Nachfolgenden vertieft anhand verschiedener struktureller und systematischer Aspekte untersucht werden.

a. Systematische Einheit

aa. Gemeinsame Schutzrichtung

Die Art. 101 und 102 AEUV sind Kernverbotstatbestände des europäischen Kartellrechts, die den Wettbewerb vor Beschränkungen schützen sollen, wobei das Kartellverbot eine spürbare Beeinträchtigung voraussetzt.[53] Sie verfolgen dasselbe Ziel, nämlich den Erhalt eines effektiven Wettbewerbs.[54] Beide Normen schützen

---

51 Siehe: European Commission, DG Competition discussion paper on the application of Article 82 of the Treaty to exclusionary abuses; Tz. 54 f.

52 *Fleischer*, S. 42.

53 Etwa EuGH, Urteil v. 21.01.1999, Rs. C-215/96, Slg. 1999, I-135 – *Bagnasco*.

54 EuGH, Urteil v. 06.10.2009, Rs. C-501/06 P, Slg. 2009, I-9291 (Tz. 63) – *GlaxoSmithKline (Spanien)*; EuGH, Urteil v. 04.06.2009, Rs. C-8/08, Slg. 2009, I-4529 (Tz. 38) – *T-Mobile Netherlands*; EuGH, Urteil v. 21.02.1973, Rs. 6/72, Slg. 1973, 215

den Wettbewerb als Institution, die Wettbewerbsfreiheit und die Freiheit des freien Handels innerhalb des Binnenmarktes, ähnlich den Grundfreiheiten, zu denen ein funktionaler Zusammenhang besteht, ohne dass es dabei zu einer Überlappung der Normenkomplexe kommt.[55] In Übereinstimmung mit Art. 101 AEUV werden auf diesem Weg durch Art. 102 AEUV mittelbar die Interessen der Mitbewerber, Abnehmer sowie Verbraucher geschützt. Die Schutzausrichtung beider Normen ist daher weitestgehend gleich.[56] Beide Artikel sind – in Kombination mit der Fusionskontrolle – als einheitliches System zu begreifen, welches umfassend und wirksam den Wettbewerb innerhalb der Union vor Verfälschungen und Behinderungen, mithin vor Beeinträchtigungen privater und staatlicher Akteure, zu schützen versucht. Etwaige Lücken lassen sich dadurch schließen, dass beide Vorschriften wie Zahnräder ineinander greifen. Dadurch lassen sich Widersprüche in der Auslegung umgehen und eine harmonische Rechtsanwendung erreichen.[57]

bb. Abgrenzung

Das Verbot in Art. 101 AEUV verbietet bereits die „Erlangung einer marktbeherrschenden Stellung", die durch eine kartellrechtliche Vereinbarung entstehen kann. Diese marktbeherrschende Stellung ist wiederum eine wesentliche Voraussetzung für das Eingreifen des Art. 102 AEUV. Des Weiteren lässt sich das Kartellverbot als primäre Phase wettbewerbsbeschränkender Verhaltensweisen einstufen. Für dessen Anwendung sind nach dem Wortlaut zwei oder mehrere Unternehmen bzw. Unternehmensvereinigungen notwendig, während einzelne nicht mächtig genug sind, allein den gesamten relevanten Markt zu beherrschen oder zu kontrollieren. Die Missbrauchskontrolle in Art. 102 AEUV hingegen bezieht sich auf einzelne Unternehmen oder mehrere Unternehmen, die als eine Einheit auf dem Markt agieren.[58] Dem Grunde nach kann *ein* Unternehmen die Voraussetzung des Art. 102 AEUV erfüllen. Mehrere Kollektive sind dagegen nicht zwingend dazu in der

---

(Tz. 25) – *Continental Can;* EuG, Urteil v. 17.09.2007, Rs. T-201/04, Slg. 2007, II-3601 (Tz. 664) – *Microsoft.*

55 *Fleischer*, S. 39, Fn. 270.

56 *Frenz, Walter*, Handbuch Europarecht: Band 2: Europäisches Kartellrecht, 2006, § 1, Rn. 1124, S. 423.

57 *Frenz*, Handbuch Europarecht, Bd. 2, Europäisches Kartellrecht, § 1, Rn. 1124, S. 424.

58 EuGH, Urteil v. 16.03.2000, verb. Rs. C-395/96 P und C-396/96 P, Slg. 2000, 1365 (Tz. 36) – *Compagnie Maritime Belge.*

Lage. Demzufolge lässt sich der Marktmachtmissbrauch als eine höhere Phase wettbewerbswidrigen Verhaltens qualifizieren.

b. Parallele Anwendung

Durch eine Vereinbarung oder einen Beschluss kann ein fragliches Unternehmen sowohl den Tatbestand des Kartell- als auch des Missbrauchsverbotes erfüllen. Insofern greifen im Hinblick auf eine Verhaltensweise zwei verschiedene Vorschriften, die erst durch ihr Ineinandergreifen den vollen Unwertgehalt abbilden und vollends erfassen. Mithin stehen beide Normen in einem engen Zusammenhang. Es besteht zwischen Art. 101 und Art. 102 AEUV insofern Idealkonkurrenz,[59] mithin sind sie nebeneinander anwendbar.[60] Dabei findet Art. 102 AEUV selbst dann Anwendung, wenn ein entsprechendes Marktverhalten von Art. 101 AEUV im Wege der Legalausnahme nach Absatz 3 der Norm freigestellt ist, aber zugleich den Tatbestand des Missbrauchs einer marktbeherrschenden Stellung ausfüllt.[61] Gleichwohl gibt es Stimmen, die jene bislang vorherrschende Auffassung[62] aufzuweichen versuchen. So betont etwa die Kommission in ihrem Diskussionspapier von 2005 zum Konkurrenzverhältnis von Art. 101 AEUV zu Art. 102 AEUV, dass ein unter die Freistellungsoption des Kartellverbots fallendes Verhalten nicht als Marktmachtmissbrauch einzustufen sei.[63] Dagegen spricht aber schon der Sinn und Zweck des Kartellrechts, denn die Legalausnahme nach Art. 101 Abs. 3 AEUV kann nicht die Anwendung des Art. 102 AEUV verhindern, da sowohl das Kartell- als auch das Missbrauchsverbot gemeinsam dem Ziel der Wahrung eines wirksamen Wettbewerbs dienen,[64] welches ansonsten an Bedeutung einbüßen würde. Im Übrigen ist eine Freistellung trotz Vorliegens eines Verstoßes gegen Art. 102 AEUV möglich, da sich die Legalausnahme nur auf Art. 101 Abs. 3 AEUV bezieht. Dies zeigt umso mehr, dass die Art. 101 und 102 AEUV voneinander unabhängig anwendbar sind und in systematischer Hinsicht als Einheit im

---

59 *Fuchs, Andreas/Möschel, Wernhard,* in: Immenga, Ulrich/Mestmäcker, Ernst-Joachim, Wettbewerbsrecht, Band 1, EG/Teil 1 und EG/Teil 2: Kommentar zum Europäischen Kartellrecht, 5. Auflage, München 2012, Art. 102 AEUV, Rn. 26.

60 *Heße, Manfred,* Wettbewerbsrecht „Recht Schnell erfasst“, Berlin 2006, S. 185.

61 EuG, Urteil v. 10. 7. 1990, Rs. T-51/89, Slg. 1990, 11–309 (Tz. 25) – *Tetra Pak I.*

62 *Bechtold, Rainer/Bosch, Wolfgang/Brinker, Ingo/Hirsbrunner, Simon,* EG-Kartellrecht, Kommentar, 2. Auflage, Stuttgart 2008, Art. 82, Rn. 2, S. 77.

63 European Commission, DG Competition discussion paper on the application of Article 82 of the Treaty to exclusionary abuses, Tz. 8.

64 *Heermann, Peter W.,* Aktuelle kartellrechtliche Probleme im Zusammenhang mit Spielertransfers, Bern 2007, S. 276, m. w. N.

Rahmen des Schutzes eines unverfälschten Wettbewerbs fungieren, aber bei der Durchsetzung nicht miteinander zu vermischen sind.[65]

c. *Identische Normadressaten*

aa. Funktionale Auslegung im Lichte des Unionsrechts

Die Art. 101 und 102 AEUV richten sich gegen Beschränkungen des Wettbewerbs durch *Unternehmen*. Im Hinblick auf den persönlichen Anwendungsbereich des Art. 102 AEUV gibt es also keine Unterschiede zu Art. 101 AEUV.[66] Der im AEUV nicht geregelte Begriff des Unternehmens wird – wie auch sämtliche anderen Begrifflichkeiten und Grundsätze im Bereich des europäischen Kartellrechts – *weit*, *funktional* und *autonom* ausgelegt,[67] mithin im Lichte des Unionsrechts. Aus diesem Grund ist der Terminus auch nicht mit jenem anderer Rechtsgebiete oder nationaler Gesetze gleichzusetzen, wie etwa dem im deutschen GWB, trotz der auffälligen Ähnlichkeit.

bb. Inhalt des kartellrechtlichen Unternehmensbegriffs

Nach ständiger Rechtsprechung der Gemeinschafts- bzw. Unionsgerichte fallen unter den Begriff des *Unternehmens* im Sinne des Art. 102 S. 1 AEUV alle Einheiten, die eine wirtschaftliche Tätigkeit von einer gewissen Dauer ausüben, wobei es nicht auf ihre Rechtsform, die Existenz oder das Fehlen einer Gewinnerzielungsabsicht, den Umfang ihrer Tätigkeit oder die Art ihrer Finanzierung ankommt. Voraussetzung ist vielmehr eine selbständige wirtschaftliche Tätigkeit im weitesten Sinne.[68] Dagegen verneint der EuGH[69] das Erfordernis einer Rechtssubjektivität der Wirtschaftseinheit, um eine besonders effektive Anwendung des Kartellrechts zu ermöglichen.

cc. Wirtschaftliche Tätigkeit als Abgrenzungskriterium

Als Unternehmen im Sinne des EU-Kartellrechts lassen sich sowohl natürliche Personen, wie beispielsweise Freiberufler (Rechtsanwälte, Ärzte, etc.), Berufssportler oder Kaufleute, als auch juristische Personen des Privatrechts, wie etwa

---

65 *Fleischer*, S. 35.

66 *Emmerich*, in: Dauses, Handbuch des EU-Wirtschaftsrechts, H I, § 3, Rn. 12.

67 *Kling/Thomas*, Kartellrecht, § 5, Rn. 8, S. 191, m. w. N.

68 *Wessely*, in: FK Kartellrecht, Bd. III, Art. 82 B. (Normadressaten Art. 82 EGV), Rn. 7.

69 EuGH, Urteil v. 28.06.2005, verb. Rs. C-189/02 P, C-202/02 P, C-205/02 P bis C-208/02 P und C-213/02 P (Tz. 113) – *HFB/Isoplus*.

Wirtschaftsprüfungsunternehmen und Banken[70], einstufen. Vom personellen Anwendungsbereich erfasst sind fernerhin juristische Personen des Öffentlichen Rechts, Verbände und Personalgesellschaften, mithin Personenvereinigungen.[71] Hingegen sind in Ermangelung einer eigenständigen ausgeübten wirtschaftlichen Tätigkeit Arbeitnehmer-[72], Verbraucher-[73] und rein hoheitliche Staatsaktivitäten[74] ausgeklammert.

d. Differenzierung zwischen ein- und zweiseitigem Verhalten

Das Verbot in Art. 102 AEUV ist auf wettbewerbswidrige *unilaterale* Verhaltensweisen von marktbeherrschenden Unternehmen beschränkt. Dagegen setzt die Regelung in Art. 101 AEUV eine Vereinbarung zwischen zwei oder mehreren Unternehmen, also eine zweiseitige Marktaktivität voraus. Demnach fällt ein nach Art. 102 AEUV verbotenes Verhalten nicht unter Art. 101 AEUV. Dagegen kann ein gegen das Kartellverbot verstoßendes Verhalten in den sachlichen Anwendungsbereich des Missbrauchsverbots fallen, zumal Letzteres – wie bereits gezeigt – nicht gegenüber dem Kartellverbot subsidiär ist.[75] Die betroffenen Unternehmen gelten sodann nicht als mehrere Einheiten, sondern bilden als eine Einheit eine marktbeherrschende Stellung. In der Regel sind die Verbindungen zwischen Unternehmen nach Art. 101 AEUV „lockerer" als jene nach Art. 102 AEUV. Durch Vereinbarungen oder Beschlüsse können sie eine generelle Wettbewerbsstrategie führen, geschäftliche Informationen und Verkaufspläne miteinander teilen bzw. gleiche Preise für einen bestimmten Zeitraum auf dem tangierten Markt einführen. Sie sind aber trotz der engen Zusammenarbeit selbstständig. Letztere schwankt oftmals, zumal ihr Zusammenhang jederzeit wegen eigener Interessen zerbrechen kann. Im Gegensatz zu Verhaltensweisen nach Art. 101 AEUV agieren Unternehmen nach Maßgabe des

70 Dazu Kommission, Entscheidung v. 30.09.1986, IV/31362, ABl. EG Nr. L 295, S. 28 – *Irish Banks Standing Committee*.

71 *Roth, Wulf-Henning/Ackermann, Thomas,* in: Frankfurter Kommentar zum EU-Kartellrecht, Bd. II, 2013, Art. 81, Rn. 118.

72 EuGH, Urteil v. 16.09.1999, Rs. C-22/98, Slg. 1999, I-5665 (LS 2 und Tz. 26) – *Becu*.

73 *Roth/Ackermann*, in: Frankfurter Kommentar zum EU-Kartellrecht, Bd. II Art. 81, Rn. 43; *Bunte, Herman-Josef*, in: Langen, Eugen/Bunte, Herman-Josef, Kommentar zum deutschen und europäischen Kartellrecht, Bd. 2, 11. Auflage, Neuwied 2010, Art. 81: Generelle Prinzipien, Rn. 6 f.

74 *Reinstadler, Armin*, Staatliche Wirtschaftsregulierung und europäisches Kartellrecht: Eine Kritik an der Akzessorietätsthese des EuGH, in: ZEuS 2005, S. 479 (484).

75 Siehe auch *Fleischer*, S. 60, Fn. 380, m. w. N.

Art. 102 AEUV als *ein* Unternehmen.[76] Ein sichtbarer Unterschied liegt somit darin, dass die Anwendung des Missbrauchsverbots eine marktbeherrschende Stellung voraussetzt, während das Kartellverbot dahingehend keine besonderen Anforderungen aufstellt, sondern vielmehr nur eine einfache Marktmacht fordert.[77]

e. Strukturelle Unterschiede – Kein „Art. 102 Abs. 3 AEUV"

Ein Unterschied beider Verbote besteht in der Struktur. Im Gegensatz zur Missbrauchskontrollregel können Verstöße gegen Art. 101 Abs. 1 AEUV *ipso iure* freigestellt werden,[78] wenn sie die Voraussetzungen einer Gruppenfreistellungsverordnung erfüllen oder im Einzelfall die tatbestandlichen Voraussetzungen des Art. 101 Abs. 3 AEUV ausfüllen.[79] Nach jener Legalausnahme greift trotz einer wettbewerbsbeschränkenden Vereinbarung zwischen Unternehmen, einem Beschluss einer Unternehmensvereinigung oder abgestimmten Marktverhaltens demnach eine Freistellungsoption, wenn durch das Verhalten die Verbraucher profitieren, Warenerzeugnisse oder -verteilungen verbessert oder die Technik bzw. Wirtschaft gefördert werden. Daneben kann eine Freistellung aufgrund einer seitens der Kommission erlassenen Verordnung über Gruppenfreistellungen greifen. Mithin existiert eine weitere Option, an sich wettbewerbsbeschränkende Abreden zu rechtfertigen. Dagegen existiert kein „Art. 102 Abs. 3 AEUV"[80] oder keine sonstige Möglichkeit[81] einer erlaubten individuellen oder sektorenspezifischen Ausnahme bei missbräuchlichen Verhaltensweisen durch ein marktbeherrschendes Unternehmen.

f. Begrenzung der räumlichen Reichweite

Ein weiterer Beleg für den engen Zusammenhang zwischen dem Kartell- und dem Missbrauchsverbot ist deren begrenzte Anwendung nach Maßgabe der sog. Zwischenstaatlichkeitsklausel. Nach jener Zuständigkeitsnorm[82], welche die Anwendung des EU-Kartellrechts bestimmt, sind die Art. 101 und 102

---

76 Dazu *Kling/Thomas*, Kartellrecht, § 5, Rn. 49, S. 206.

77 Siehe Kommission, Leitlinien zur Anwendung von § 81 Abs. 3 EG-Vertrag v 27.04.2004, ABl. EG 2004, Nr. C 101/97, Tz. 25.

78 Siehe auch *Fleischer*, S. 61.

79 *Lettl, Tobias*, Kartellrecht, 2. Auflage München 2007, Rn. 122 ff., S. 74.

80 *Hirsbrunner, Simon/Schädle, Anne,* Sicherer Hafen oder Bermudadreieck?, in: EuZW 2006, S. 583 (585).

81 Eingehend zur Nichtübertragbarkeit einer zweistufigen Prüfung in Anlehnung an Art. 101 Abs. 3 AEUV, siehe *Fleischer*, S. 35.

82 *Kling/Thomas*, Kartellrecht, § 1, Rn. 9 (S. 5).

AEUV nur anwendbar, wenn das fragliche Verhalten den Handel zwischen Mitgliedstaaten der EU zu beeinträchtigen geeignet ist. Jenes Kriterium beschränkt den Anwendungsbereich der EU-Wettbewerbsregeln auf Marktaktivitäten, die sich eignen, das Ziel des Binnenmarktes zu behindern.[83] Beide Vorschriften erzeugen im Verhältnis zwischen Privaten unmittelbare Wirkungen, die wie die anderen Regelungen von den Institutionen der Mitgliedstaaten zu vollziehen sind.[84]

g. Zwischenergebnis

Die Art. 101 und 102 AEUV weisen teilweise strukturelle Unterschiede auf, zum Beispiel existiert kein „Art. 102 Abs. 3 AEUV", zumal eine solche zweistufige Prüfung konstruiert wäre.[85] Zudem erfasst das Kartellverbot zweiseitige und das Missbrauchsverbot nur einseitige Maßnahmen. Dennoch sind sie als Teil eines einheitlichen Kartellrechtssystems zu betrachten. Dieses bezweckt keinen idealtypischen Schutz des Wettbewerbs,[86] sondern erfasst nur sog. Kernverbotstatbestände, die besonders schädlich für einen wirksamen Wettbewerb und damit auch für die Wohlfahrt sind. Ferner zeigen sich Gemeinsamkeiten beim Kreis des Normadressaten, da beide Regelungen einen funktionalen Unternehmensbegriff zugrunde legen. Schließlich ist ihre räumliche Anwendung durch die Zwischenstaatlichkeitsklausel begrenzt.

2. Verhältnis von Missbrauchskontrolle und Fusionskontrolle

Die Fusionskontrolle kommt als weiteres wichtiges Instrument neben dem Kartell- und Missbrauchsverbot die Aufgabe zu, den wirksamen Wettbewerb und die Wettbewerbsfreiheit im europäischen Markt aufrechtzuerhalten. Aufgrund ihrer tatbestandlichen Regelungsstruktur steht sie mit der Missbrauchskontrolle in einem näheren Verhältnis. Dies zeigt sich beispielsweise bei der Definition des räumlich relevanten Marktes.[87]

---

83 EuGH, Urteil v. 31.05.1979, Rs. 22/78, Slg. 1979, 1869 (Tz. 17) – *Hugin Kassaregister AB und Hugin Cash Registers Ltd.*

84 EuGH, Urteil v. 14.12.2000, Rs. C-344/98, Slg. 2000, I-11369 (LS) – *Masterfoods.*

85 *GA Jacobs*, Schlussanträge v. 28.10.*2004 zu Syfait I (zu EuGH, Urteil v. 31.05.2005,* Rs. C-53/03, Slg. 2004, I-4609), Tz. 72.

86 *Fleischer*, S. 12, m. w. N.

87 *Kling/Thomas*, Kartellrecht, § 5, Rn. 21, S. 195.

a. Verankerung im Sekundär- statt Primärrecht

Das EU-Kartellrecht regelt Fusionen von Unternehmen im Sekundärrecht. Im Gegensatz zu dem im europäischen Primärrecht verankerten Kartell- und Missbrauchsverbot sind die Bestimmungen über die Fusionskontrolle in der Verordnung Nr. 139/2004 (nachfolgend als „FKVO" bezeichnet) normiert.

b. Funktion einer präventiven Kontrolle

Nach Art. 2 Abs. 1 S. 1 FKVO setzt ein Zusammenschluss stets eine dauerhafte Veränderung der Struktur der betroffenen Märkte voraus. Mithin handelt es sich um eine präventive Kontrolle, da eine Schädigung des Wettbewerbs noch nicht eingetreten ist, sondern verhindert werden soll. Dagegen erfasst ein Marktmachtmissbrauch nach Art. 102 AEUV ein Verhalten, das bereits zu einer Schwächung des Wettbewerbs geführt hat und insofern die Marktstruktur nicht noch weiter negativ beeinflussen soll.[88] Letzteres erfasst demzufolge eine relative Kontrolle.[89]

Beiden Verboten ist gemein, dass sie jeweils eine bestimmte Marktstellung in Form einer wirtschaftlichen Macht im Blickpunkt haben. Eine marktbeherrschende Stellung ist demnach sowohl bei Art. 102 AEUV als auch bei der FKVO Voraussetzung. Dabei liegt eine Marktbeherrschung im Sinne des Art. 102 AEUV vor, wenn das vermeintlich missbräuchlich agierende Unternehmen keinem wesentlichen Wettbewerb mehr ausgesetzt ist, mithin seine wettbewerblichen Verhaltensspielräume nicht ausreichend begrenzt sind; es muss in der Lage sein, sich in nennenswertem Umfang unabhängig von seinen Wettbewerbern und Abnehmern verhalten zu können.[90] Dagegen sind nach Art. 2 Abs. 1, S. 3 FKVO Zusammenschlüsse, die wirksamen Wettbewerb im Binnenmarkt oder in einem wesentlichen Teil desselben erheblich behindern, wegen der Begründung oder Verstärkung einer beherrschenden Stellung mit dem Binnenmarkt unvereinbar. Eine Beschränkung sollte jedoch dahingehend bestehen, dass sie die Wahlmöglichkeiten der Lieferanten, Abnehmer, aber auch den Marktzutritt und die Interessen der Verbraucher nicht behindern.

---

88 EuGH, Urteil v. 13.02.1979, Rs. 85/76, Slg. 1979, 461 (Tz. 91) – *Hoffman LaRoche.*

89 *Fleischer*, S. 39.

90 EuGH, Urteil v. 02.04.2009, Rs. C-202/07 P, Slg. 2009, I-2369 (Tz. 103) – *France Télécom SA.*

IV. Weitere Verhältnisfragen

1. Verhältnis von Völkerrecht und EU-Kartellrecht

Lohnend ist weiterhin ein Blick auf das Verhältnis von EU-(Kartell-)Recht und dem Völkerrecht. Völkerrechtliche Verträge und Völkergewohnheitsrecht bilden zwei Hauptrechtsquellen des Völkerrechts, das grundsätzlich Vorrang vor jedem nationalen Recht, also auch Verfassungsrecht, beansprucht. Es gilt hierbei der Grundsatz pacta sunt servanda, nach dem die Staaten als Vertragsparteien die Verpflichtungen, die sie mit den anderen Staaten eingegangen sind, erfüllen müssen. Aus diesem Grund können sich die EU-Mitgliedstaaten nicht aufgrund etwaiger Verpflichtungen innerhalb der Europäischen Union ihren anderen völkerrechtlichen Verpflichtungen entziehen.[91] Auch die Europäische Union selbst ist grundsätzlich an die von ihr geschlossenen völkerrechtlichen Verträge, die ebenfalls aus dem Blickwinkel des Völkerrechts Vorrang genießen, gebunden. Unionsangehörige können sich hingegen auf die Bestimmungen völkerrechtlicher Verträge nur dann berufen, wenn diese ein subjektives Recht für sie begründen.[92] Dies hat das EuG beispielsweise für die WTO-Übereinkünfte verneint. Aus gefestigter Rechtsprechung ergibt sich, dass das WTO-Übereinkommen und seine Anhänge grundsätzlich nicht zu den Vorschriften gehören, an denen der EuGH und das EuG die Handlungen der EU-Organe gemäß Art. 263 Abs. 1 AEUV messen kann.[93] Soweit das europäische Kartellrecht tangiert ist, hatten die Gemeinschafts- bzw. Unionsgerichte die Anwendbarkeit der Regelungen des WTO-Abkommens nicht als unmittelbar geltendes Recht akzeptiert. Die Durchsetzung der kartellrechtlichen Vorschriften auf völkerrechtlicher Ebene erfordert, dass das WTO-Abkommen als völkerrechtlicher Vertrag in einfaches Gesetzesrecht umgesetzt wird, so dass das WTO-Abkommen im Bereich des Kartellrechts ergänzt und durchgeführt werden kann.[94] Jedenfalls lässt sich feststellen, dass keine direkte Kollision zwischen den völkerrechtlichen Regelungen und dem EU-Kartellrecht, mithin auch nicht mit der Missbrauchsaufsicht, besteht.

---

91 Siehe EuGH, Urteil v. 14.07.1972, Rs. 48/69, Slg. 1972, 619 – *ICI.*

92 Vgl. EuGH, Urteil v. 12.12.1972, Rs. 21–24/74, Slg. 1972, 1219 (1227) – *International Fruit Company;* ständige Rechtsprechung.

93 EuGH, Urteil v. 01.03.2005, Rs. C-377/02, Slg. 2005, I-1465 – *León Van Parys*; EuGH, Urteil v. 23.11.1999, Rs. C-149/96, Slg. 1999, I-8395 (Tz. 47) – *Portugal/Rat.*

94 Siehe EuGH, Urteil v. 23.11.1999, Rs. C-149/96, Slg. 1999, I-8395 (Tz. 42 ff.) – *Portugal/Rat.*

2. Potenzielle Kollision mit nationalem Kartellrecht

Bei Nichtvorliegen einer zwischenstaatlichen Relevanz des in Frage stehenden Marktverhaltens kann mitunter aber ein Konflikt zwischen nationalem und europäischem Kartellrecht auftreten.[95]

a. Grundsatz der parallelen Anwendbarkeit

Grundsätzlich sind die Missbrauchskontrolle in Art. 102 AEUV und die einschlägigen nationalen Kontrollen zum Marktmachtmissbrauch parallel anwendbar.[96] In Anlehnung an die Zwischenstaatlichkeitsklausel gelangt die europäische Norm aber nur zur Anwendung, wenn das fragliche Marktverhalten den Handel zwischen den Mitgliedstaaten zu beeinträchtigen geeignet ist. Die Anwendung ist damit auf den Markt „zwischen den Mitgliedstaaten" beschränkt. Lediglich in einigen Fällen kann es zu einer Kollision kommen, so dass zu klären ist, welche der beiden Rechtsordnungen sodann Vorrang genießt.

b. Rangverhältnis bei Kollisionsfällen

aa. Vorrang des EU-Rechts

Mitunter tangieren sich die Anwendungsbereiche der Kartellrechte, so dass es zu Kollisionen kommt. Bei einer solchen Konstellation stellt sich die Frage nach dem Verhältnis beider Rechtsordnungen zueinander. Unter Verwerfung der Zwei-Schranken-Theorie in den 1960er Jahren, die von gleichen Schutzbereichen und der Anwendbarkeit nationalen (Kartell-)Rechts im Konfliktfall ausging,[97] begründete der Gerichtshof im bekannten *Costa/E.N.E.L.*-Urteil[98] den Vorrang des Gemeinschaftsrechts und konkretisierte dies in der Sache *Walt Wilhelm*[99] im Jahr 1968. Er erweiterte jenen Ansatz im Urteil *Masterfoods.*[100] Danach sind nationale Gerichte verpflichtet, die Entscheidungen der Kommission zu berücksichtigen[101] und mögliche gegensätzliche Urteile zu vermeiden. Nationale Gerichte haben daher die Möglichkeit, bei Zweifeln im Hinblick auf die Rechtmäßigkeit und Auslegung der Handlungen der Organe

---

95 *Bunte*, Kartellrecht, § 2, S. 51.

96 Dazu *Kling/Thomas*, Kartellrecht, § 1, Rn. 10, S. 5, m. w. N.

97 *Emmerich*, Kartellrecht, § 3, Rn. 60, S. 47.

98 EuGH, Urteil v. 15.07.1964, Rs. 6/64, Slg. 1964, 1251 (1269 f.) – *Costa/ENEL.*

99 EuGH, Urteil v. 13.02.1968, Rs. 14/68, Slg. 1969, 1 (Tz. 6) – *Walt Wilhelm.*

100 EuGH, Urteil v. 14.12.2000, Rs. C-344/98, Slg. 2000, I-11369 – *Masterfoods.*

101 EuGH, Urteil v. 14.12.2000, Rs. C-344/98, Slg. 2000, I-11369 (LS) – *Masterfoods.*

der Europäischen Union, in einem Vorabentscheidungsverfahren gemäß Art. 267 Uabs. 1 lit. b AEUV den EuGH anzurufen.[102] Damit wird nicht nur eine einheitliche Anwendung des europäischen Rechts innerhalb des Unionsraums garantiert, sondern auch die weitere Verwirklichung des Binnenmarktes. Aus der in der VO Nr. 1/2003 verankerten Konvergenzpflicht der Mitgliedsstaaten[103] folgt, dass Maßnahmen der Mitgliedsstaaten sich nicht von den europäischen Rechtsakten unterscheiden dürfen, um eine Beeinträchtigung der Wirkung und der Verwirklichung der Vertragsziele zu vermeiden. Zur Durchsetzung des Vertrages und der Realisierung einer effektiven Wettbewerbspolitik sind demnach Normenkonflikte zwischen dem europäischen und nationalen Kartellrechten nach dem Grundsatz des Vorrangs des EU-Rechts zu lösen.[104]

bb. Verfahrensordnung

Der Vorrang ist insbesondere in der im Mai 2004 in Kraft getretenen Verfahrensverordnung Nr. 1/2003 manifestiert, die zur Verbreitung einer eigenen Wettbewerbskultur in der Gemeinschaft beitrug. Danach handelt sich bei dem Kartell- und Missbrauchsverbot um unmittelbar anwendbare Verbotsnormen,[105] mithin um vorrangig anzuwendende Wettbewerbsregeln. Wettbewerbskultur garantiert deren wirksame Durchsetzung und das reibungslose Funktionieren der in dieser Verordnung enthaltenen Formen der Zusammenarbeit, in dem sie die Wettbewerbsbehörden und Gerichte der Mitgliedstaaten dazu verpflichtet, die im Primärrecht etablierten Kartellrechtsvorschriften anzuwenden, wenn ein fragliches Verhalten den Handel zwischen den Mitgliedstaaten beeinträchtigt.

c. *Umsetzung im Bereich des deutschen Gesetzes gegen Wettbewerbsbeschränkungen (GWB)*

Ein gutes Beispiel für die sukzessive Orientierung am EU-Kartellrecht veranschaulicht der Novellierungsprozess im Bereich des deutschen GWB,[106] das in § 19 GWB (Verbotenes Verhalten von marktbeherrschenden Unternehmen) eine Generalklausel gegen Marktmachtmissbrauch verankert. Zwischen der zweiten Novellierung im Jahr 1973 bis zur fünften Novellierung erfolgten zunächst Erleichterungen für mittelständische Unternehmen und eine Verstärkung der

---

102 Dazu *Kling/Thomas*, Kartellrecht, § 7, Rn. 33, S. 280.

103 *Kling/Thomas*, Kartellrecht, § 1, Rn. 10, S. 6, m. w. N.

104 EuGH, Urteil v. 13.02.1969, Rs. 14/68, Slg. 1969, 1 (Tz. 30/35) – *Walt Wilhelm*.

105 EuGH, Urteil v. 27.03.1974, Rs. 127/73, Slg. 1974, 313 (Tz. 15, 17) – *BRT/SABAM*.

106 Dazu eingehend *Kling/Thomas*, Kartellrecht, § 10, Rn. 7 ff., S. 474 f.

Kontrolle bei vertikalen Preisbildungen. Erst mit der sechsten GWB-Novelle von 1999 näherte sich das deutsche Kartellrecht dem europäischen Modell an und wandelte etwa die Missbrauchsaufsicht in ein unmittelbar geltendes Verbot nach europäischem Vorbild um.[107] Die Umsetzung der VO Nr. 1/2003 in Deutschland erfolgte im Rahmen der siebten Novelle, was den Einfluss des europäischen Rechts erheblich erweiterte. Um die Art. 101 und 102 AEUV effektiv durchsetzen zu können, regelt Art. 50 GWB explizit den Vollzug des europäischen Rechts. Ferner regelt Art. 22 GWB das Verhältnis des GWB zu den Art. 101 und 102 AEUV, der Art. 3 VO Nr. 1/2003 gleicht. Des Weiteren ist Art. 22 GWB neben den Art. 101, 102 AEUV und der GVO parallel anwendbar, wenn die Voraussetzungen der Zwischenstaatlichkeitsklausel erfüllt sind. Folglich darf zwar die Beurteilung eines das Handeln zwischen den Mitgliedsstaaten beeinträchtigenden Verhaltens nach dem GWB nicht im Widerspruch zur Beurteilung nach dem Art. 101 AEUV stehen. Ein Verbot nach nationalem Recht kommt also nur dann in Betracht, wenn ein solches auch nach Art. 101 AEUV erfolgen kann. Dagegen kann eine nach nationalem Recht erlaubte Verhaltensweise aber durchaus nach Art. 101 AEUV verboten sein. Im Gegensatz dazu lässt Art. 3 Abs. 2 S. 2 VO Nr. 1/2003 eine strengere Regelung im Bereich der Missbrauchskontrolle zu, so dass straffere nationale Maßnahmen als jene nach Art. 102 AEUV nach Art. 19 und 20 GWB[108] möglich sind.

Es zeigt sich im Ergebnis, dass das Verhältnis des europäischen und des nationalen Kartellrechts im Bereich der Missbrauchskontrolle von der Regelung zum Verbot wettbewerbsbeschränkender Vereinbarungen abweicht. Insbesondere besteht kein genereller Vorrang des Art. 102 AEUV vor den entsprechenden nationalen Regelungen. Nach Art. 3 Abs. 1 VO 1/2003 sind nationale Wettbewerbsregelungen und Art. 102 AEUV im Bereich der „Missbrauchskontrolle“ parallel anzuwenden. Zudem ist es den Mitgliedstaaten nicht verwehrt (siehe Art. 3 Abs. 2 VO 1/2003), in ihrem Hoheitsgebiet aggressiver einseitige Handlungen von Unternehmen zu unterbinden und zu ahnden.[109] Allerdings steht die Anwendung strengeren nationalen Rechts stets unter der Bedingung, dass damit die einheitliche Anwendung des Unionsrechts und die volle Wirksamkeit der zu seinem Vollzug ergangenen Maßnahmen auf dem Binnenmarkt nicht gefährdet werden.[110]

107 *Glöckner*, Kartellrecht – Recht gegen Wettbewerbsbeschränkungen, S. 11.

108 *Wallenberg, Gabriela von,* Kartellrecht, 3. Auflage, Köln 2007, Rn. 9, S. 4.

109 *Lange*, Europäisches und deutsches Kartellrecht, S. 82.

110 EuGH, Urteil v. 13.02.1969, Rs. 14/68, Slg. 1969, 1 (Tz. 11) – *Walt-Wilhelm.*

B. Grundlagen des chinesischen Antimonopolrechts

Das Antimonopolgesetz der Volksrepublik Chinas[111] (nachfolgend bezeichnet als „AMG") ist ein wichtiges, richtungsweisendes Regelungswerk,[112] welches der gegenwärtigen (gesellschafts-)politischen und wirtschaftlichen Lage Chinas Rechnung trägt.[113]

I. Geschichte und Rechtsgrundlagen

Die Notwendigkeit eines chinesischen Wettbewerbsrechts wurde im Zuge der generellen „Reform und Öffnung" Ende der 1970er Jahre[114] erstmals ab den 1980er Jahren intensiv diskutiert. Davor existierte kein Wettbewerb, sondern eine straffe Planwirtschaft, in deren Rahmen das Realphänomen Wettbewerb als verhasstes Konzept,[115] das den Einzelnen ausplündere,[116] keinen Schutz genoss.[117]

1. Rechtslage *vor* Einführung des Antimonopolgesetzes

Erste Wettbewerbsregeln, die bereits vereinzelt kartellrechtliche Regelungen beinhalteten, finden sich im 1993 in Kraft getretenen chinesischen Gesetz gegen den

111 Antimonopolgesetz der Volksrepublik China (Original: 中华人民共和国反垄断法) v. 30.08.2007 (chinesisch-deutsche Fassung in: ZChinR 2007, S. 307 ff., Übersetzung von *Masseli*); *Shi, Jianzhong*, Kommentar und theoretische Untersuchung des Antimonopolgesetzes, Beijing 2008.

112 *Hou, Jiangxiao Athena/Yi, Jane,* A Progress on the Implementation of China's Anti-Monopoly Law, in: The Journal of Antitrust and Unfair Competition Law Section of the State Bar of California, vol. 20, Heft 1, 2011, S. 79.

113 *Huang, Yong,* Pursuing the Second Best the History, Momentum, and Remaining Issues of Chinas Anti-Monopoly Law, in: Antitrust Law Journal, vol. 75, Heft 1, 2008, S. 117 (131).

114 Hierzu *Bu, Yuanshi*, Einführung in das Recht Chinas, München 2009, § 1, Rn. 2 ff., S. 2 f.

115 Siehe *Wang, Xiaoye,* Erlass und Ausführung des Chinesischen Kartellgesetzes, in: RiW 2008, S. 417.

116 *Au, Hans*, Das Wettbewerbsrecht der Volksrepublik China. – Wirtschaftspolitische Ziele und Gesetzesvollzug, Diss. Hamburg, 2004, S. 16, m. w. N.

117 Eingehend *Eichner*, *Andrew W*, Battling Cartels in the New Era of Chinese Antitrust Enforcement, in: Texas Int'l L.J, vol. 47, 2012, S. 587 (588).

unlauteren Wettbewerb (nachfolgend bezeichnet als „UWG").[118] So erfasst etwa § 12 UWG ein Verbot von Koppelungsgeschäften. Das UWG Chinas normiert drei Fälle des Missbrauchs. Erfasst sind Liefer- und Bezugsbindungen an marktbeherrschende Unternehmen oder ein von diesem bestimmtes Marktverhalten, fernerhin Kampfpreisstrategien sowie Koppelungsgeschäfte. Die Regelungen, die nach wie vor in Kraft sind, dienten vor Inkrafttreten des Antimonopolrechts im Jahr 2008 bereits dem Schutz eines fairen Wettbewerbs, konnten aber nicht alle Probleme im Bereich monopolistischer Marktpraktiken effektiv lösen. Zudem waren kartellrechtliche Normen auch in anderen Gesetzen geregelt, so dass das Wettbewerbsrecht zur damaligen Zeit unvollständig und unsystematisch geregelt war. In China herrscht(e) ohnehin die Devise vor, dass Schnelligkeit vor Systematik geht, weshalb das chinesische Recht in der Regel eher durch unausgegorene Regelungen gekennzeichnet ist.[119] Mit der zunehmenden Entwicklung einer Marktwirtschaft entstanden zudem viele praktische Probleme, die das Erfordernis eines umfassenden Rechts gegen Wettbewerbsbeschränkungen bekräftigten. Nach einer im Jahr 2004 erfolgten Untersuchung des Handelsministeriums (MOFCOM) besetzten die ersten fünf Stellen aller Branchen ausländische Kapitalgeber. Insgesamt kontrollierten dabei 21 der 28 bedeutsamsten Branchen ausländische Kapitalanleger. Die Volksrepublik China ist dem Grunde nach bestrebt, das Fusionskapital der Weltkonzerne anzuziehen, aber auch die Handlungen der Weltkonzerne und Großunternehmen in China zu lenken, um Monopole und vor allem den Missbrauch marktbeherrschender Stellungen zu vermeiden. Ein umfassendes, komprimiertes Gesetz gegen Wettbewerbsbeschränkung war und ist vor diesem Hintergrund unerlässlich.

2. Überblick über das chinesische Antimonopolrecht

a. Allgemeines

Das chinesische Gesetz gegen monopolistische Marktverhaltensweisen, die den Wettbewerb behindern, also das AMG wurde im Achten, Neunten und Zehnten Ständigen Ausschuss des Nationalen Volkskongresses heftig diskutiert und erst im

118 Dazu ausführlich *Masseli, Markus,* Handbuch chinesische Fusionskontrolle, Berlin 2011, S. 6; *Mesenbrink, Lars*, Das Antimonopolgesetz der VR China im Spannungsverhältnis zwischen Politik und Wettbewerbsrecht, Baden-Baden 2010, S. 21 f.

119 *Bu,* Einführung in das Recht Chinas, § 1, Rn. 7, S. 3 f.

August 2007 nach zahlreichen Entwürfen[120] in eine Form gegossen und verkündet. Es ist das erste einheitliche Gesetzeswerk, das sich gegen Wettbewerbsbeschränkungen in China richtet. Das chinesische „GWB“ ist demnach ein historischer Schritt in der Geschichte der chinesischen Gesetzgebung und zugleich ein Meilenstein im Wirtschaftsrecht Chinas zu Gunsten der Entwicklung einer Marktwirtschaft[121] sozialistischer Prägung. Die 13-jährige Dauer seiner Entstehung reflektiert jedoch ebenso die vielseitigen Interessenskonflikte während dieser Zeit. Dies zeigt etwa die Regelung in § 1 AMG, die einen umfangreichen Zielkatalog[122] aus gesellschaftspolitischen und ökonomischen Prämissen umfasst. Zugleich enthält das AMG viele Öffnungsklauseln für nicht-wirtschaftliche Aspekte, womit zugleich eine gewisse Flexibilität des Gesetzes zum Ausdruck kommt.[123]

b. Struktur und Systematik

Das AMG enthält insgesamt 57 Paragrafen in acht Kapiteln. Das in einen Allgemeinen[124] und einen Besonderen Teil gegliederte Gesetz regelt drei Formen monopolistischer Verhaltensweisen,[125] die in § 3 AMG aufgezählt sind. Erfasst ist das Verbot monopolistischer Vereinbarungen[126] (siehe §§ 13–16 AMG), mithin ein Kartellverbot,[127] ferner der Missbrauch einer marktbeherrschenden Stellung[128] (siehe §§ 17–19 AMG), folglich eine Marktmissbrauchskontrolle, sowie Regelungen zu wettbewerbsbeschränkenden oder wettbewerbsausschließenden Konzentrationen von Unternehmen[129] (siehe §§ 20–31 AMG), die die chinesische

---

120 Zur Gesetzgebungsgeschichte *Bu*, Einführung in das Recht Chinas, § 23, Rn. 1 ff., S. 243 f.; *Masseli*, Handbuch chinesische Fusionskontrolle, S. 6 f.; *Eichner*, in: Texas Int’l L. J, vol. 47, 2012, S. 587, 591.

121 *Wang*, in: RIW 2008, S. 417.

122 *Mesenbrink, Lars*, Das Antimonopolgesetz der VR China im Spannungsverhältnis zwischen Politik und Wettbewerbsrecht, Baden-Baden 2010, S. 68 ff.

123 *Mao, Xiaofei/Glass Tobias,* Das chinesische Antimonopolgesetz im Lichte des deutschen Kartellrechts, in: ZWeR 2008, S. 88 (89).

124 Siehe §§ 1–12 AMG.

125 Siehe Art. 3 AMG.

126 Original: 经营者达成垄断协议.

127 Eingehend *Mesenbrink, Lars*, Das Antimonopolgesetz der VR China im Spannungsverhältnis zwischen Politik und Wettbewerbsrecht, Baden-Baden 2010, S. 121 ff.; *Eichner*, Battling Cartels in the New Era of Chinese Antitrust Enforcement, in: Texas Int’l L. J, vol. 47, 2012, S. 587 (597 ff.).

128 Original: 经营者滥用市场支配地位.

129 Original: 经营者集中.

Fusionskontrolle[130] verankern. Des Weiteren ist der Missbrauch administrativer Monopole[131] in den §§ 32–37 AMG normiert. Schließlich finden sich Bestimmungen zur Untersuchung verdächtiger Marktverhaltensweisen in den §§ 38–45 AMG, zu den Rechtsfolgen in den §§ 46–54 AMG mit einem Verweis auf das Zivilgesetzbuch und sodann zum Status des Gesetzes in den §§ 54–57 AMG. Es zeigt sich, dass es sich um ein modernes Kartellrecht handelt, welches die klassischen Säulen umfasst und darüber hinaus verfahrensrechtliche Regelungen beinhaltet. Dennoch fehlt es oftmals an konkreten Maßstäben für deren Auslegung. Daher ist zu begrüßen, dass in den letzten Jahren zusätzliche Bestimmungen zur Konkretisierung in Kraft traten, insbesondere im Bereich des privatrechtlichen Vollzugs, wie etwa die 2012 in Kraft getretenen Bestimmungen des Obersten Volksgerichts (OVG) wegen monopolistischer Zivilstreitigkeiten.[132] Dazu gehören fernerhin die im Februar 2011 in Kraft getretene Bestimmung gegen Preiskartelle und die dazu gehörigen Verfahrensregelungen des MOFCOM[133] sowie die Verordnung gegen den Missbrauch einer marktbeherrschenden Stellung und die diesbezüglichen Verfahrensregeln der SAIC.[134] Das MOFCOM hatte zudem eine Reihe von Durchsetzungsregeln über den Zusammenschluss von Unternehmen veröffentlicht.[135]

130 Hierzu auch *Mesenbrink, Lars,* Das Antimonopolgesetz der VR China im Spannungsverhältnis zwischen Politik und Wettbewerbsrecht, Baden-Baden 2010, S. 187 ff.

131 Original: 滥用行政权力.

132 Bestimmungen des Obersten Volksgerichts zu einigen Fragen der Anwendung des Rechts in Verhandlungen wegen zivilrechtlicher Streitigkeiten aufgrund monopolisierender Verhaltensweisen (Original: 最高人民法院关于审理因垄断行为引发的民事纠纷案件应用法律若干问题的规定), dazu *Wersborg, Sarah,* Die private Kartellrechtsdurchsetzung in China. – Die Bestimmungen des Obersten Volksgerichts zur Anwendung des Rechts bei monopolbezogenen Zivilstreitigkeiten, in: ZChinR, vol. 19, 2012, S. 301 ff.; eine chinesisch-deutsche Übersetzung findet sich in ZChinR, vol. 19, 2012, S. 375 ff. (Übersetzung von *Wersborg*).

133 Original:《反价格垄断规定以及反价格垄断执法程序》.

134 Original:《工商行政管理机关禁止滥用市场支配地位行为的规定》以及《工商行政管理机关查处垄断协议、滥用市场支配地位案件程序规定》《工商行政管理机关制止滥用行政权力排除、限制竞争行为的规定》.

135 „Bestimmung über den Maßstab der vorherigen Ankündigung einer Konzentration des Unternehmens“, Handelsministeriums 2009 (商务部2009年11号《国务院关于经营者集中申报标准的规定》); „Untersuchungsmethode für Zusammenschlüsse“, Handelsministerium 2009 (商务部2009年颁布《经营者集中审查办法》; „Vorläufige Maßnahmen gegen eine nicht rechtmäßig angekündigte Konzentration des

c. *Vorteile des chinesischen Antimonopolrechts*

Die Einführung des chinesischen Antimonopolrechts wurde zu Recht in der Öffentlichkeit mit viel Aufmerksamkeit und Lob bedacht, sowohl von in- als auch ausländischen Medien, aber auch aus den Bereichen des Rechts und der Wirtschaft. Die einhellige Meinung betont vor allem und zutreffend, dass das Regelungswerk von historischer Bedeutung ist und einen positiven Einfluss auf den Fortschritt der chinesischen Wirtschaft haben wird, mithin ein herausragendes Fundament für die Entwicklung der Wirtschaft Chinas bildet.[136] Es reflektiert im Wesentlichen den internationalen Standard und orientiert sich im Hinblick auf die Konzeption an den Erfahrungen westlicher Kartellrechtssysteme, wie dem der USA und der EU, so dass sich sowohl *per se*- als auch *rule of reason*-Regelungen finden.[137] Des Weiteren ist seine Rolle für die Entwicklung des chinesischen Rechtssystems positiv hervorzuheben, zumal es die Umsetzung von Reformen gewährleistet und die wirtschaftliche Öffnung des Landes weiter begünstigt. Kurz gesagt ist das chinesische AMG ein angemessenes, modernes und in erster Linie der wirtschaftlichen und politischen Lage Chinas entsprechendes Gesetzeswerk.[138] Schließlich anzumerken ist sein Umfang, da es als „wirtschaftliche Verfassung"[139] im Vergleich zu den Gesetzen gegen Beschränkungen des Wettbewerbs in anderen Staaten den generellen Standard im Hinblick auf den Missbrauch einer marktbeherrschenden Stellung von Unternehmen in gebotenem Umfang regelt. Das Gesetz ist nicht nur umfassend, sondern auch relativ systematisch aufgebaut und daher einfach zu handhaben. Dies ändert jedoch nichts an der Tatsache, dass die Behörden und Gerichte bei der Identifizierung von Marktmacht auf ökonomische Analysemethoden zurückgreifen müssen, wie etwa im Rahmen der Abgrenzung des relevanten Marktes auf den SSNIP-Test.[140] Dabei

---

Unternehmens", Handelsministerium 2011 (中华人民共和国商务部令2011年第6号《未依法申报经营者集中调查处理暂行办法》).

136 *Wang, Xiaoye*, Highlights of China's New Antimonopoly Law, in: Antitrust L. J, vol. 75, 2008, S. 133 f.

137 *Hou/Yi*, in: The Journal of Antitrust and Unfair Competition Law Section of the State Bar of California, vol. 1, 2011, S. 79 (80).

138 *Wang, Lei*, Vorzüge des Antimonopolrechts Chinas. – Herausforderungen und Gegenmaßnahmen, in: Studie zu chinesischen Industrien und Geschäften 2008 (4), S. 17.

139 *Huo, Zhengxin*, A Tiger without Teeth: The Antitrust Law of the People's Republic of China, in: Asian Pacific Law & Policy Journal, vol. 10, 2008, S. 32 (43).

140 Siehe *Gu, Michael/Zhan, Hao*, Chapter 7 – China, in: Roberton, Gideon (Hrsg.), The Public Competition Enforcement Review, 5th edition, 2013, S. 88 f., mit Beispielen aus der Rechtsprechung und der Verwaltung.

sind die Neuheit des Rechtsgebietes[141], die dadurch bedingte mangelhafte Expertise in Sachen ökonomischer Analyse, aber auch die fehlende einheitliche Richterausbildung durchaus bekannte Nebenprobleme.

d. Nachteile des chinesischen Antimonopolrechts

Dennoch hat das AMG Chinas auch diverse Nachteile, die vor allem auf den historischen und kulturellen Besonderheiten des Landes beruhen.

aa. Anwendungsprobleme

Als relativ neues Mitglied der Wirtschaftsgesetze Chinas bestehen bei der Auslegung des AMG insbesondere noch praktische Probleme[142], die in erster Linie die schwierige Durchsetzbarkeit betreffen. Neben der dreigeteilten Kompetenzverteilung der Antimonopolvollzugsbehörden, die eine einheitliche Umsetzung des AMG erschwert, ist auch die Transparenz vieler Verfahren sehr defizitär.[143] Zudem gehört das 57 Artikel umfassende AMG mit ungefähr 7000 chinesischen Zeichen zu einem der kürzesten Regelungswerke gegen Wettbewerbsbeschränkungen der Welt. Es ist ein grundlegendes Gesetz und behandelt eine generell sehr komplizierte Materie,[144] die Rechtsklarheit erfordert, um effektiv zu sein. Seit dem Inkrafttreten des AMG haben die Wettbewerbsinstitutionen einige Zusatzregelungen ausgearbeitet, so beispielsweise die „Anweisung zur Definition des relevanten Markts", die „Anmeldungsmethode des Zusammenschlusses", des Weiteren die „Untersuchungsmethode für Zusammenschlüsse". Jene zusätzlichen Bestimmungen sind hilfreich, aber dennoch bei der Durchsetzung des Antimonopolrechts nach wie vor nicht ausreichend. Damit das AMG in der Praxis der Verwaltungsbehörden und der Gerichte wirksam umgesetzt werden kann, bedarf es weiterer speziellerer Verordnungen zur Auslegung einzelner Normen, insbesondere der Tatbestandselemente sowie umfassender klärender Verfahrensregeln.

141 *Masseli*, Handbuch chinesische Fusionskontrolle, S. 49.

142 *Liu, Yejing*, Zur Menge und Optimierung des chinesischen Antimonopolrechts seit dem Inkrafttreten, in: Ware und Qualität, Heft 1, 2011, S. 105.

143 *Wang, Xiaoye/Emch, Adrian,* Five Years of Implementation of China's Anti-Monopoly Law – Achievements and Challenges, in: Journal of Antitrust Enforcement, vol. 1, 2013, S. 247 (254 f.).

144 *Fleischer*, S. 59 m. w. N.

bb. Potenzielle Konflikte beim Kartellrechtsvollzug

Neben der beim Handelsministerium Chinas (kurz: MOFCOM) ansässigen Antimonopolkommission, die für die Koordinierung der Durchsetzung des AMG zuständig ist,[145] erfolgt nach dem gegenwärtigen Vollzugssystem die Umsetzung des Kartellrechts durch drei Antimonopolvollzugsbehörden.[146] Dabei üben der Nationale Ausschuss für Entwicklung und Reformen[147] (kurz: NDRC), das dem Handelsministerium unterstehende Antimonopolamt sowie die staatliche Industrie- und Handelsbehörde[148] (kurz: SAIC) gemeinsam die Überwachung monopolistischen Marktverhaltens aus. Preiskartelle beaufsichtigt hierbei das NDRC, Fusionen das Antimonopolamt, während den regionalen Block die SAIC kontrolliert, die zudem für den Marktmachtmissbrauch (außer Preiskartelle) zuständig ist. Jenes Machtverteilungssystem, das vor allem vor dem Hintergrund der Streitigkeiten der am Entwurf des AMG beteiligten Behörden entstand,[149] erinnert auf den ersten Blick an das US-amerikanische Modell, ist aber das Resultat chinesischer Uneinigkeit. Es passt zur aktuellen Lage Chinas, bringt jedoch bei der Umsetzung Probleme mit sich. Monopolistisches Verhalten kann eine komplexe Form annehmen und sollte daher nicht durch verschiedene Institutionen beurteilt werden. Das Risiko potenzieller Konflikte ist unausweichlich. Zudem steigert es die Gefahr der Kompetenzüberschneidungen.[150] In manchen Streitigkeiten sind zwei Autoritäten gleichzeitig zuständig, während für andere Streitigkeiten gar keine Behörde verantwortlich sein soll. Eine einheitliche und selbstständige Kartellbehörde wäre also wünschenswert.[151]

3. Das Problem des Missbrauchs von Verwaltungsmacht

Art. 7 AMG schließt zwar Industriesektoren, in denen Staatsunternehmen eine beherrschende Stellung einnehmen und eine Stütze der Volkswirtschaft darstellen

145 Siehe § 9 Abs. 1 AMG.

146 Siehe § 10 AMG; zu den Antimonopolvollzugsbehörden siehe *Bu*, Einführung in das Kartellrecht, § 23, Rn. 38 ff., S. 252.

147 Original: 中华人民共和国国家发展和改革委员会.

148 Original: 中华人民共和国国家工商行政管理总局.

149 *Bu*, Einführung in das Recht Chinas, § 23, Rn. 38, S. 252.

150 *Han, Michael/Su, Jessica*, China's Antimonopoly Law: Status quo and Outlook, in: Global Competition Policy, August 2008, S. 11.

151 *Chen, Hong*, Antimonopolrecht – Wirtschaftsverfassung in China: Dogmatische Diskussion, Nr. 6, 2008, S. 171; *Meng, Dongmei,* Zu Mängeln und zur Optimierung des chinesischen Antimonopolgesetzes, in: Amtsblatt der Pädagogikuniversität Guangxi, Nr. 3, 2009, S. 145.

sowie die nationale Sicherheit betroffen ist, oder Sektoren, für die ein Staatsmonopol gilt, nicht unmittelbar von der Anwendung des AMG aus, stellt diese jedoch in erster Linie unter Selbstkontrolle und Staatsaufsicht.[152] Zudem regelt das Gesetz als besondere Eigenheit[153] ein Verbot des Missbrauchs von Verwaltungsbefugnissen, die den Wettbewerb zu beschränken geeignet sind.

a. Rechtsgrundlage

Die Kontrolle der administrativen Monopole ist in § 8 i. V. m. den §§ 32 ff. AMG geregelt. Es handelt sich um eine weitere chinesische Eigentümlichkeit. Obgleich jener Aspekt in China seit langem umstritten ist,[154] erweist sich die Regulierung als notwendig,[155] um den Wettbewerb zu fördern. Jene Monopole sind durch eine Verzahnung zwischen der Verwaltung und Unternehmen gekennzeichnet[156] und letztlich ein Erbstück der einstigen Planwirtschaft.[157] In der Zeit der straffen Zentralverwaltungswirtschaft waren die aufgestellten Fünfjahrespläne faktische Befehle, mithin unbedingt einzuhaltende Ziele, die der Staat allein bestimmte und durchsetzte. Auch der Preis sämtlicher Produkte wurde staatlich reglementiert. Davon hat sich China jedoch sukzessiv im Rahmen eines immer noch anhaltenden

---

152 Siehe Art. 7 AMG: "With respect to the industries controlled by the State-owned economy and concerning the lifeline of national economy and national security or the industries implementing exclusive operation and sales according to law, the state protects the lawful business operations conducted by the business operators therein. The state also lawfully regulates and controls their business operations and the prices of their commodities and services so as to safeguard the interests of consumers and promote technical progresses.

The business operators as mentioned above shall lawfully operate, be honest and faithful, be strictly self-disciplined, accept social supervision, shall not damage the interests of consumers by virtue of their dominant or exclusive positions."

153 So auch *Masseli, Markus,* Das Antimonopolgesetz der Volksrepublik China, in: ZChinR 2007, S. 259 (261).

154 *Fang, Xiaomin,* Zur Gesetzgebung des chinesischen Antimonopolrechts – rechtsvergleichende Analyse, Beijing 2006, S. 71; *Bu,* Einführung in das Recht Chinas, § 23, Rn. 33 f, S. 251 f, m. w. N.

155 *Wu, Zheng Ou,* Perspective on the Chinese Anti-Monopoly Law, in: Antitrust Law Journal, vol. 75, 2008, S. 73 (93).

156 *Au, Hans,* Das Wettbewerbsrecht der Volksrepublik China. – Wirtschaftspolitische Ziele und Gesetzesvollzug, Diss. Hamburg, 2004, S. 157.

157 *Zheng, Yanxin,* Rechtliche Kontrolle gegen Missbrauch des öffentlichen Unternehmens in China, S. 74

Prozesses der Transformation zur Marktwirtschaft verabschiedet.[158] Dennoch sind deren Auswirkungen nach wie vor spürbar und das bekannte Problem des Exekutivmissbrauchs keineswegs verschwunden. Dies wird auch dadurch bedingt, dass die Haftung für einen Missbrauch von Verwaltungsmacht mangels strenger Verpflichtungen derzeit schwach ist,[159] so dass oftmals lokale Institutionen den Missbrauch fortsetzen. Insbesondere fehlt es an effektiven zivil-, verwaltungs- und strafrechtlichen Sanktionen gegenüber missbräuchlich agierenden Verwaltungsorganen.[160]

b. Formen administrativer Monopole

Es existieren sehr unterschiedliche Formen des Verwaltungsmissbrauchs, der sowohl von Verwaltungsbehörden als auch -organisationen[161] verübt werden kann. Ein administratives Monopol liegt beispielsweise vor, wenn eine lokale Regierung die Vorgabe erteilt, dass bestimmte Waren nur von bezeichneten Unternehmen bezogen werden dürfen.[162] Dementsprechend ist es untersagt, entsprechende Waren von anderen Unternehmen zu kaufen, so dass in diesem Bereich kein Wettbewerb existiert. Des Weiteren kann eine Diskriminierung von Unternehmen aus anderen Städten oder Provinzen auftreten. Die lokalen Behörden, die dahingehende Regeln aufstellen, verhindern den Eintritt und den Vertrieb von Waren jener Unternehmen, beispielsweise mittels zusätzlicher Gebühren, höherer Steuern oder Kredite einer lokalen Bank.[163] Jene regionalen Blockaden nicht lokaler Produkte dienen dem Schutz ansässiger Unternehmen[164] und sind demzufolge ein Ausdruck des auf Kommunalebene existenten Protektionismus. Eine weitere Form des Verwaltungsmissbrauchs besteht in der Möglichkeit des öffentlichen Dienstes, Preise beliebig zu bestimmen. Während die meisten Unternehmen mittels eigener Kraft eine marktbeherrschende Stellung gewinnen, gibt es natürliche staatliche

---

158 *Mesenbrink, Lars,* Das Antimonopolgesetz der VR China im Spannungsverhältnis zwischen Politik und Wettbewerbsrecht, Baden-Baden 2010, S. 13.

159 *Bu*, Einführung in das Recht Chinas, § 23, Rn. 37, S. 251 m. w. N.

160 *Huang, Liang*, Zustand und Gegenmaßnahme zu administrativen Monopolen in China, in: Soziale Wissenschaftszeitschrift, Heft 8, 2010, S. 80.

161 *Wu*, in: Antitrust Law Journal, vol. 75, 2008, S. 73 (93).

162 *Bu*, Einführung in das Recht Chinas, § 23, Rn. 33, S. 251; *Wu*, Perspective on the Chinese Anti-Monopoly Law, in: Antitrust Law Journal, vol. 75, 2008, S. 73, 93.

163 *Zheng, Chengpeng*, Forschung zur rechtlichen Kontrolle administrativer Monopole, Diss. Chong Qing, S. 33. Vgl. *Xi, Weiming,* Vollzug des chinesischen Anti-Monopol Gesetz auf der Grundlage der wirtschaftlichen Globalisierung, S. 147, 152.

164 *Wu*, in: Antitrust Law Journal, vol. 75, 2008, S. 73 (93).

Monopole in besonderen Industriebranchen, beispielsweise in der Wasser-, Gas- und Stromversorgung, der Wärmezufuhr sowie dem Eisenbahnwesen.[165] Mit Ausnahme jener staatlichen Monopole haben einige Unternehmen ebenfalls wegen des ausschließlichen Betriebs eine Monopolstellung erlangt, so zum Beispiel im Tabak- und Salzsektor.[166] Heutzutage wird vor allem aber der Marktpreis in Schlüsselindustrien vom öffentlichen Dienst und der Verwaltung bestimmt. Die Verwaltung regelt dabei den Preis in Abhängigkeit von den anfallenden Kosten des öffentlichen Dienstes. Das Problem besteht indessen darin, dass die vermeintlichen Kosten vom öffentlichen Dienst nur behauptet sind. Ob diese tatsächlich angefallen sind, bleibt unklar. Es fehlen vollständige Informationen der Behörden, die eine umfassende Kostenuntersuchung erlauben. Jene Bestimmung des Preises hat freilich negative Folgen für die Wirtschaft und den Wettbewerb.[167] So erreicht der öffentliche Dienst wegen seiner Monopolstellung fortwährend Monopolgewinne, hat aber kein Motiv zur Innovation, was sich zu Lasten der Volkswirtschaft und der Interessen der Verbraucher auswirkt.

c. Notwendigkeit einer planmäßigen Liberalisierung

Die genannten Branchen weisen Besonderheiten im Hinblick auf die Struktur der Märkte auf, so dass sie auch in anderen Ländern nicht selten durch Monopole gekennzeichnet sind. Die Erfahrung in den meisten Staaten der Europäischen Union hat gezeigt, dass sich solche Industriebereiche Schritt für Schritt liberalisieren lassen, um den Wettbewerb in diesen Sektoren einzuführen und zu fördern. Freilich gibt es aufgrund langjährig gewachsener Marktstrukturen und besonderer Umstände auch Ausnahmen, zumal ein ungebremster Wunsch nach Liberalisierung der Märkte auch negative Folgen haben kann, wie die seit 2008 andauernde Finanzkrise in Europa gezeigt hat.[168] China sollte daher prinzipiell dem europäischem Vorbild folgen und der Bildung von Monopolen entgegen wirken, jedoch gleichzeitig auch die Struktur und die besonderen Umstände des jeweiligen Marktes hinreichend würdigen.[169] Eine systemlose Rezeption fremder Rechtserkenntnisse

165 *Wang*, in: RIW 2008, S. 417 (427).

166 *Ning, Wanglu*, Rechtliche Regulierung zum Missbrauch der marktbeherrschenden Stellung und verwaltungsrechtliche Praxis der Industrie- und Handelsbehörde in der Volksrepublik China, in: Verwaltung der Industrie und des Handels, Nr. 18, 2011, S. 16.

167 *Wu*, in: Antitrust Law Journal, vol. 75, 2008, S. 73 (93).

168 *Fleischer*, S. 1, Fn. 2.

169 *Williams, Mark*, Adoption of the EC Competition Law Model. – Is it a Trojan Horse for China?, in: *Cheng* (Hrsg.), An Exploration of China's Legislation on Competition, Beijing 2006, S. 324, 357. Williams, Mark, 《采纳欧共体竞争法模式-对中国而言

ist aber kaum weiterführend, zumal damit die landesspezifischen Besonderheiten in den Hintergrund rücken. Wünschenswert ist daher eine künftige planmäßige Liberalisierung,[170] welche die tatsächlichen Marktverhältnisse berücksichtigt.

d. Systematische Schwächen

Bedauerlicherweise hat der Missbrauch der Verwaltung eine lange Geschichte in China. Gleichwohl hat der chinesische Gesetzgeber durch die §§ 32 ff. AMG gezeigt, dass er durchaus gewillt ist, tradierte Vorstellungen zu überwinden und Monopole jeglicher Art zu bekämpfen.[171] Er widmete dem Problem des Missbrauchs von Verwaltungsbefugnissen ein selbstständiges Kapitel (Kapitel 5) im AMG, was einen Fortschritt markiert, da es die Erkenntnis der davon ausgehenden Gefahren reflektiert. Dennoch existiert bisweilen noch kein durch Systematik gekennzeichnetes, spezielles Gesetz oder ein Regulierungsansatz. In die Richtung gehende Bestimmungen sind in verschiedenen Gesetzen normiert; sie finden sich im AMG, UWG, dem Preisdiskriminierungsgesetz oder dem Ausschreibungsgesetz. So folgt etwa aus Art. 30 UWG, dass gleichrangige oder übergeordnete Behörden befugt sind, Sanktionen gegen die unmittelbar zuständigen Personen zu verhängen. Voraussetzung ist aber, dass das fragliche Verhalten schwerwiegend ist. Letztlich sind die Regelungen des AMG wie jene des UWG im Hinblick auf administrative Monopole aber eher schwach konzipiert, zumal das AMG allenfalls eine Ergänzung zur Regelung im UWG bildet. So darf etwa nach Art. 51 AMG nur die übergeordnete Behörde Sanktionen verhängen. Die zuständige Kartellbehörde kann dieser allenfalls Vorschläge unterbreiten.[172] Der insgesamt dezentral ausgestaltete Regulierungsansatz hat zudem den Nachteil, dass die in verschiedenen Regelungswerken festgelegten Normen mitunter unvereinbar sind. Auch erfolgte bislang seitens des höchsten Gerichts der Volksrepublik China, dem Obersten Volksgericht, noch keine diesbezügliche Klarstellung[173], nach der sich

会不会是一匹特洛伊木马》，载程卫东主编《中国竞争法立法探索-欧盟对我国的启示》 北京社会科学文献出版社2006年4 月.

170 Vgl. auch *Xiao, Xingzhi*, Studien zur Reform der natürlichen Monopole Chinas, in: Chinesische Industriewirtschaft, Nr. 4, April 2002, S. 20–21.

171 *Bu*, Einführung in das Recht Chinas, § 23, Rn. 34, S. 251.

172 *Bu*, Einführung in das Recht Chinas, § 23, Rn. 37, S. 251.

173 Die Bestimmungen des Obersten Volksgerichts der Volksrepublik China haben Bindungswirkung. Sie sind in der juristischen Praxis daher enorm bedeutsam. Dessen Auslegung und Fallsammlungen strahlen eine wichtige Weisungsfunktion für die lokalen Gerichte aus.

lokale Gerichte bei Konflikten oder Lücken richten könnten. Daher herrscht in diesem Bereich noch immer ein nicht unerhebliches Maß an Rechtsunsicherheit.

e. Zwischenergebnis

Der Erlass des Antimonopolrechts ist ein kleiner, aber wichtiger Schritt auf einer langen Strecke hin zur florierenden Marktwirtschaft. Aus der Entwicklungsgeschichte fortgeschrittener Nationen lässt sich ableiten, dass ein perfektes Recht gegen Wettbewerbsbeschränkungen nicht realisierbar bzw. ein idealtypischer Wettbewerbsschutz auch gar nicht gewollt ist.[174] Jedoch erfolgen Verbesserungen stets sukzessiv, um nachhaltig zu sein. Chinas Antimonopolrecht ist dagegen noch sehr jung und benötigt daher Zeit, um viele Unsicherheiten im Bereich der Rechtsdurchsetzung effektiv zu beseitigen. Wenn die verantwortliche Verwaltungsinstitution einmal die Mängel erkannt und aus den daraus resultierenden Gefahren für die Wirtschaft und den Wettbewerb gelernt hat, wäre es wünschenswert, dass sodann das AMG als „wirtschaftliche Verfassung“ effektiver als bisher zum Tragen kommt.

II. Allgemeines zum Missbrauchsverbot in den §§ 17 ff. AMG

1. Rechtlicher und inhaltlicher Rahmen

Die in den §§ 17–19 AMG verankerte Missbrauchskontrolle ist in struktureller Hinsicht sehr dem europäischen Pendant in Art. 102 AEUV angenähert. So ist auf der Tatbestandsebene das Vorliegen einer beherrschenden Stellung von Unternehmen auf dem sachlich und räumlich relevanten Markt[175] erforderlich und als weiteres Kernmerkmal ein missbräuchliches Verhalten verankert. In Konkordanz zum europäischen Kartellrecht verbietet auch das AMG nicht die erlaubte Erlangung einer marktbeherrschenden Stellung.[176] Vielmehr ist nur der Missbrauch[177] zu Lasten der Wettbewerbsstruktur untersagt. Dabei regelt § 17 Abs. 1 AMG – ähnlich Art. 102 S. 2 AEUV – einen nicht abschließenden[178] Beispielskatalog zu den Formen des Missbrauchs. Dennoch zeichnet sich auch dieser durch unklare Begriffe

174 Siehe *Fleischer*, S. 12.
175 Eine Legaldefinition zum relevanten Markt findet sich in § 12 Abs. 2 AMG.
176 *Masseli*, in: ZChinR 2007, S. 259 (265), m. w. N.
177 Siehe § 6 AMG.
178 *Bu*, Einführung in das Recht Chinas, § 23, Rn. 22, S. 248.

aus, wie etwa „ohne lauteren Grund“,[179] was der Rechtssicherheit abträglich ist. Eine weitere Konkretisierung findet sich in § 17 Abs. 2 AMG zum Begriff der Marktmacht, wobei der Gesetzgeber in § 18 AMG die Prüfkriterien beispielhaft aufzählt und in § 19 AMG dahingehende Regeln zur Vermutung, die widerlegbar ist, aufstellt.[180]

2. Durchsetzung des Missbrauchsverbots

Seit Inkrafttreten des AMG haben sich die chinesischen Gerichte gehäuft mit kartellrechtlichen Sachverhalten und dahingehenden Einzelfragen auseinandergesetzt. Ende 2012 hatten die Gerichte bereits 116 Fälle angenommen und in 102 Fällen eine Entscheidung getroffen.[181] Im Folgenden sollen besonders herausragende Fälle zur Missbrauchskontrollregelung vorgestellt werden.

a. Xingda *gegen* Petro China Lanzhou

Die im Dezember 2008 angenommene Rechtssache *Xingda* gegen *Petro China Lanzhou* vor dem Mittleren Volksgericht Lanzhou (*Gansu* Bezirk) ist der erste Rechtsstreit aus dem Bereich des Antimonopolrechts, den ein chinesisches Gericht nach Inkrafttreten des AMG im August 2008 verhandelte. In diesem Fall klagte der Tankstellenbetreiber *Xingda* gegen das Unternehmen Petro *China Lanzhou* wegen des Missbrauchs einer marktbeherrschenden Stellung. Der Kläger behauptete, dass der Beklagte ihn aufgrund seiner marktbeherrschenden Stellung gezwungen habe, mit ihm Liefer- und Vertriebsverträge für Öl mit Minimalabsätzen abzuschließen. Der Umfang der Klageforderung umfasste die Kündigung des Absatzvertrages sowie die Zahlung eines Schadensersatzes in Höhe von RMB 13 Millionen Yuan[182]. Der Prozess endete schlussendlich aber mit einem Mediationsverfahren. Der Fall zeigt die in China bekannte Praxis der Gerichte, dass Streitigkeiten nicht durch Urteile, sondern eher durch Rechtsvergleiche oder eine außergerichtliche Einigung beendet werden, da dies dem Motto der „Harmonie in der Gesellschaft“ der zu jener Zeit regierenden Parteispitze entsprach. Diese Vorgehensweise fördert aber weder die Rechtsfortbildung durch die Gerichte, noch löst sie das Problem der fehlenden klaren Auslegungsregeln an der Wurzel, da sich auf diese Weise kein Leitfaden für Rechtssuchende ableiten lässt.

179 Siehe *Masseli*, in: ZChinR 2007, S. 259 (265).
180 Dazu ausführlich § 4 der Arbeit.
181 *Wang/Emch*, in: Journal of Antitrust Enforcement, vol. 1, 2013, S. 247 (264).
182 Dies entspricht einem Wert von 1.566432,00 Euro (Kurs: 04.11.2013).

b. Renren *gegen* Baidu

Ein in den Medien besonders aufsehenerregender Fall stellt der Rechtsstreit *Renren* gegen *Baidu* dar, den das Obere Volksgericht Beijing im Juli 2010 zu entscheiden hatte. Das Unternehmen *Renren Tangshan Information Service Center* klagte gegen die Firma *Baidu* im Dezember 2008 wegen des Missbrauchs einer marktbeherrschenden Stellung für chinesische Internet-Suchmaschinen und warf der Beklagten vor, sie habe die Webseite der Klägerin absichtlich abgeschirmt.[183] Der Fall ist schon deshalb von hoher Bedeutung, weil *Baidu* eine besonders starke Stellung auf dem Markt für chinesische Suchmaschinen hat. Angesichts der weiten Formulierungen im AMG und der vielen unbestimmten Rechtsbegriffe[184] mussten zunächst grundlegende Fragen geklärt werden. Dies betraf vor allem die Reichweite des relevanten Marktes, mithin ob das Unternehmen *Baidu* tatsächlich eine marktbeherrschende Stellung besitzt und ob die Abschirmung der Homepage des Konkurrenten ein Missbrauch sei. Der Erste Mittlere Volksgerichtshof lehnte einen Verbotsverstoß ab,[185] woraufhin *Renren* den Oberen Volksgerichtshof erfolglos anrief.[186]

c. China Telecom *&* China Unicom

In der im Jahr 2013 noch nicht abgeschlossenen Untersuchung *China Telecom & China Unicom*, die seit November 2011 andauert und sowohl im In- als auch Ausland beobachtet wird,[187] wirft die zuständige NDRC den Unternehmen *China Telecom* und *China Unicom* den Missbrauch einer marktbeherrschenden Stellung auf dem Markt für den Internetzugang vor, da sie Wettbewerbern im Gegensatz zu Nichtkonkurrenten unangemessen hohe Gebühren für den Internetzugang auferlegt haben sollen. Dies beeinflusse den Wettbewerb auf dem Internetzugangsmarkt. Beide Unternehmen sind große Akteure auf dem chinesischen Telefonmarkt. Daher verwundert es kaum, dass die überwachende Behörde die Entwicklung eines

---

183 Eingehend zum Sachverhalt: *Hou/Yi*, in: The Journal of Antitrust and Unfair Competition Law Section of the State Bar of California, vol. 1, 2011, S. 79 (85).

184 *Hou/Yi*, in: The Journal of Antitrust and Unfair Competition Law Section of the State Bar of California, vol. 1, 2011, S. 79 (81).

185 Dazu *Hou/Yi*, in: The Journal of Antitrust and Unfair Competition Law Section of the State Bar of California, vol. 1, 2011, S. 79 (82).

186 Dazu mehr in § 3 der Arbeit unter Teil C.II. Sachlich relevanter Markt, Punkt 3 und unter III. Räumlich relevanter Markt, Punkt 4.

187 *Wang/Emch*, in: Journal of Antitrust Enforcement, vol. 1, 2013, S. 247 (259).

fairen Wettbewerbs auf jenem Markt genau beobachtet.[188] Gegenstand der Untersuchung ist unter anderem die Frage, ob eine marktbeherrschende Stellung im Sinne der Missbrauchskontrolle vorliegt. Zudem stand auf dem Prüfstand, ob die Preisdiskriminierung beider Unternehmen ein kartellrechtlich unzulässiges Missbrauchsverhalten darstellt. Schließlich ist fraglich, welche rechtlichen Folgen sodann in Betracht kommen, wenn ein Missbrauch vorliegt. Die Entscheidung der Behörde bleibt abzuwarten, obgleich schon heute feststeht, dass der Ausgang des Verfahrens auch die ausländische Sicht auf die chinesische Marktwirtschaft beeinflussen wird.[189] Für den Fall der Einstellung des Verfahrens verbleibt der Behörde jedoch nach wie vor die Möglichkeit der Wiederaufnahme.[190] Gleichwohl ist jener Fall in der Geschichte des chinesischen Antimonopolrechts bedeutsam, da es das erste Mal ist, dass eine Antimonopolbehörde ein großes, besonders einflussreiches staatliches Unternehmen mit einem Verstoß gegen Wettbewerbsregeln konfrontiert hat.[191]

3. Stellungnahme zur Missbrauchskontrollregelung

Die chinesische Missbrauchskontrolle lässt sich in einem positiven wie auch negativen Licht beurteilen.

a. Positive Gesichtspunkte

Als vorteilhaft lässt sich anführen, dass die Missbrauchskontrolle im Bereich geistiger Eigentumsrechte Anwendung findet,[192] jedoch dem Grunde nach die Ausübung eines solchen Ausschließlichkeitsrechts, wie etwa eines Patentrechts, noch keine marktbeherrschende Stellung zu begründen vermag.[193] Diese im AMG

188 *Gu/Zhan*, Chapter 7 – China, in: *Roberton* (Hrsg.) The Public Competition Enforcement Review, 5th edition, 2013, S. 84.

189 *Wang, Hui*, Über Missbrauch der marktbeherrschenden Unternehmen und die Missbrauchskontrolle im Sinne des Antimonopolrechts. – Kartellrechtliche Untersuchung gegen China Unicom und China Telecom, in: Recht und Gesellschaft, Nr. 36, Dezember 2011, S. 62, 63; *Wu, Yiping*, Bestimmung des Missbrauchs der marktbeherrschenden Unternehmen. – Fallanalyse: kartellrechtliche Untersuchung gegen China Unicom und China Telecom, in: Recht und Gesellschaft, Heft 20, 2012, S. 92 f.

190 *Gu/Zhan*, Chapter 7 – China, in: *Roberton* (Hrsg.), The Public Competition Enforcement Review, 5th edition, 2013, S. 91.

191 *Wang/Emch*, in: Journal of Antitrust Enforcement, vol. 1, 2013, S. 247 (260).

192 Siehe § 55 AMG.

193 *Bu*, Einführung in das Recht Chinas, § 23, Rn. 10, S. 245.

verankerte Regelung ist ein Fortschritt, da die Normierung des Verhältnisses zwischen Antimonopol- und Immaterialgüterrecht besonders kritisch betrachtet wird und seit langer Zeit in Europa und in den USA heftige Debatten auslöst.

b. Generelle Schwächen

Dennoch ist der gegenwärtige Prüfmaßstab beim Missbrauchselement schwach ausgeprägt. Es fehlen Regelfälle, die eine Abgrenzung zwischen rechtmäßigem und kartellrechtswidrigem Verhalten rechtssicher erlauben. Des Weiteren ist unklar, ob die Antimonopolvollzugsbehörden oder die Behörde für die Gewerbeverwaltung zuständig ist und nach welcher Verordnung das fragliche Verhalten beurteilt werden muss.[194] Schließlich ist die Haftung, die bei einem Marktmachtmissbrauch nach wie vor zu niedrig bemessen wird, negativ zu bewerten. Nach § 47 S. 1 AMG könnte aber ein Bußgeld zwischen 1 % bis 10 % des Gesamtumsatzes des vorangegangen Jahres verhängt werden, sofern das kartellrechtswidrige Verhalten realisiert wurde.[195] Angesichts der gegenwärtigen Sanktionspolitik ist zu erwarten, dass die Unternehmen das Risiko eher tragen,[196] wenn der geschätzte Gewinn aus einem monopolistischen Verhalten auf dem Markt den Bußgeldbetrag auszugleichen vermag. Gleichwohl zeigen sich Tendenzen der Konkretisierung bei der Anwendung des AMG im Falle monopolistischer Marktpraktiken. Diese spiegeln etwa die im Mai 2012 durch den Obersten Volksgerichtshof Chinas erlassenen Bestimmungen über Justizauslegung bei Zivilstreitigkeiten wider.[197] Insoweit sind drei Artikel besonders zu betonen. So darf nach Art. 2 der Bestimmungen direkt der Kläger oder die Antimonopolvollzugsbehörde das Gericht bei monopolistischem Verhalten anrufen. Ferner bezieht sich Art. 9 der Bestimmungen auf die Beurteilung einer marktbeherrschenden Stellung, mithin auf ein Merkmal, das in jüngeren Urteilen zu heftigen Diskussionen führte. Insofern obliegt es dem Volksgericht entsprechend der Wettbewerbsstruktur und -lage auf dem relevanten Markt zu bestimmen, ob das fragliche Unternehmen eine dominante Position auf diesem innehat, wenn der Beklagte ein öffentliches Unternehmen ist oder ein gesetzmäßiges Monopol hat. Schließlich können nach Art. 10 der Bestimmungen veröffentlichte Informationen vom Beklagten als

194 Vgl. auch *Shi, Jianzhong,* Vorteile und Inhalt des chinesischen Anti-Monopolgesetzes, in: Juristen 1, 2008, S. 18.

195 Siehe § 47 S. 2 AMG.

196 Vgl. *Meng, Dongmei,* Zum Inhalt und zur Optimierung des chinesischen Antimonopolgesetzes, in: Amtsblatt der Pädagogikuniversität Guangxi, Nr. 3, 2009, S. 145.

197 Siehe dazu bereits oben.

Beweis einer marktbeherrschenden Stellung anerkannt werden. Die aufgeführten Artikel erleichtern vor allem die Beweislast des Klägers, was angesichts der generell hohen Beweisanforderungen bei Gericht zu begrüßen ist; der Beweis einer marktbeherrschenden Stellung ist vom Kläger nur schwer zu erbringen, wie die meisten gescheiterten zivilrechtlichen Klagen der letzten Jahre zeigten.[198]

198 *Wang/Emch,* in: Journal of Antitrust Enforcement, vol. 1, 2013, S. 247 (265).

§ 3. Der relevante Markt im europäischen und chinesischen Missbrauchskontrollrecht

Die Bestimmung des relevanten Marktes bei der Feststellung einer marktbeherrschenden Stellung eines Unternehmens im Bereich der Missbrauchskontrolle ist im chinesischen Antimonopolrecht seitens der Rechtsprechung und Verwaltung in den letzten Jahren am stärksten diskutiert worden. Aus diesem Grund widmet sich der nachfolgende Teil der Arbeit vorzugswürdig dieser Thematik, um dahingehende Probleme und noch offene Fragen zu analysieren.

A. Allgemeines

Der Begriff des relevanten Marktes ist ein Schlüsselbegriff im europäischen Kartellrecht, insbesondere bei der kartellrechtlichen Beurteilung einseitiger wettbewerbswidriger Verhaltensweisen marktbeherrschender Unternehmen nach Art. 102 AEUV. Es handelt sich generell um einen wesentlichen Bestandteil der Analyse von Wettbewerbsprozessen auf den jeweiligen Märkten. Die OECD formulierte es einst in diesem Sinne wie folgt:

> *"The starting point in any type of competition analysis is the definition of the relevant market".*[199]

Die Abgrenzung des relevanten Marktes ist ein durchaus geeignetes analytisches Hilfsmittel, um die Verhältnisse am Markt und die jeweilige Marktstellung der betroffenen Teilnehmer zu definieren.[200] Jene Definition spielt in erster Linie bei der Missbrauchskontrollaufsicht, speziell dem Behinderungs- und Diskriminierungsmissbrauch, aber auch bei der Zusammenschlusskontrolle eine wichtige Rolle.[201] Die Bestimmung des relevanten Marktes erfolgt im Rahmen der Prüfung des in Art. 102 AEUV verankerten tatbestandlichen Kernmerkmals der

---

199 *OECD*, Glossary of Industrial Organization Economics and Competition Law, S. 54; siehe auch EuG, Urteil v. 10.03.1992, Rs. T-69/89 u. a, Slg. 1992, II-1403 (Tz. 159) – *SIV*.

200 *Ruppelt, Hans-Jürgen,* Die Marktabgrenzung im Lebensmittelhandel, in: WuW 2012, S. 27 (28), m. w. N.

201 *Von Wallenberg*, Kartellrecht, Rn. 59, S. 21.

marktbeherrschenden Stellung.[202] Der erforderliche Grad an Marktmacht muss hierbei nicht nur im *nennenswerten Umfang* vorliegen, sondern ebenso von gewisser Dauer sein.[203] Der Begriff lässt sich in drei Dimensionen definieren. Dabei stellt sich für die Begrenzung des relevanten Marktes die Frage nach dem „was", „wo" und „wann". Demnach ist der sachliche, räumliche und zeitliche Markt zu untersuchen.[204] Die Rechtsprechung und Kommission prüfen in diesem Sinne in der Regel zunächst den Produktmarkt. Danach ist das „wo" zu bestimmen, denn die marktbeherrschende Stellung – als sog. relativer Begriff verstanden – wird am räumlichen Gebiet gemessen. Ein Unternehmen kann zwar in einem bestimmten Territorium marktbeherrschend sein, aber an einem anderen Ort lediglich ein mittelgroßes oder kleines Unternehmen verkörpern. Der zeitlich relevante Markt ist dagegen nicht stets zu definieren, da er nur in wenigen Fällen von Relevanz ist. Dagegen ist die Abgrenzung des relevanten Marktes in sachlicher und räumlicher Hinsicht stets unerlässlich. Jene Faktoren spielen bei der Ermittlung des Handlungsspielraums des den Markt dominierenden Akteurs[205] eine wichtige Rolle.

B. Marktabgrenzung im europäischen Kartellrecht

Durch die Abgrenzung des relevanten Marktes lässt sich ermitteln, ob das betreffende Unternehmen in der Lage ist, den Wettbewerb zu behindern und sich gegenüber seinen Wettbewerbern, Abnehmern und Verbrauchern in nennenswertem Umfang unabhängig zu verhalten.[206]

I. Überblick

Ähnlich der Rechtslage in den USA[207] findet sich auch auf europäischer Kartellrechtsebene im Hinblick auf die Abgrenzung des relevanten Marktes eine

202 *Fleischer*, S. 74.

203 EuGH, Urteil v. 13.02.1979, Rs. 85/76, Slg. 1979, 461 (Tz. 41) – *Hoffmann-La Roche;* EuG, Urteil v. 23.10.2003, Rs. T-65/98, Slg. 2003, II-4653 (Tz. 154) – *Van den Bergh Foods.*

204 EuGH, Urteil v. 21.02.1973, Rs. 6/72, Slg. 1973, 215 – *Continental Can.*

205 *Fleischer*, S. 70.

206 Etwa EuGH, Urteil v. 09.11.1983, Rs. 322/81, Slg. 1983, 3461 (Tz. 37) – *Michelin I.*

207 Zur Marktabgrenzung im US-amerikanischen Kartellrecht, siehe *Fleischer*, S. 70 ff.

ausdifferenzierte Judikative, die am konkreten Einzelfall ansetzt. Unterschiede in der Bewertung zeigen sich dennoch etwa in den Urteilen *United Brands*[208] (1978) und *Continental Can*[209] (1973). Die Grundsätze zur Marktabgrenzung sind durch eine langjährige Praxis der Europäischen Kommission und durch eine Vielzahl von Entscheidungen des EuGH und des EuG entwickelt und konkretisiert worden.[210] Hervorzuheben ist hierbei die „Bekanntmachung über die Definition des relevanten Marktes“[211] seitens der Kommission Mitte der 1990er Jahre, was der Rechtsklarheit zu Gute kam.

Die nachstehenden Ausführungen beschränken sich allerdings auf die Funktion und Bedeutung der Marktdefinition bei der Missbrauchskontrolle nach Art. 102 AEUV. Die richtige Abgrenzung des relevanten Marktes ist vor allem deshalb von Bedeutung, weil sie die Voraussetzung der Anwendung des Art. 102 AEUV ist und damit ermittelt werden kann, ob das betroffene Unternehmen tatsächlich der richtige Normadressat ist.[212] Denn je enger die relevanten Märkte definiert sind, desto höher ist im Regelfall der Marktanteil des fraglichen Akteurs und damit desto wahrscheinlicher dessen Markbeherrschung.[213]

II. Sachlich relevanter Markt

Zur Bestimmung des sachlich relevanten Marktes lässt sich aus der langjährigen Fallpraxis der europäischen Gerichte eine relativ ausgefeilte Methodik zur Marktabgrenzung ableiten, die nachfolgend näher dargelegt wird.

1. Hauptmethode zur Marktabgrenzung

Bei der Marktabgrenzung im Rahmen der Prüfung des Art. 102 AEUV sind in erster Linie die funktionale *Austauschbarkeit des Erzeugnisses* sowie die sog.

---

208 EuGH, Urteil v. 14.02.1978, Rs. 27/76, Slg. 1978, 207 – *United Brands*.

209 EuGH, Urteil v. 21.02.1973, Rs.6/72, Slg. 1973, 215 – *Continental Can*.

210 Dazu *Kling/Thomas*, Kartellrecht, § 5, Rn. 11, S. 192.

211 Kommission, Bekanntmachung über die Definition des relevanten Marktes, ABl. 1997, C 372.

212 *Wessely*, in: Frankfurter Kommentar zum Kartellrecht, Art. 82 B, Rn. 25, S. 16.

213 *Bulst, Friedrich W*, in: *Langen/Bunte*, Kommentar zum deutschen und europäischen Kartellrecht, Bd. 2, § 82,, Rn. 37, S. 540.

Kreuzpreiselastizität (engl. *cross elasticity of demand*)[214] aus der Sicht der Marktgegenseite[215] wesentliche Kriterien.

Nach dem maßgeblichen *Bedarfsmarktkonzept*[216], wonach es auf die Austauschbarkeit aus dem Blickwinkel des Bedarfsmarktes ankommt, ist auf die Waren oder gewerblichen Leistungen abzustellen, die sich nach ihren Eigenschaften, ihrem Verwendungszweck und nach dem Preis so nahe stehen, dass sie aus der Sicht der verständigen Marktgegenseite – mithin die Verbraucher – für die Deckung eines bestimmten Bedarfs geeignet erscheinen und bei einem Vergleich mit anderen Produkten austauschbar sind.[217] Jene Abgrenzung ist stets am konkreten Einzelfall vorzunehmen. Dabei kommt es nicht auf die Identität der Leistung oder Zusammensetzung des Stoffes bzw. die Konstruktion eines Gegenstandes an, sondern auf seine *Brauchbarkeit für den gleichen Zweck* unter gleichen Voraussetzungen.[218] Bei einer Zugrundelegung jener Aspekte lässt sich beispielsweise nach europäischem Verständnis bei Frischobst[219] wie Pfirsichen, Äpfeln und Bananen keine Austauschbarkeit der erstgenannten Früchte mit den Bananen feststellen, so dass Bananen einem separaten Produktmarkt zuzuordnen sind. Gleiches gilt beispielsweise bei bestimmten Printmedien; so bieten zwar Zeitungs- und Zeitschriftenverlage gebündelte Leistungen an, jedoch gehören diese wegen der voneinander abweichenden Verbraucherzielgruppen, den ungleichen Absatzwegen oder dem unterschiedlichen Design zu verschiedenen sachlich relevanten Märkten. Aber auch aufgrund von Preisunterschieden können Produkte und Leistungen unterschiedlichen Märkten zugewiesen sein.[220] Bei der Beurteilung der Austauschbarkeit steht des Weiteren stets die tatsächliche Ausweichmöglichkeit der Konsumenten im Blickpunkt.

Im Hinblick auf die Feststellung des „hinreichenden Grades der Austauschbarkeit" ist sodann eine wertende Betrachtung erforderlich. Hierbei ist in erster Linie die *Kreuzpreiselastizität* bedeutsam. Deren Analyse erfolgt im Rahmen

---

214 Vgl. EuGH, Urteil v. 15.02.1979, Rs. 85/76, Slg. 1979, 461 (Tz. 30) – *Hoffmann-La Roche*.

215 *Jones, Alison/Sufrin, Brenda,* EU Competition Law, 4th edition, Oxford 2010, S. 294.

216 *Bechtold/Bosch/Brinker/Hirsbrunner*, EG-Kartellrecht, Art. 82, Rn. 10; *Emmerich*, Kartellrecht, § 9, Rn. 10, S. 150; *Rittner/Kulka*, Wettbewerbs- und Kartellrecht, § 10, Rn. 21, S. 324.

217 EuGH, Urteil v. 09.11.1983, Rs. 322/81, Slg. 1983, 3461 (Tz. 37) – *Michelin I*; EuGH, Urteil v. 15.02.1979, Rs. 85/76, Slg. 1979, 461 (Tz. 28) – *Hoffmann-La Roche*.

218 *Kling/Thomas*, Kartellrecht, § 5, Rn. 14, S. 193.

219 Dazu siehe EuGH, Urteil v. 14.02.1978, Rs. 27/76, Slg. 1978, 207 – *United Brands*.

220 KG, WuW/E, 3577 (3584) – *Hussel/Mara*.

eines gedanklichen Experiments, das auch als sog. *hypothetical monopol test*[221] bzw. SSNIP-Test (engl. *small but significant non-transitory increase in price*) bezeichnet wird. Nach jenem quantitativ-empirischen Test ist zu untersuchen, ob eine unterstellte kleine, aber gleich bleibende Erhöhung der Preise im Bereich von 5 % bis 10 % dazu führen würde, dass die Verbraucher auf Substitutionsprodukte ausweichen.[222] Die Kommission orientiert sich hinsichtlich des Angebots und der Nachfrage an der Reaktion der Grenznachfrager auf Preisänderungen bei verschiedenen Produkten.[223] Das Bestehen einer hohen Kreuzpreiselastizität (das heißt einer starken Abhängigkeit der Nachfrage für das erste Produkt von den Preisen für das andere Produkt) ist hierbei ein besonders starkes Indiz dafür, dass die beiden Erzeugnisse ein und demselben Markt zuzurechnen sind.[224] Als Beispiel lässt sich der Preis für Porzellan- und Glasgeschirr anführen oder jener für ein U-Bahn-Ticket; wenn sich dieser um 5 % bis 10 % erhöht, ist keineswegs fernliegend, dass die Verbraucher auf den Bus umsteigen. Demnach konkurrieren beide Waren miteinander und gehören somit demselben Markt an. Dennoch ist nicht ausgeschlossen, dass bei einem beherrschten Markt die Preise bereits erheblich über dem Wettbewerbsniveau liegen, so dass jede weitere Erhöhung dazu führen kann, dass die Kunden des marktbeherrschenden Unternehmens das Produkt gar nicht mehr abnehmen. Der SSNIP-Test kann in einer solchen Situation einen hohen Grad an Substituierbarkeit suggerieren, so dass es zu einer weiten Marktabgrenzung kommt.[225] Folglich eignet er sich in diesem Fall für die Definition des beherrschten Marktes im Bereich des Art. 102 AEUV in aller Regel nicht.[226] Dieser durch einen statischen Charakter gekennzeichnete Analysetest stellt zudem lediglich auf nur

221 *Fuchs/Möschel*, in: Immenga/Mestmäcker, EU-Wettbewerbsrecht, Bd. 1, Teil 1, Art. 102, III. Abschnitt, Rn. 50.

222 Kommission, Bekanntmachung über die Definition des relevanten Marktes, ABl. 1997, C 372, S. 5, Rn. 17.

223 Kommission, Bekanntmachung über die Definition des relevanten Marktes, ABl. 1997, C 372, S. 5, Rn. 15 ff.

224 *Wessely*, in: Frankfurter Kommentar zum Kartellrecht, Art. 82, B, Rn. 40.

225 *Bulst*, in: *Langen/Bunte*, Kommentar zum deutschen und europäischen Kartellrecht, Bd. 2, Art. Teil D Normadressaten Art. 82, Rn. 39, S. 541, u. a. die Andeutung in Bekanntmachung ABl. 1997 C 372/5, Rn. 19.

226 So auch *Bulst,* in: *Langen/Bunte*, Kommentar zum deutschen und europäischen Kartellrecht, Bd. 2, Teil D Normadressaten Art. 82, Rn. 39, S. 541; *Zimmer, Daniel/Werner, Jens,* Marktabgrenzung und Verhältnis von Eigentums- und Kartellrecht. Entscheidung des BGH, 04.03.2008 – KVR 21/07, in: JZ 2008, S. 901 (902 f.); *Mestmäcker/Schweizer*, Europäisches Wettbewerbsrecht, § 16, Rn. 8.

schwer messbare, ökonomische Daten ab[227] und vernachlässigt die Produktqualität oder den Markennamen.[228] Zudem spielt bei der Bestimmung des sachlich relevanten Marktes mitunter auch die Angebotssubstitution eine Rolle.[229] Es kommt in diesem Zusammenhang auf die Umstellungsflexibilität an. Hierunter ist die Fähigkeit eines Anbieters zu verstehen, die Produktion der Ware A in kurzer Zeit und mit geringem wirtschaftlichem Aufwand auf die Ware B umzustellen. Wenn jene Bedingung eintritt, lassen sich beide Produkte demselben Markt zurechnen. So hat etwa für stilles und kohlensäurehaltiges Mineralwasser die Kommission die Bildung eines einheitlichen Marktes trotz getrennter Verbraucherpräferenzen auf die Substituierbarkeit aus Sicht der Angebotsseite gestützt.[230] Gleichwohl bleibt das Abstellen auf die Angebotssubstitution im Vergleich zum Bedarfsmarktkonzept letztlich eine Ausnahme und wird nur ergänzend herangezogen.

2. Rechtsprechung

Die Gemeinschafts- bzw. Unionsgerichte, letztlich aber auch die Kommission untersuchen bei der Marktabgrenzung in erster Linie die Marktstruktur in sachlicher und räumlicher Hinsicht anhand bestimmter Indikatoren.[231] Die dahingehende Praxis wird nunmehr anhand mehrerer ausgewählter, besonders relevanter Entscheidungen näher beleuchtet.

a. Die Michelin-*Entscheidung*

Eine der lehrreichsten Urteile zur Bestimmung des relevanten Marktes stellt die *Michelin*-Entscheidung des EuGH[232] aus dem Jahr 1983 dar. Der Fall betraf das Unternehmen NBIM, das Reifen in den Niederlanden produzierte und verkaufte, wo es auch ein Werk zur Herstellung von Neureifen für Lieferwagen und Lastkraftwagen besaß. Die Kommission verhängte gegen das Unternehmen eine Kartellbuße wegen Verstoßes gegen das Missbrauchsverbot in den Jahren

227 Siehe *Alese*, *Femi*, Federal Antitrust and EC Competition Law Analysis, Hampshire 2008, S. 185; *Fleischer*, S. 75.

228 *Mestmäcker/Schweizer*, Europäisches Wettbewerbsrecht, § 16, Rn. 8; zustimmend *Emmerich*, Kartellrecht, § 9, Rn. 12, S. 152; *Fleischer*, S. 75.

229 Dazu *Wessely*, in: Frankfurter Kommentar zum Kartellrecht, Bd. III, Art. 82 B, Rn. 42.

230 Kommission, Entscheidung v. 16.02.1998, IV/M.1065, ABl. 1998, C 81, Rn. 9 f. – *Nestlé/San Pellegrino.*

231 *Fleischer*, S. 80.

232 EuGH, Urteil v. 09.11.1983, Rs. 322/81, Slg. 1983, 3461 – *Michelin I.*

1975 bis 1980, wogegen NBIM klagte. Bei der Frage nach der Abgrenzung des sachlich relevanten Markts nahm der Gerichtshof für Autoreifentypen separate Märkte an und blickte dabei insbesondere auf die spezifischen Eigenschaften des Produkts.[233] Er differenzierte zwischen dem Markt für neue Ersatzreifen hinsichtlich schwerer Fahrzeuge (z. B. Lastkraftwagen und Busse), hinsichtlich leichter Fahrzeuge (z. B. Personenkraftwagen und Kleinbusse) und für runderneuerte Reifen. Zwischen neuen und runderneuerten Reifen bestehe dabei wegen der geringeren Zuverlässigkeit und begrenzten Verwendbarkeit nur eine eingeschränkte funktionale Austauschbarkeit, da qualitative und quantitative Unterschiede bestünden[234]. Auf der Ebene der Nachfrage seien die Reifen für Personenkraft- und Lieferwagen im Vergleich zu Reifen für schwere Fahrzeuge auf der Stufe der Verwender dagegen nicht austauschbar. Die Käufer der Reifen für schwere Fahrzeuge seien zudem oft professionelle Händler und erhielten demzufolge auf der Angebotsebene spezifische Dienstleistungen, wie etwa Ratschläge und Empfehlungen. Ferner existiere wegen bedeutender Unterschiede in der Produktionstechnik und den dafür erforderlichen Anlagen keine Angebotselastizität in Bezug auf Reifen für schwere Kraftfahrzeuge und solche für Personenkraftwagen.[235] Es zeigt sich, dass der EuGH den sachlich relevanten Markt *weniger* anhand objektiver Merkmale der Erzeugnisse abgrenzte, sondern vielmehr sowohl auf die Wettbewerbsbedingung des betroffenen Marktes für Reifen als auch auf die Nachfrage- und Angebotsstruktur blickte.

b. *Die Entscheidungen* Tetra Pak I *und* Tetra Pak II

Weitere nennenswerte Urteile im Hinblick auf die Marktabgrenzung sind die *Tetra Pak*-Entscheidungen. Das Unternehmen *Tetra Pak* produziert unter anderem Maschinenanlagen zur Herstellung von aseptischen und nichtaseptischen Kartonverpackungen für flüssige und halbflüssige Nahrungsmittel. In der Entscheidung der Kommission aus dem Jahr 1988[236] sowie jener aus dem Jahr 1991 – jeweils bestätigt durch die Rechtsprechung[237] – erfolgte eine Abgrenzung des Produktmarktes

233 EuGH, Urteil v. 09.11.1983, Rs. 322/81, Slg. 1983, 3461 (Tz. 7) – *Michelin I.*

234 Kommission, Entscheidung v. 07.10.1981, 81/969/EWG, ABl. 1981, L 353/33, Rn. 32 f. – *Michelin.*

235 EuGH, Urteil v. 09.11.1983, Rs. 322/81, Slg. 1983, 3461 (Tz. 37 ff.) – *Michelin I.*

236 Kommission, Entscheidung 88/501/EWG v. 26.07.1988, ABl. v. 04.10.1988, L 272, S. 27, Rn. 30.

237 EuGH, Urteil v. 14.11.1996, Rs. C-333/94 P, Slg. 1996 I-5987 (Tz. 11 f.) – *Tetra Pak II*; EuG, Urteil v. 06.10.1994, Rs. T-83/91, Slg. 1994, II-755 (Tz. 60 ff.) – *Tetra Pak II*; EuG, Urteil v. 10.07.1990, Rs. T-51/89, Slg. 1990, 11–309 – *Tetra Pak I.*

nach den unterschiedlichen Arten von Verpackungsmaschinen. Es wurde dabei ein separater Markt für septische und aseptische Maschinen angenommen. Kurzfristig und wahrscheinlich auch mittelfristig bestehe insofern auf der Angebots- wie auch der Nachfrageseite keinerlei *Substitutionselastizität*. Auf Seiten der Verbraucher erkläre sich dies unter anderem mit dem geringen Anteil der Verpackungskosten am Endverkaufspreis (max. 10%), auf Seiten der Abfüller vor allem durch den hohen Investitionsaufwand bei der Umstellung auf andere Verpackungen.[238] Die *Tetra Pak*-Fälle zeigen, dass im Allgemeinen eine verhältnismäßig *enge Marktabgrenzung* auf EU-Ebene favorisiert wird, um zu überschaubaren Marktverhältnissen zu gelangen. Dafür ist bei der Abgrenzung des sachlich relevanten Marktes das Abstellen auf die Angebotssubstitution durchaus geeignet.

c. *Die* United Brands-*Entscheidung*

Ein weiterer für die Marktabgrenzung geeigneter und herausstechender Fall ist die *United Brands*-Entscheidung.[239]

aa. Inhalt und rechtliche Würdigung

Der Ende der 1970er Jahre durch den EuGH entschiedene Fall betraf einen Marktmachtmissbrauchsverstoß wegen einer Vermarktungs- und Preispolitik des Unternehmens UBC, da dieses unangemessene Preise für verschiedene Handelspartner festsetzte. Bei der Prüfung war bei der sachlichen Marktabgrenzung die Substituierbarkeit der Erzeugnisse (Bananen, Pfirsiche und Tafeltrauben) zu klären. Die aufgezählten Obstsorten verzehren vor allem Kinder, Kranke und alte Menschen, wobei Bananen, Apfelsinen und Äpfel ganzjährig auf dem Markt verfügbar sind. Gleichwohl nahm der EuGH an, dass aus Sicht der Nachfrager keine bzw. nur eine sehr begrenzte Austauschbarkeit der Bananen mit Orangen und Äpfeln bestehe, da der genannte Personenkreis Orangen und Äpfel in aller Regel nicht anstelle der Banane wähle.[240]

Der EuGH favorisierte bereits Ende der 1970er Jahre in sachlicher Hinsicht eine enge Marktdefinition und trennte demnach zwischen dem Markt für Bananen und jenem für sonstige Obstsorten. Dies beruhe auf der charakteristischen Besonderheit von Bananen, die sich nicht mit anderen Früchten funktional austauschen

---

238 Kommission, Entscheidung v. 24.07.1991, ABl. 1992, L 72/1, Rn. 17 f, EuG, Urteil v. 06.10.1994, Rs. T-83/91, Slg. 1994, II- 755 (Tz. 82 ff.) – *Tetra Pak II*.

239 EuGH, Urteil v. 14.02.1978, Rs. 27/76, Slg. 1978, 207 – *United Brands*.

240 EuGH, Urteil v. 14.02.1978, Rs. 27/76, Slg. 1978, 207 (Tz. 23/33) – *United Brands*.

ließen.[241] Dieser Bewertung ist – zumindest aus dem europäischen Blickwinkel – zuzustimmen. Bei der Bestimmung des relevanten Produktmarkes muss das Erzeugnis anhand seiner spezifischen Merkmale untersucht werden.[242] Dahingehend sind Bananen das ganze Jahr lang und in ausreichender Menge auf dem Mark verfügbar, weshalb sie zu einer bevorzugten Frucht der Verbraucher gehören. Ferner lassen sich deren Produktion und Absatz an die bekannten jahreszeitlichen Schwankungen anderer Obstsorten anpassen, so dass sie nicht erheblich von anderen Früchten beeinflusst sind. Folglich ist sowohl der Einfluss als auch der Wettbewerb anderer Obstsorten gering. Zwar lässt sich hiergegen anführen, dass ebenso Äpfel – zumindest heute – ganzjährig verfügbar sind. Jedoch besteht letztlich eine sehr begrenzte funktionale Austauschbarkeit mit Bananen, was insbesondere auf deren spezifischen Eigenheiten beruht. Diese sind durch ihre besondere Form, Farbe, Konsistenz, leichte Schälung, das Fehlen von Kernen, mithin aufgrund ihrer recht einfachen Handhabung, geeignet, den gleichbleibenden Bedarf einer bedeutenden, sich vor allem aus Kindern, Alten und Kranken zusammensetzenden Bevölkerungsgruppe zu befriedigen. Sie scheint vor diesem Hintergrund in Europa für eine sehr große Kundengruppe zu keiner Jahreszeit austauschbar zu sein. Ferner ist die Banane dem Einfluss der fallenden Preise anderer Obstsorten nur im Sommer ausgesetzt und sodann nicht mehr als 20 % unterworfen. Schließlich lassen sich durch Regulierungen der Einfuhr und des Absatzes starke Preisschwankungen vermeiden.

bb. Abweichende Beurteilung aus chinesischer Sicht

Beleuchtet man den *United-Brands*-Fall im Lichte des Antimonopolrechts Chinas, ist nicht unwahrscheinlich, dass die chinesische Rechtsprechung zu einem anderen Ergebnis gelangt wäre. Insofern kommt der Banane „im Reich der Mitte“ eine letztlich abweichende Bedeutung zu, was auf ihre unterschiedliche Verwendung und dem divergenten Bedürfnis der chinesischen Konsumenten zurückzuführen ist. Chinesen assoziieren mit ihr sehr verschiedene Funktionen, was beispielweise die Vielseitigkeit der Zubereitung und die Mannigfaltigkeit der dahingehenden Koch- und Backrezepte zeigt. Ein Unterschied zu Europa besteht auch darin, dass Europäer Bananen hauptsächlich als Dessert oder Zwischenmahlzeit verzehren. In China dienen sie wegen ihrer Eigenheiten und dem besonderen Geschmack dagegen weiteren Zwecken. Sie sind eine unerlässliche Zutat für Kuchen und Gebäck. Zudem werden sie oftmals in kandierter Form an

241 EuGH, Urteil v. 14.02.1978, Rs. 27/76, Slg. 1978, 207 (Tz. 23/33) – *United Brands*.
242 EuGH, Urteil v. 15.02.1979, Rs. 85/76, Slg. 1979, 461 (Tz. 28) – *Hoffmann La Roche*.

Straßenständen als Snack verkauft, wo die Banane eine unter vielen – oftmals in Europa nicht bekannten – frischen Obstsorten ist. Zwar kennt man ebenso in Deutschland die auf Weihnachtsmärkten angebotene, mit Schokolade ummantelte Banane am Stil, die „Bananentorte“ oder das Schokoladenfondue mit Bananenstücken, aber es kommt jener Frucht insgesamt eine andere Funktion und ein abweichender Wert aus der Sicht chinesischer Nachfrager zu. Beispielsweise ist sie auf einem Obstteller eine von unzähligen Früchten, die jederzeit aus Verbrauchersicht austauschbar ist. Obgleich sie als Snack besonders bei der weiblichen Kundengruppe populär ist, haben die meisten Chinesinnen keine besondere Zuneigung zu einzelnen Früchten. Aus deren Perspektive lassen sich alle Fruchtsorten ersetzen. Sollten sich daher künftig die Preise für Bananen in China erhöhen, ist durchaus zu erwarten, dass sich ein Teil der Kunden rasch auf andere Früchte umstellt. Insoweit ließe sich die Banane unter Würdigung der chinesischen Verbraucherpräferenzen demselben Markt zuordnen, im dem andere frische Obstsorten verortet werden.

III. Räumlich relevanter Markt

Neben der sachlichen Dimension des relevanten Marktes ist weiterhin die Definition in räumlicher Hinsicht erforderlich.[243]

1. Überblick

In Zusammenhang mit der geografischen Marktabgrenzung tendieren die Unions bzw. Gemeinschaftsorgane zu einer engen Definition.[244] Der räumlich relevante Markt verkörpert nach überwiegender Ansicht

> *„[...] ein Gebiet, in dem die beteiligten Unternehmen die relevanten Produkte oder Dienstleistungen anbieten, in dem die Wettbewerbsbedingungen hinreichend homogen sind und das sich von benachbarten Gebieten durch spürbar unterschiedliche Wettbewerbsbedingungen unterscheidet“.*[245]

---

243 Kommission, Bekanntmachung über die Definition des relevanten Marktes, ABl. 1997, C 372, S. 4, Rn. 9.

244 *Kling/Thomas*, Kartellrecht, § 5, Rn. 23, S. 195.

245 EuGH, Urteil v. 14.02.1978, Rs. 27/76, Slg. 1978, 207 (Tz. 10/11) – *United Brands*; Kommission, Bekanntmachung über die Definition des relevanten Marktes, ABl. 1997, C 372, S. 5, Rn. 8.

Insofern müssen sich die objektiven Wettbewerbsbedingungen für alle Unternehmen im Hinblick auf das relevante Erzeugnis gleichen,[246] damit sie in denselben Markt fallen. Entscheidend für die Beurteilung des räumlichen Angebotsmarkts ist wiederum die funktionelle Austauschbarkeit aus der Sicht des Nachfragers.[247] Darüber hinaus ist erneut auf das Konzept der *Kreuzpreiselastizität* abzustellen.[248] Letztlich sind hiervon sämtliche Unternehmen erfasst, unabhängig von ihrem tatsächlichen Standort, die für die Marktgegenseite als alternative Liefer- oder Bezugsquelle in Betracht kommen. Ausschlaggebend ist fernerhin, dass die Abnehmer ihre Nachfrage kurzfristig und mit geringen Kosten auf Unternehmen mit anderem Standort umlenken können, wenn einzelne Anbieter ihre Preise erhöhen.[249] Eine in der Praxis der Gemeinschafts- bzw. Unionsgerichte und der Kommission häufige und hilfreiche Abgrenzungsmethode ist dabei die Bezugnahme auf das Gebiet, in dem sich die missbräuchlichen Marktverhaltensweisen auswirken.[250] So beschränkte beispielsweise der Gerichtshof im Fall *Michelin* den räumlich relevanten Markt auf die Niederlande, da der dem *Michelin*-Unternehmen vorgeworfene Behinderungsmissbrauch hauptsächlich niederländische Händler betraf.[251] Bei der Beurteilung können aber letztlich viele verschiedene Faktoren eine Rolle spielen. Wichtige Kriterien sind ebenso die Transportfähigkeit und -kosten, wie dies beispielsweise bei Zement oder Mehl der Fall ist. Jene Waren werden in einem regional begrenzten Gebiet produziert, weil die Transportkosten im Vergleich zu der einheimischen Produktion zu hoch sind.[252] Daneben können diverse rechtliche und tatsächliche Aspekte relevant sein, wie etwa die *Zugangsbedingungen* zu den Vertriebswegen, der Sitz des Unternehmens,[253] das

---

246 EuGH, Urteil v. 14.02.1978, Rs. 27/76, Slg. 1978, 207 (Tz. 44) – *United Brands*.

247 *Kling/Thomas*, Kartellrecht, § 5, Rn. 23, S. 195; *Bechthold, Rainer*, Abgrenzung des relevanten Marktes, in: Erdmann, Willi/Mees, Hans-Kurt/Piper, Henning/Teplitzky, Otto/Hefermehl, Wolfgang/Ulner, Peter (Hrsg.), Festschrift für Otto-Friedrich Freiherr von Gamm, Köln 1990, S. 537 (538).

248 EuGH, Urteil v. 14.02.1978, Rs. 27/76, Slg. 1978, 207 (Tz. 23/33) – *United Brands*; Kommission, Bekanntmachung über die Definition des relevanten Marktes, ABl. 1997, C 372, Rn. 15.

249 *Wessely*, in: Frankfurter Kommentar zum Kartellrecht, Bd. III, Art. 82, B, Rn. 60.

250 *Mestmäcker/Schweizer*, Europäisches Wettbewerbsrecht, § 16, Rn. 20.

251 *Fuchs/Möschel*, in: Immenga/Mestmäcker, Wettbewerbsrecht, Bd. 1, Teil 1 Abschnitt III, Art. 102, Rn. 66.

252 Vgl. BGH, WuW/E, 1655 (1655 ff.) – *Zementmahlanlage II*.

253 EuGH, Urteil v. 14.02.1978, Rs. 27/76, Slg. 1978, 207 (Tz. 45/56) – *United Brands*.

Vorliegen von Marktzutrittsschranken,[254] Präferenzen von Verbrauchern,[255] das Bestehen erheblicher Unterschiede bei Marktanteilen der Unternehmen, nennenswerte Preisunterschiede zwischen dem Gebiet und den benachbarten Regionen, das Erfordernis der Errichtung eines Vertriebsnetzes, regulatorische Schranken im öffentlichen Auftragswesen, Preisvorschriften, der Handel oder die Produktion eingeschränkter Kontingente, Zölle, technische Normen, Monopole, ein behördliches Genehmigungserfordernis oder Verpackungsvorschriften.[256] Im Blickpunkt stehen demnach vor allem tatsächliche Hindernisse und Schranken. Jene Indizien sind in ihrer Gesamtheit zu betrachten, um ein ungenaues Ergebnis bei der Abgrenzung des Marktes zu vermeiden. Zugleich zeigen die durch die Rechtsprechung und Kommission aufgelisteten Kriterien, dass bei der Abgrenzung des räumlich relevanten Marktes eine ausführliche Würdigung aller Umstände des konkreten Einzelfalls unerlässlich ist, um feststellen zu können, ob sich benachbarte Gebiete, in denen das Erzeugnis vertrieben wird, durch spürbare unterschiedliche Wettbewerbsbedingungen abgrenzen lassen.

2. Rechtsprechung und Stellungnahme

a. United Brands-Entscheidung

In der *United Brands*-Entscheidung[257] stellte der EuGH im Hinblick auf den räumlich relevanten Markt klar heraus, dass keine hinreichend homogenen Wettbewerbsbedingungen vorliegen, wenn beispielsweise verschiedene nationale Einfuhrbestimmungen, Transportkosten oder Tarifbestimmungen bestünden.[258] Dagegen sei von gleichen Bedingungen und damit von einem Markt auszugehen, wenn ein freier Wettbewerb auf diesem möglich sei.[259] Bei den relevanten Marktbedingungen handelt es sich um die Marktstruktur, die Preislage des jeweiligen Produkts in verschiedenen räumlichen Gebieten, die Gewohnheiten der Konsumenten oder mögliche Vertriebsbeschränkungen.[260] Wenn die Betriebsorte aus der Sicht der Verbraucher austauschbar sind, kann jenes Gebiet in den räumlich

254 EuGH, Urteil v. 14.02.1978, Rs. 27/76, Slg. 1978, 207 (Tz. 36/38 ff.) – *United Brands.*

255 EuG, Urteil v. 06.10.1994, Rs. T-83/91, Slg. 1994, 755 (Tz. 95) – *Tetra Pak II.*

256 *Bergmann/Lübbig*, in: Loewenheim, Ulrich/Meessen, Karl M./Riesenkampff, Alexander *(Hrsg.),* Kartellrecht, Kommentar, 2. Auflage, München 2009, Teil 6, Europäisches Recht, Art. 82, Rn. 84.

257 Zum Sachverhalt bereits unter Punkt. § 3 B.II.2.c.

258 EuGH, Urteil v. 14.02.1978, Rs. 27/76, Slg. 1978, 207 (Tz. 45/56) – *United Brands.*

259 EuGH, Urteil v. 14.02.1978, Rs. 27/76, Slg. 1978, 207 (Tz. 45/56) – *United Brands.*

260 *Kling/Thomas*, Kartellrecht, § 5, Rn. 23, S. 195 m. w. N.

relevanten Markt fallen. Ein einzelner Unterschied, wie beispielsweise das Absatzvolumen, genügt hingegen nicht, um von zwei unterschiedlichen Märkten auszugehen. Ebenso reichen ein oder zwei gleiche oder ähnliche Indizien nicht aus, um bei zwei Gebieten einen gemeinsamen räumlich relevanten Markt anzunehmen. Die Entscheidung zeigt die erhebliche Bedeutung der Abgrenzung des räumlich relevanten Marktes im Raum der Europäischen Union, der durch unterschiedliche Wettbewerbsbedingungen auf den mitgliedsstaatlichen Teilmärkten infolge abweichender Verbraucherpräferenzen, unterschiedlicher nationaler Gesetzgebung, der auf einzelne Mitgliedstaaten beschränkten Gebietslizenzen oder sprachlicher Barrieren geprägt ist.

b. Michelin-Fall

Im *Michelin*-Fall[261] erwies sich unter anderem als problematisch, dass das betroffene Unternehmen weltweit agierte. Es stellte sich die Frage, ob der geografisch relevante Markt für neue Lkw-Ersatzreifen auf den nationalen Markt begrenzt sei oder dies zu einer zu engen Definition führe, die das betroffene Unternehmen benachteilige. Letztlich entscheidend sind die Beurteilung der tatsächlichen Chancen der Händler, sich außerhalb ihres Landes einzudecken, sowie die mitunter in der Angebotsstruktur anzutreffenden Ähnlichkeiten oder Unterschiede.[262] Daher kam es im Fall auch vornehmlich auf den technischen Vorsprung und die Finanzkraft des Unternehmens an.[263] Der EuGH untermauerte jenen Aspekt und führte dahingehend aus, dass die Geschäftspolitik des weltweit tätigen Konzerns

> *„[…] allgemein nach den spezifischen Bedingungen eines jeden nationalen Marktes ausgerichtet ist […; mithin] der Wettbewerb, in dem die nationale Tochtergesellschaft eines solchen Konzerns steht, hauptsächlich auf dem Markt des Mitgliedstaates stattfindet, in dem sie ihren Sitz hat, und dass auf diesem Markt die objektiven Wettbewerbungen für die Unternehmen gleich sind."*[264]

Angesichts der Tatsache, dass weltweit agierende Konzerne, die das Bild der globalen Wirtschaft fortwährend prägen, ein erhebliches finanzielles Volumen aufweisen, verwundert es kaum, dass sie oftmals auch eine marktbeherrschende Stellung begründen und unter die Regelung des Art. 102 AEUV fallen. Die Bestimmung des räumlich relevanten Marktes ist in diesen Fällen jedoch mitunter

261 Zum Sachverhalt bereits unter § 3 B.II.2.a.
262 Kommission, Entscheidung v. 20.06.2001, 2002/405/EG, ABl. 2002, L 143, Rn. 123 f.
263 EuGH, Urteil v. 09.11.1983, Rs. 322/81, Slg.1983,3461 (Tz. 23) – *Michelin I.*
264 EuGH, Urteil v. 09.11.1983, Rs. 322/81, Slg.1983, 3461 (Tz. 23) – *Michelin I.*

äußerst schwierig, weil jene Unternehmen ihre Produkte gerade weltweit verkaufen und in vielen Ländern Tochtergesellschaften und Niederlassungen haben. Das bedeutet jedoch nicht automatisch, dass stets ein globaler Markt existiert. Vielmehr ist bei der Definition des räumlich relevanten Marktes die Frage nach dem Bestehen gleicher Wettbewerbsbedingungen auf dem jeweiligen Markt entscheidend. Da die Tochtergesellschaften zudem von der Konzernmutter kontrolliert und geleitet werden, spielt bei der geografischen Abgrenzung des Marktes auch deren Sitz eine wichtige Rolle.

3. Besonderheit im Hinblick auf den Binnenmarkt

Die geografische Marktabgrenzung auf EU-Ebene erfasst dem Grunde nach nur den Bereich des europäischen Binnenmarktes oder einen wesentlichen Teil desselben.[265] Mangels normativer Grenzen kann jedoch ebenso ein Gebiet außerhalb des damals „Gemeinsamen Marktes" tangiert sein.[266] Das räumliche Volumen bzw. die Grenzen sind demzufolge nicht allein ausschlaggebend. Es können vor allem auch kleinere Gebiete wegen ihres wirtschaftlichen Gewichts oder der dort getätigten Umsätze im Verhältnis zum Gesamtmarkt einen wesentlichen Teil des damals Gemeinsamen Markts ausmachen.[267] So wurden beispielsweise der Flughafen Frankfurt am Main, die Flugstrecke von London nach Dublin oder der Seehafen Genua jeweils als wesentliche Teile des Binnenmarktes angesehen.[268] Dennoch deckt sich der räumlich relevante Markt in der Regel mit dem Geltungsbereich eines nationalen Gebietes, wie beispielsweise dem Bundesgebiet der Bundesrepublik Deutschland, obgleich sich das Kriterium im Laufe der Zeit verändern kann.[269] Der Gesetzgeber wollte dadurch lediglich sicherstellen, dass bei der Prüfung der Marktbeherrschung die Wettbewerbsverhältnisse auf dem ökonomisch relevanten Markt berücksichtigt werden. Zudem sind zu würdigen die sich entwickelnde Marktintegration im

---

265 *Fleischer*, S. 75.

266 *Jung, Christian*, in: Grabitz, Eberhard/Hilf, Meinhard/Nettesheim, Martin (Hrsg.), Das Recht der Europäischen Union, Bd. II, Lfg. 50, München 2013, Art. 102, Rn. 52 m. w. N.

267 *Bulst*, in: *Langen/Bunte*, Kommentar zum deutschen und europäischen Kartellrecht, Bd. 2, Teil D Art. 82, Rn. 84.

268 Siehe Kommission, Entscheidung v. 14.01.1998, 98/190/EG, ABl. 1998, L 72, Rn. 57 f. – *Flughafen Frankfurt/Main AG*.

269 BGH, Beschl. v. 05.10.2004, Volksrepublik 14/03, WuW/E DE-R 1355 – *Staubsaugerbeutelmarkt*.

EU-Wirtschaftsraum, *Unternehmenskonzentrationen* und *strukturelle Gemeinschafts- bzw. Unionsunternehmen.* Bei deren Beurteilung kann im Hinblick auf die geografische Gebietsabgrenzung der Umstand Beachtung finden, dass durch die Binnenmarktintegration innerhalb einer kurzen Zeit größere räumliche Märkte entstanden sind.[270] Sofern rechtliche Schranken sodann fallen, die zuvor einzelne nationale Märkte künstlich voneinander abschotteten, sind die in der Vergangenheit ermittelten Angaben über Preise, Marktanteile und Handelsstrukturen mit äußerster Vorsicht zu behandeln, um eine auf falschen Daten beruhende Marktabgrenzung zu vermeiden.

IV. Zeitlich relevanter Markt

Im Vergleich zur Abgrenzung des sachlich und räumlich relevanten Marktes kommt der zeitlichen Komponente eine eher geringe praktische Bedeutung zu.[271] Bei Produkten, die saisonabhängigen Schwankungen ausgesetzt sind, gewinnt die zeitliche Dimension der Marktabgrenzung aber an Relevanz,[272] so etwa bei der Fußballweltmeisterschaft, den Olympischen Spielen oder kulturellen Veranstaltungen. Zu berücksichtigen sind dabei die Analyse bestimmter Verhaltensweisen und strukturelle Änderungen im Hinblick auf das Produktangebot. Dennoch kann durch einen abweichenden Zeithorizont für das gleiche Produkt infolge einer geänderten Angebotsstruktur gerade auch ein anderer räumlicher Markt vorliegen. So bilden beispielsweise Messen und Ausstellungen auf Dauer begrenzte Märkte, auf denen der Veranstalter ein marktbeherrschendes Unternehmen ist. Die bereits mehrfach erwähnte *United Brands*-Entscheidung ist hierfür erneut ein Paradebeispiel. Bananen sind von Pfirsichen, Apfelsinen oder Melonen zu trennen, weil jenes Frischobst nur wenige Monate den mittel- und nordeuropäischen Verbrauchern zur Verfügung steht (z. B. Orangen in den Wintermonaten). Demgegenüber sind Bananen das ganze Jahr über erhältlich.

---

270 Kommission, Bekanntmachung über die Definition des relevanten Marktes, ABl. 1997, C 372, Rn. 32.

271 *Jones/Sufrin*, EU Competition Law, S. 319.

272 Siehe EuGH, Urteil v. 14.02.1978, Rs 27/76, Slg. 1978, 207 (Tz. 34/35) – *United Brands.*

C. Marktabgrenzung im chinesischen Antimonopolrecht

Die Marktabgrenzung bei der chinesischen Missbrauchskontrollregelung wird in der Literatur zum Antimonopolrecht Chinas oftmals kaum[273] bis gar nicht[274] behandelt, weshalb eine umfassende Analyse geboten erscheint, um noch ungeklärte Aspekte in diesem Bereich zu beantworten.

I. Überblick

Die Definition des relevanten Marktes im Rahmen der Prüfung einer Marktbeherrschung nach §§ 17 ff. AMG ist im Antimonopolrecht in § 12 AMG explizit geregelt. Dies erinnert auf den ersten Blick an die Rechtslage im deutschen GWB.

1. Rechtsgrundlage

Die Bestimmung in § 12 Abs. 2 des AMG regelt dabei die Abgrenzung des relevanten Marktes. Dieser umfasst sowohl den Produktbereich als auch den geografischen Raum, in dem die Waren und Leistungen innerhalb eines bestimmten Zeitraums miteinander konkurrieren. In der genannten Norm ist neben sachlichen und räumlichen Bezügen auch die zeitliche Komponente genannt. Aufgrund der generell weiten Formulierung der Norm haben jedoch sowohl die Verwaltung als auch Gerichte mitunter erhebliche Schwierigkeiten, eine genaue Abgrenzung des relevanten Marktes im konkreten Einzelfall vorzunehmen. Die relative Unbestimmtheit schürt vor allem Rechtsunsicherheit, sie stellt die Rechtsprechung vor neue Herausforderungen. Eine gebotene Rechtsklarheit hilft hingegen vor allem auch den Unternehmen bei ihren Planungen zur Marktteilnahme.

2. Methode zur Marktabgrenzung

Hinsichtlich der Marktabgrenzung musste sich die chinesische Judikative in den letzten beiden Jahren mehrfach mit der Problematik in zivilrechtlichen Streitigkeiten auseinandersetzen, welche die Etablierung ökonomischer Analysen nach sich zog. Dennoch erließ auch die Antimonopolkommission bereits Mitte 2009

273 Siehe etwa *Masseli*, in: ZChinR 2007, S. 259, 261.

274 Siehe etwa *Bu*, Einführung in das Recht Chinas, § 23, Rn. 18 ff., S. 247 f.; *Wang*, in: RIW 2008, S. 417 (426 f.).

Leitlinien zur Abgrenzung des relevanten Marktes (nachfolgend bezeichnet als „MarktAbgrLL"),[275] die die wesentlichen Aspekte umschreiben und definieren. Sie regeln beispielsweise im Detail die Grundlagen zur Abgrenzung[276] und der dahingehenden Methodik[277] und liefern zudem eine Erläuterung zum SSNIP-Test[278]. Die nachträgliche Konkretisierung ist vermutlich in Anlehnung an die europäischen Erfahrungen erfolgt, wie ein Blick auf die „Bekanntmachung über die Definition des relevanten Marktes im Sinne des Wettbewerbsrechts der Gemeinschaft"[279] der Europäischen Kommission zeigt. Ausweislich des zweiten Kapitels der MarktAbgrLL richtet sich die Marktabgrenzung nach der Substitutionsmethode.[280] Dabei spielt das sog. Nachfragekonzept eine wesentliche Rolle. Des Weiteren kann die Angebotssubstitution bedeutsam sein, wenn deren Beschränkung für den konkreten Einzelfall wichtig ist, so wie jene der Nachfragesubstitution. Um eine effektivere Exekutiv- und Justizarbeit zu gewährleisten, erläutert die MarktAbgrLL ausführlich die Abgrenzungsmethodik und die hierfür zu prüfenden Faktoren in sachlicher[281] und räumlicher[282] Hinsicht. Aufgrund der Tatsache, dass die Sammlung wirtschaftlicher Daten mit nicht unerheblichen Schwierigkeiten belastet ist,[283] soll der SSNIP-Test[284] als ein ergänzendes Hilfsmittel fungieren. Danach gehören Produkte zum selben Markt, wenn Kunden auf andere Produkte umsteigen oder Konkurrenten ihre Produktpalette umstellen, sobald der Monopolist den Preis in kleinerem Umfang zwischen 5 % bis 10 % für einen längeren Zeitraum erhöht.[285] Sodann ist die Nachfrage kreuzpreiselastisch und damit das fragliche Produkt substituierbar, mithin in den relevanten Markt einzubeziehen. Dies entspricht, wie an obiger Stelle aufgezeigt, ebenso der Rechtslage auf EU-Ebene.

---

275 Antimonopolkommission des Staatsrates, Leitlinien zur Begrenzung des relevanten Marktes vom 24.05.2009, Abkürzung nach dem Vorbild von *Masseli*, Handbuch chinesische Fusionskontrolle, S. 385, mit einer chinesisch-deutschen Fassung der Leitlinien auf S. 310 ff.

276 Siehe Kapitel 2, Art. 4–6 MarktAbgrLL.

277 Siehe Kapitel 3, Art. 7–9 MarktAbgrLL.

278 Siehe Art. 10 f. MarktAbgrLL.

279 Kommission, Bekanntmachung über die Definition des relevanten Marktes, ABl. 1997, C 372.

280 Siehe Art. 4 MarktAbgrLL.

281 Siehe Art. 8 MarktAbgrLL.

282 Siehe Art. 9 MarktAbgrLL.

283 *Dai*, Analyse zur Richtlinie über die Begrenzung des relevanten Marktes, siehe: www.competitionlaw.cn/show.aspx?id=5348&cid=17 (Stand: 21.10. 2012).

284 Siehe Art. 7 MarktAbgrLL.

285 Siehe Art. 10 MarktAbgrLL.

3. Stellungnahme

Die MarktAbgrLL entspricht in inhaltlicher Hinsicht dem internationalen Standard[286] zur Ermittlung des relevanten Marktes, was zu begrüßen ist. Die MarktAbgrLL ist im Vergleich zu den Vorschriften im AMG umfassender und konkreter. Deren Regelungen bieten den rechtsuchenden Unternehmen, aber auch den Gerichten und Antimonopolvollzugsbehörden einen richtungsweisenden Leitfaden, was im Sinne der Rechtsklarheit und -sicherheit liegt. Die Hauptmethodik bildet hierbei die Substitutionsanalyse (inklusive Nachfrage- und Angebotssubstitution), die durch den SSNIP-Test ergänzt wird. Durch die behördliche Etablierung des hypothetischen Monopolisten-Tests hat die Antimonopolkommission die Möglichkeit geschaffen, den relevanten Markt genau zu definieren. Die Bestimmung des Produktemarktes nach dem chinesischen Antimonopolrecht weist kaum Unterschiede zur Regelung in der Bekanntmachung der Europäischen Kommission über die Definition des relevanten Marktes auf. Dennoch ist MarktAbgrLL keine bloße Kopie des europäischen Rechts, da sie ebenso der aktuellen Wirtschafts- und Rechtslage Chinas Rechnung trägt. Das eigentliche Problem ist aufgrund der generellen Knappheit der Ressourcen der Kartellbehörden wohl eher die effiziente Durchführung umfassender ökonomischer Beurteilungen.

II. Sachlich relevanter Markt

1. Definition

Art. 3 MarktAbgrLL definiert den sachlich relevanten Markt.[287] Erfasst sind danach sämtliche Erzeugnisse und Dienstleistungen, die von den Verbrauchern hinsichtlich ihrer Eigenschaften, des Preises und ihres vorgesehenen Verwendungszwecks als austauschbar gelten[288] Demnach ist die Sicht der Marktgegenseite, also der nachfragenden Verbraucher, entscheidend. Gleichwohl ist im Einzelfall auch die Sicht der Angebotsseite zu prüfen. Generell sind hierbei bestimmte Faktoren zu analysieren, die abschließend oder zwingend sind.[289] Hierin zeigen sich weitere Parallelen zur europäischen Rechtslage.

---

286 Zum SSNIP ausführlich *Yu, Donghua,* Studie zum Umfang und zu Verbesserungen des SSNIP-Tests bei der Abgrenzung des relevanten Marktes bei der Durchsetzung des Kartellrechts, in: Wirtschaftskommentar, Nr. 2, 2010, S. 134.

287 Ausführlich dazu *Masseli,* Handbuch chinesische Fusionskontrolle, S. 121 ff.

288 Siehe Art. 3 Abs. 2 MarktAbgrLL.

289 Siehe Art. 8 Abs. 1 MarktAbgrLL.

2. Kriterien zur Marktabgrenzung

a. Nachfrageseite

Bei der Marktabgrenzung in sachlicher Hinsicht sind aus der Perspektive der Nachfrager neben dem Nachweis der Ausweichreaktion[290] der Nachfrager vor allem der allgemeine Verwendungszweck von Bedeutung, wie etwa die *äußere Gestalt, die spezifische Funktion, die Qualität* und die *technischen Besonderheiten.* Die Produkte können zwar Unterschiede aufweisen, sie gelten aber wegen gleichartiger oder zumindest ähnlicher Anwendungszwecke als Substitute.[291] So liegt keine Nachfragesubstitution bei Vitaminen vor, da diese verschiedene Funktionen haben und damit nicht mehr austauschbar sind.[292] Des Weiteren spielt die Preisakzeptanz bzw. *-differenz* eine Rolle. Zu beleuchten ist dabei, ob die Waren und Leistungen einen ähnlichen Preis haben und dementsprechend ähnlichen Preisänderungen unterliegen. Demnach bleiben bei der Preisanalyse die für den Wettbewerb nicht einschlägigen Faktoren außer Betracht. Fernerhin ist der *Vertriebsweg* zu analysieren, also die Frage, ob sich unterschiedliche Vertriebswege auf verschiedene Verbraucher beziehen. Weitere wichtige Faktoren sind beispielsweise die *Verbraucherpräferenzen* und deren *Abhängigkeit*; so handelt es sich im Rahmen eines Ölkartells bei den Ölgroßabnehmern um Nachfrager, die gegenüber der generellen Ölnachfrage einen separaten Markt zuzuordnen sind.[293] Zudem kommen als sonstige Faktoren mögliche Marktzutrittsbarrieren oder Risiken und Kosten in Betracht, welche die meisten Verbraucher daran hindern, auf Substitutionswaren auszuweichen.[294]

b. Angebotsseite

Aus Sicht der Angebotsseite spielen vor allem die Reaktion anderer Unternehmen auf Preisänderungen, den Produktionsablauf und das Produktionsverfahren[295] oder Schwierigkeiten der Umstellung auf ein Substitutionsprodukt, wie zusätzliche Investitionen und Risiken des Eintritts in den Zielmarkt, eine wichtige Rolle. Unter die sonstigen Faktoren fallen etwa die Wettbewerbsfähigkeit und Vertriebswege.[296]

---

290 *Masseli*, Handbuch chinesische Fusionskontrolle, S. 122.

291 Siehe § 8 Abs. 1 S. 2 MarktAbgrLL.

292 Siehe *Masseli*, Handbuch chinesische Fusionskontrolle, S. 123.

293 *Masseli*, Handbuch chinesische Fusionskontrolle, S. 125 m. w. N.

294 Siehe Art. 8 Abs. 5 S. 1 MarktAbgrLL.

295 *Masseli*, Handbuch chinesische Fusionskontrolle, S. 125.

296 Siehe Art. 8 Abs. 5 S. 2 MarktAbgrLL.

c. Reihenfolge der aufgezeigten Faktoren

Die Reihenfolge der Prüfung der aufgezeigten Faktoren ist nicht absolut oder kategorisch festgelegt[297], vielmehr müssen die Faktoren stets für jeden Einzelfall abgewogen werden.[298] Dennoch folgt hieraus nicht, dass die Antimonopolvollzugsbehörden und/oder die Gerichte jene Aspekte bei der Abgrenzung des Marktes ungeordnet oder gar willkürlich prüfen dürfen. Vielmehr sind der Verwendungszweck, die Produkteigenschaft, der Preis, Verbraucherpräferenzen, Ausweich- sowie Umstellungskosten in einer vernünftigen Reihenfolge zu analysieren. Dennoch regelt die MarktAbgrLL die Reihenfolge der Prüfungskriterien nicht. Stattdessen sind nur die bei der Beurteilung der Austauschbarkeit zu berücksichtigenden Aspekte umfangreich beschrieben. Angesichts der Tatsache, dass die Nachfrage auf dem Markt die Grundlage des Angebots ist, dürfte die Austauschbarkeit aus Sicht der Nachfrager zuerst zu prüfen sein. Eine dahingehende Klarstellung seitens der Antimonopolkommission oder des Obersten Volksgerichtes erscheint daher wünschenswert, da damit eine klare Richtschnur für den Rechtssuchenden zur Verfügung gestellt und Rechtssicherheit bei der eigenen Beurteilung der Sachlage geschaffen würde. Zu beachten ist dabei, dass sowohl der Anwendungszweck als auch die Produkteigenschaft wesentliche Produktelemente darstellen. Dagegen sind der Preis, die Präferenzen der Konsumenten und die Ausweichkosten der Kunden Faktoren aus der Sphäre der Verbraucher, deren Prüfungsreihenfolge sich nach der Kundenansicht zu richten hat.[299] Demnach sollte in wirtschaftlich stärker entwickelten Gebieten die Verbraucherpräferenz *vor* dem Produktpreis gewürdigt werden, weil diese erfahrungsgemäß gegenüber dem Preis maßgeblicher ist. Dagegen ist der Produktpreis in ökonomisch fortgeschrittenen Gebieten wichtiger. Weniger Relevanz genießen hingegen die Ausweichkosten, die demzufolge auch nachrangig zu prüfen sind.

3. Rechtsprechung: *Renren* gegen *Baidu*

Bei der Mitte des Jahres 2010 ergangenen Leitentscheidung *Renren* gegen *Baidu*[300] erwies sich unter anderem die Abgrenzung des Marktes für Suchmaschinen

297 *Masseli*, Handbuch chinesische Fusionskontrolle, S. 123.

298 Siehe Art. 8 Abs. 5 S. 3 MarktAbgrLL.

299 *Ding, Maozhong*, Studien zur Marktabgrenzung bei der Durchsetzung des chinesischen Antimonopolgesetzes, Shanghai 2011, S. 79.

300 Zum Sachverhalt siehe bereits in § 2 unter Punkt B.II.2.b. Ferner: Xu, Bo, Rechtsanwendung in kartellrechtlichen Urteilen. – Fallanalyse zu Renren gegen Baidu

im Internet als besonders problematisch. Es sollen zunächst die Ausführungen des Mittleren und Oberen Volksgerichts[301] der Stadt Beijing vorgestellt, sodann die dahingehende Kritik aus der Literatur beleuchtet und anschließend eine eigene rechtliche Stellungnahme vorgenommen werden.

a. Ansicht des OberenVolksgerichts

Im Fokus der Entscheidung stand die Frage, wie man den „relevanten Markt" zu definieren hat. Das Gericht untersuchte insbesondere, ob es für Online-Suchmaschinen überhaupt einen sachlich relevanten Markt gibt, und sofern dies der Fall ist, wie groß dieser Markt sein soll. Dabei lehnte es den Einwand ab, dass wegen der kostenlosen Funktionen der Informations- und Webseitensuche kein sachlich relevanter Markt gegeben sei.[302] Die kostenlose Suchfunktion von *Baidu* sei gegenüber den Verbrauchern keine öffentliche kostenlose Dienstleistung. Sie könne vielmehr auf der Grundlage der Kundengruppe Unternehmen anziehen und dadurch einen Gewinn aus der wirtschaftlichen Werbung erzielen. Die Besonderheit der Suchmaschine bestehe darin, dass sie für verschiedene Kunden abweichende Bedienungen zur Verfügung stelle. Für Standard-Kunden existiere insofern die Option der Informations- und Webseitensuche, während Unternehmen ihre Werbung verbreiten könnten.[303] Es seien die *Such-* und *Werbungsfunktionen* untrennbar miteinander verbunden, so dass sie zum gleichen System gehören würden.

Jene Funktionen sind demnach gewissermaßen miteinander verwoben und ergänzen einander. Die Werbefunktion kann nicht unabhängig von der Suchfunktion bestehen, denn ohne die Informations- und Webseitensuchfunktion erreicht die Werbung keine Kunden und ohne die Werbung existiert die kostenlose Funktion der Informations- und Webseitensuche letztlich nicht langfristig. Ein korrektes Ergebnis ist folglich unmöglich, wenn man nicht die Wirkung der Funktion

---

und kartellrechtliche Untersuchung zu China Netcom, in: Elektronisches Geistiges Eigentum, Nr. 5, 2010, S. 73.

301 Der MittlereVolksgerichtshof Beijing ist die Instanz, die die Ansprüche von *Renren* ablehnte. Der Beklagte *Renren* hatte sodann den Oberen Volksgerichtshof Beijing angerufen. Dieser hatte die Entscheidung erster Instanz im Wesentlichen bestätigt. Hier wird daher nur auf die Überlegungen des Oberen Gerichtshofs eingegangen.

302 Dazu auch *Brook, Thomas,* China's Anti-Monopoly Law: History, Application, and Enforcement, in: Appeal: Review of Current Law and Law Reform, vol. 16, 2011, S. 31 ff. (43 f.).

303 *Rechtsanwaltsverein Beijing*, Rechtsanalyse der Praxis im Kartellrecht und des Gesetzes gegen unlauteren Wettbewerb, Beijing 2012, S. 85.

untereinander berücksichtigt. Auf der Grundlage dieser Überlegung erfolgt sodann die Abgrenzung des relevanten Marktes.[304] Dennoch scheiterte die Klage letztlich am Nachweis einer marktbeherrschenden Stellung, da *Renren* keine Daten zur Berechnung der angeführten Marktanteile, die es auf über 75 % bezifferte, zur Verfügung stellte.[305]

b. Bewertung der chinesischen Literatur

Das Urteil *Renren* gegen *Baidu* überrascht vor allem angesichts des Ausgangs des Verfahrens *Google* in den USA. Unter Berücksichtigung der obigen Erkenntnis zur Arbeitsweise der Suchmaschine wäre in China im Hinblick auf die Abgrenzung des relevanten Produktmarktes wohl eine andere Bewertung des Falls erfolgt als in den USA.[306] Obwohl der Mittlere und der Obere Volksgerichtshof der Stadt Beijing keine sehr ausführlichen Stellungnahmen abgaben, begrüßten dennoch viele Stimmen aus der Literatur beide Urteile.[307] Die Kritik an der Marktabgrenzung konzentrierte sich dagegen darauf, dass die Rechtsprechung den Markt auf der Basis der Gruppe „private Kunden" definierte.[308] In Betracht kämen aber auch

---

304 *Ding, Maozhong,* Studien zur Marktabgrenzung bei der Durchsetzung des chinesischen Antimonopolgesetzes, Shanghai 2011, S. 81.

305 Siehe *Hou/Yi,* in: The Journal of Antitrust and Unfair Competition Law Section of the State Bar of California, vol. 1, 2011, S. 79 (86); siehe ferner: *Brook,* in: Appeal: Review of Current Law and Law Reform, vol. 16, 2011, S. 31 (44, m.w.N.).

306 In dem in den USA für Aufregung sorgenden Fall "Google" stand unter anderem ein Vorwurf wegen eines Verstoßes gegen Sec. 2 Sherman Act gegenüber dem Suchmaschinenbetreiber *Google* zur Diskussion. Es erfolgte keine Zuordnung zum sachlich relevanten Markt mangels Nachweises, dass Google keine kostenlose Internetsuche anbiete.

307 *Yu,* Suchmaschine und Missbrauch der marktbeherrschenden Stellung, in: China Legal Science, Nr. 3, 2012, S. 121; *Xu,* Rechtsanwendung in kartellrechtlichen Urteilen – Fallanalyse zu *Renren* gegen *Baidu* und kartellrechtliche Untersuchung zu China Netcom, in: Elektronisches Geistiges Eigentum, Nr. 5, 2010, S. 81; *Yang/Hou,* Schuld und Strafe des Suchens unter konkurrierenden Preisen von Baidu aus kartellrechtlicher Perspektive, Aufsatzsammlung in China, Wirtschaftsrecht – Symposium 2010, S. 525; *Dong, Huijuan,* Überlegungen zum ersten Kartellrechtsfall im Internetbereich, in: Rechtliche Wissenschaft Heibei, vol. 29, Nr. 1, 2011, S. 27.

308 *Jiang, Yanbo/Zhang, Junqi,* Die Marktbegrenzung in der Netzwerkswirtschaft. – Auf der Grundlage der Gewinnquelle, in: Chaoyang Law Review, Nr. 1, 2012, S. 18 f.; *Fang, Yuxia,* Fallanalyse *Baidu.* – Rechtliche Methode zur Marktabgrenzung, in: Amtsblatt der Universität des Verkehrs Beijing, Nr. 2, 2013, S. 91 ff.; *Li, Jian,* Reihenfolge nach der Preiskonkurrenz ist kein Missbrauch der marktbeherrschenden Stellung, in: Jura Wissenschaft, Nr. 3, 2009, S. 60; *Li, Jian,* Marktabgrenzung im

andere Marktabgrenzungsparameter. Betont wurde, dass wegen der Besonderheit des Produkts auf den beiderseitigen Märkten letztlich zwei Kundengruppen vorgelegen hätten. Andere Kritiker legten den Schwerpunkt auf die Gewinnquelle oder darauf, dass auf dem eigentlich relevanten Markt ebenso Substitutionsprodukte auf der Nachfrageseite zu analysieren gewesen seien.[309] Wegen der Relevanz der kostenlosen Möglichkeit für die Verbraucher sind einige auch der Ansicht, dass gerade dieser Aspekt als Ausgangpunkt der Marktabgrenzung hätte fungieren sollen.[310]

c. *„Werbung" als wichtiger Faktor des Suchmaschinenmarkts*

Des Weiteren war fraglich, wie im konkreten Einzelfall die Größe des sachlich relevanten Marktes zu definieren sei. Aus der MarktAbgrLL folgt, dass zunächst ein vorläufiges Produkt zu bestimmen ist, das nach Art. 5 MarktAbgrLL mit dem möglichen Substitutionserzeugnis im Hinblick auf die Funktion, Eigenheit, Preis, Verbraucherpräferenz und Ausweichkosten nach Ansicht der Nachfrageseite zu vergleichen ist. Dies erwies sich jedoch im Fall *Renren* gegen *Baidu* als schwierig. Es konnten bei der Wahl des vorläufigen Produkts insbesondere wegen der fehlenden Daten Fehler bei der Analyse der Austauschbarkeit auftreten, was zwangsläufig zu einem falschen Ergebnis führen würde.

aa. Ansichten in der chinesischen Literatur

Vertreter aus der chinesischen Lehre führen an, dass der relevante Markt durch die Werbungen der Suchmaschine gekennzeichnet sei. Dadurch erziele das Großunternehmen *Baidu* auch seinen Hauptgewinn. Diese Werbung unterscheide sich letztlich von der Werbung im Fernsehen, auf öffentlichen Straßen oder in Printmedien und sei daher mit der Werbung der Suchmaschine nicht vergleichbar. Aus diesem Grund wird teilweise angenommen, dass ein sachlich relevanter Markt für „Internetwerbung" bestehe.[311] Gleichwohl beruht diese Überlegung auf der Annahme eines falschen vorläufigen Produkts. Es werden die Funktionen der Suchmaschinen (Suche der Information und Werbung) nicht als ein einheitliches System bewertet, sondern als einzelne Produkte betrachtet, was jedoch vor dem

---

Antimonopolrecht bei beiderseitigen Märkten. – Rechts- und Wirtschaftswissenschaft im Fall *Baidu*, in: Studien in Recht und Wirtschaft, Nr. 5, 2010, S. 39.

309 *Jiang/Zhang*, in: Chaoyang Law Review, Nr. 1, 2012, S. 19 ff.

310 *Fang*, in: Amtsblatt der Universität des Verkehrs Beijing, Nr. 2, 2013, S. 93 f.

311 Siehe *Jiang/Zhang*, Die Marktbegrenzung in der Netzwerkswirtschaft. – Auf der Grundlage der Gewinnquelle, in: Chaoyang Law Review, Nr. 1, 2012, S. 22 ff.

Hintergrund der Vorgaben in der MarktAbgrLL zu einer falschen Bestimmung des relevanten Produktmarktes führt. Nach einer weiteren Ansicht sei auf den dualen Charakter der Suchmaschine abzustellen. Die beiden Funktionen seien danach jeweils als vorläufige Produkte zu prüfen. Heranzuziehen seien Substitutionsprodukte. Konkret bedeutete dies, dass die chinesische Suchmaschine *Baidu* nicht nur mit ähnlichen Suchmaschinen wie etwa *Google* oder *Bing*, sondern vielmehr auch mit anderen Werbeunternehmen, die keine Internetprodukte anbieten, wie zum Beispiel die Fernseh- oder Zeitschriftenwerbung, konkurriere.[312]

Gleichwohl überzeugt auch jener Ansatz im Ergebnis nicht. Einerseits ist die Werbung durch Suchmaschinen mit anderer Werbung wegen ihrer Eigenheit und dem speziellen Kundenstamm nicht vergleichbar und damit auch nicht austauschbar. Zweitens ist der Ansatzpunkt der beiden Produktfunktionen verschieden. Das alleinige Abstellen auf die Besonderheit der beiden Funktionen genügt nicht, weil damit der Zusammenhang und die Einheit beider gänzlich ignoriert werden.

bb. Eigene Ansicht

Bei der Bestimmung des sachlich relevanten Marktes ist in erster Linie zu berücksichtigen, dass die wesentlichen Produkteigenheiten wie die Funktion, die spezifische Eigenschaft, der Anwendungszweck und der Preis aus der Sicht der Nachfrager in einer sehr engen Beziehung zueinander stehen. Bei der Austauschbarkeit der mit einander im Wettbewerb stehenden Erzeugnisse spielen aus Verbrauchersicht die besonderen Merkmale und die Bedienung eine nicht zu unterschätzende Rolle. Insbesondere die Bedienung der Informations- und Webseitensuche ist auf die *Bedürfnisse der Kunden zugeschnitten.* Mittels technischer Hilfe durchsucht die Suchmaschine Webseiten nach einer komplizierten Rechnung und Analyse und zeigt sodann die Ergebnisse den Konsumenten schematisch in Form einer Auflistung an. Mit der Entwicklung der „Internettechnik" entstanden viele weitere Onlineprodukte und -dienste, so beispielsweise die Nutzung eines elektronischen Nachrichtendienstes (z. B. E-Mails, Instant Messaging) oder die Möglichkeit des Online Banking. Die Nutzung jener Dienste ist bei normalen Internetnutzern weit verbreitet und für diese heute oftmals unverzichtbar. Sie sind daher ebenso als Substitutionsprodukte zu prüfen. Aufgrund der Ähnlichkeit der erwähnten Produkte im Hinblick auf die Gewinnerzielung der Unternehmen und derselben Eigenschaften im Bereich der Kommunikation und Datenübertragung durch das Internet lassen sich diese demselben Markt zuordnen.[313] Die

312 *Li*, in: Studien in Recht und Wirtschaft, Nr. 5, 2010, S. 41.
313 *Li*, in: Juristische Wissenschaft, Nr. 3, 2009, S. 60.

Suchmaschine sucht schnell und orientiert sich dabei an den Wünschen und Präferenzen der Kunden, die diese im „Suchbalken" der Suchmaschine vorgeben. Hierbei werden nicht nur die Informationen angezeigt, sondern oftmals am Rand der Website auch Werbeanzeigen anderer Unternehmen. Die Suchmaschine ordnet die Werbung nach Stichwörtern der jeweiligen Kundengruppe zu. Sie kann dadurch – im Gegensatz zu anderen Onlineprodukten – die Bedürfnisse der Konsumenten besser befriedigen; sie ist demzufolge auch mit diesen nicht austauschbar.[314] Daneben ist die Treue der Verbraucher als Kriterium bei der Analyse der Substituierbarkeit zu würdigen. Dies ist vor allem deshalb bedeutsam, weil Suchmaschinen heute bei Internetnutzern besonders beliebt sind. Dies zeigen beispielsweise die Daten der Firma *Baidu*; allein dieses Unternehmen verzeichnet pro Tag ca. fünf Billionen Suchanfragen.[315] In Bezug auf den Produktpreis, als weiteres bedeutsames Kriterium bei der Austauschbarkeitsanalyse, ist jedoch hinsichtlich der Suchmaschine *Baidu* zu differenzieren. Die bezahlte Werbung bestimmt grundsätzlich den Rang der aufgelisteten Ergebnisse der Websuche, die aus einer „natürlichen" Berechnung resultiert. Demnach findet sich an „Platz 1" stets jene Werbung, für die am meisten bezahlt wurde. Die Suchmaschinenbetreiber erzielen ihre Gewinne dadurch, dass die Internetkunden auf das Suchergebnis klicken. Die Werbenden bezahlen entsprechend der Klickmenge. Je größer diese ist, desto mehr Entgelt haben sie an den Suchmaschinenbetreiber zu entrichten, wodurch dieser profitiert. Dagegen fallen beim Ausbleiben der Klicks keinerlei Kosten an.[316] Die Gebühren für die Werbung berechnen sich daher anders als im Bereich der traditionellen Werbung, wie beispielsweise den Printmedien. Die besondere Zahlungsweise verdeutlicht umso mehr, dass die Werbung der Suchmaschinenwebseiten mit den klassischen Medien nicht vergleichbar und damit auch nicht austauschbar ist.[317]

---

314 *Tong, Shu*, Überlegung zum Hintergrund des Falls *Baidu*. – Fallanalyse *Renren* v. *Baidu*, in: Urheberrecht Chinas, Nr. 1, 2010, S. 63.

315 http://pcedu.pconline.com.cn/322/3221323.html (Stand: 08.12.2013).

316 *Yu, Xinmiao*, Suchmaschine und Missbrauch der marktbeherrschenden Stellung, in: China Legal Science, Nr. 3, 2012, S. 119 f.

317 *Yang, Di/Hou, Yunli*, Schuld und Strafe des Suchens unter konkurrierenden Preisen von *Baidu* aus kartellrechtlicher Perspektive, Aufsatzsammlung, in: Achtes China Wirtschaftsrechtssymposium 2010, S. 525; zu weiteren Unterschieden siehe *Ratliff, James D./Rubinfeld, Daniel L*, Online Advertising: Defining Relevant Markets, in: Journal of Competition Law and Economics, Nr. 3, June 2010, S. 653 f.

d. Schlussbetrachtung

Auf der Grundlage der obigen Überlegungen ist der Entscheidung des Oberen Volksgerichtshofs im Fall *Baidu* gegen *Renren* zuzustimmen. Zwar sind die Ausführungen kurz, es ist aber dennoch zu begrüßen, dass es bei der Abgrenzung des sachlich relevanten Marktes nun einen wegweisenden Ansatz gibt. Die Marktdefinition spiegelt letztlich auch die aktuelle wirtschaftliche Lage Chinas wider. Wenn jene Definition zu eng erfolgt, kann die weitere Entwicklung der Wirtschaft und der Unternehmen stagnieren, zumal sodann auch international wettbewerbsfähige Firmen fernbleiben, was ebenso dem Aufschwung der chinesischen Volkswirtschaft schadet. Die internationale Wettbewerbsfähigkeit auf dem globalen Markt erfordert vergleichbare Wettbewerbsregelungen und Standards.[318] Diesen Aspekt hat die Entscheidung *Renren* gegen *Baidu* zumindest auf den ersten Blick berücksichtigt und einen Schritt in die richtige Richtung vollzogen. Auch ist zukünftig zu erwarten, dass die chinesische Rechtsprechung und die Antimonopolvollzugsbehörden die einschlägigen Normen in Verbindung mit der wirtschaftlicher Lage des Landes und den internationalen Praktiken hinreichend beachten. Insofern sind beide Gesichtspunkte sowohl für eine effektive als auch eine rechtssichere Abgrenzung des relevanten Markts erstrebenswert.

III. Räumlich relevanter Markt

1. Definition

Der nach § 12 Abs. 2 AMG zu bestimmende räumlich relevante Markt bezieht sich auf das Gebiet, auf dem Unternehmen Produkte, die eine enge Austauschbarkeit aufweisen, anbieten und die Nachfrager diese erlangen können. Jene Gebiete stehen in einer engen Wettbewerbsbeziehung zueinander,[319] so dass sie als konkurrierende Gebiete anzusehen sind.[320] Dennoch ist bei der Begrenzung des räumlich relevanten Marktes stets zu beachten, dass teilweise mehrere Märkte abzugrenzen sind. So sind in Koppelungsfällen, wenn also mit einem Gegenstand ein anderer mitgekauft werden muss, zwei relevante Märkte zu definieren. Der anknüpfende Markt ist abzugrenzen, weil sich damit der Einfluss auf den Wettbewerb ermitteln

318 Vgl. *Eichner*, in: Texas International Law Journal, vol. 47, 2012, S. 587 (600).
319 *Masseli*, Handbuch chinesische Fusionskontrolle, S. 127.
320 Siehe Art. 3 Abs. 3 MarktAbgrLL.

lässt, was später bei der Verhaltensanalyse die Feststellung der Rechtwidrigkeit erlaubt.[321]

2. Wichtige Faktoren aus Nachfrager- und Anbietersicht

a. Geografischer Markt

Bei der Bestimmung des geografischen Marktes spielt erneut die Sicht des Nachfragers eine wichtige Rolle. Zudem kommt es auf die Berücksichtigung bestimmter Faktoren an,[322] die aber wie im Bereich des sachlich relevanten Marktes nicht zwingend oder abschließend sind. Ähnlich der Produktmarktabgrenzung erfolgt auch die Bestimmung der geografischen Dimension am Maßstab der Kreuzpreiselastizität aus Sicht der Nachfrager.[323] Entscheidend ist der Nachweis, dass die Nachfrager wegen der Änderung des *Preises* oder anderer Faktoren auf ein anderes Gebiet ausweichen oder dazu tendieren.[324] Es handelt sich um einen besonders wichtigen Anhaltspunkt für die Nachfragesubstitution.[325] Daneben können die *Transportkosten* und *-fähigkeit* der Erzeugnisse eine Rolle spielen.[326] Zu beachten ist hierbei, dass je höher die Transportkosten sind, desto kleiner der relevante räumliche Markt ist, wie dies beispielsweise im Zementsektor der Fall ist. Die Transportfähigkeit eines Produkts entscheidet über den Absatzraum, so etwa im Bereich der durch Rohrleitung transportierten industriellen Gase, wobei bei den Gasen der relevante Markt in der Regel sehr eng sein wird.[327] Des Weiteren können das Vertriebsgebiet, mithin das tatsächliche Gebiet, in dem die meisten Kunden ihre Waren erwerben, und die räumliche Aufteilung der Hauptbetriebswirte von Relevanz sein.[328] Weitere Faktoren sind etwa Handelsbarrieren zwischen den Gebieten,[329] wie etwa Zollgebühren oder technische, regional/lokale, sprachliche und umweltrechtliche Barrieren. Als sonstige wichtige Aspekte gelten Verbraucherpräferenzen, die aus lokalpatriotischen und protektionistisch geprägten Vorstellungen

321 *Wang, Xianlin*, Über die Marktabgrenzung auf dem relevanten Markt bei der Durchsetzung des Kartellrechts, in: Amtsblatt der Universität Nordwesten für Rechtswissenschaft, Nr. 1, 2008, S. 124.

322 Siehe Art. 9 MarktAbgrLL.

323 *Masseli*, Handbuch chinesische Fusionskontrolle, S. 127 m. w. N.

324 Siehe Art. 9 Abs1 S. 1 MarktAbgrLL.

325 *Masseli*, Handbuch chinesische Fusionskontrolle, S. 128.

326 Siehe Art. 9 Abs. 1 S. 2 MarktAbgrLL.

327 Siehe Art. 9 Abs. 1 S. 2 MarktAbgrLL.

328 Siehe Art. 9 Abs. 1 S. 3 MarktAbgrLL.

329 Siehe Art. 9 Abs. 1 S. 4 MarktAbgrLL.

resultieren[330] oder Einfuhr- und Ausfuhrquantitäten[331] im jeweiligen Gebiet. Keine Rolle spielen dagegen der Sitz des Unternehmens oder der Produktionsort.[332] Im Binnenmarkt Chinas lässt sich beispielsweise der räumlich relevante Markt von Bier aufgrund der Verkehrskosten und -schwierigkeiten auf den Herstellungsort begrenzen. Da aber beispielsweise Bier der Marke *Qingdao* in ganz China bekannt und bei den Konsumenten aus unterschiedlichen Provinzen beliebt ist, wird es letztlich in der ganzen Volksrepublik verkauft; der Markt ist folglich nicht aufgrund des Herstellungsortes begrenzt.

b. Anbieterseite

Auch aus der Sicht der Anbieterseite ist regelmäßig zunächst darzulegen, dass Unternehmer aus anderen Gebieten auf Preisänderungen reagieren, obgleich es letztlich wegen der oftmals fehlenden Beweisbarkeit auf die Pünktlichkeit und Durchführbarkeit der aus anderen Gebieten stammenden Lieferungen ankommt.[333] Ferner sind die Kosten und die Möglichkeiten der Unternehmen aus anderen Gebieten auf dem relevanten Markt eigene Ware anzubieten oder zu verkaufen, wie etwa Umwandlungskosten zum Verkauf der Waren in ein anderes Gebiet, zu berücksichtigen.[334] Letztlich aber sind die in Art. 9 MarktAbgrLL aufgeführten Faktoren zur räumlichen Abgrenzung des relevanten Marktes stets in ihrer Gesamtheit zu würdigen. Der normierte Ansatz ist zu begrüßen, weil er die nationalen Gewohnheiten berücksichtigt. Insbesondere spielen bei der Austauschbarkeitsanalyse die Verkehrskosten und die Eigenschaft des fraglichen Produktes eine wichtige Rolle.

3. Marktabgrenzung bei multinationalen Konzernen

Laut eines Sprechers des MOFCOM Chen Jian (陈健) hatten bis Mitte des Jahres 2005 450 von 500 multinationalen Konzernen (Tochter-)Unternehmen in der Volksrepublik China.[335] Durch deren Investitionen verbessert sich nicht nur die Industriestruktur, sondern auch die wirtschaftliche Entwicklung des Landes. Gleichwohl erlangen diese oftmals sehr schnell auf Grund ihres Kapitals, der

330 *Masseli*, Handbuch chinesische Fusionskontrolle, S. 130.
331 Siehe Art. 9 Abs. 1 S. 5 MarktAbgrLL.
332 *Masseli*, Handbuch chinesische Fusionskontrolle, S. 127.
333 *Masseli*, Handbuch chinesische Fusionskontrolle, S. 130.
334 Siehe Art. 9 Abs. 2 MarktAbgrLL.
335 http://www.chinanews.com/news/2005/2005-07-12/26/598132.shtml. (Stand 6.12.2013).

Technik, der Verwaltungsvorteile und des qualifizierten Personals große Marktteile an chinesischen Industriebranchen und missbrauchen nicht selten ihre marktbeherrschende Stellung. Dies schürt die Gefahr, dass der durch das Antimonopolrecht angestrebte faire Wettbewerb auf den chinesischen Märkten[336] verfälscht wird. Daher ist die Durchsetzung der chinesischen Missbrauchskontrolle im Bereich des Antimonopolrechtsvollzugs im Hinblick auf multinationale Konzerne von besonderer Bedeutung.[337] Dies gilt insbesondere für die richtige Marktabgrenzung. Die durch internationale Konzerne verursachten Probleme werden zwar oftmals in China thematisiert, allerdings mangelt es an klaren Kriterien zur Abgrenzung des räumlich relevanten Marktes. Es findet sich derzeit weder in der angesprochenen MarktAbgrLL noch in den anderen Verordnungen eine dahingehende Regelung. Obgleich demnach die Missbrauchsaufsicht in Bezug auf multinationale Konzerne aktuell ist, widmen sich letztlich nur sehr wenige Autoren aus der Wissenschaft dieser Problematik.[338] Selbst umfassendere Werke, wie etwa Monographien[339], die sich ausschließlich mit der Marktabgrenzung beschäftigen, sparen jenen Aspekt aus, was zeigt, dass eine Forschung in diesem Bereich faktisch nicht existiert. Dennoch ist eine diesbezügliche Diskussion vor dem Hintergrund der sich immer stärker gegenüber dem Ausland öffnenden Volksrepublik unumgänglich und erstrebenswert. Dies erfordert eine Auseinandersetzung in akademischen Kreisen sowie in der Verwaltung und an den Gerichten sowie die Etablierung konkretisierender Regelungen seitens des Gesetzgebers. Dabei sollten bei der räumlichen Marktabgrenzung im Zusammenhang mit multinationalen Konzernen nicht nur die kartellrechtlichen Faktoren in § 12 Abs. 2 AMG oder Art. 9 MarktAbgrLL Berücksichtigung finden. Vielmehr muss auch die Besonderheit der multinationalen

336 Siehe § 1 Var. 2 AMG.

337 Bericht der Kartellbehörde gegen unlauteren Wettbewerb des staatlichen Industrie- und Handelsamtes, Erscheinungen und Gegenmaßnahmen gegen die Wettbewerbsbeschränkung multinationaler Konzerne in China, in: Industrie- und Handelsverwaltung, Nr. 5, 2004, S. 42 f.; *Li, Zhichun*, Rechtliche Kontrolle gegen Missbrauch der marktbeherrschenden Stellung von multinationalen Konzernen, in: Amtsblatt des Kaili Instituts, vol. 25, Nr. 4, August 2007, S. 19 f.

338 Siehe *Wang, Xianlin*, Rechtliche Regulierung gegen Wettbewerbsbeschränkungen multinationaler Konzerne, in: Industrie- und Handelsverwaltung, Nr. 23, 2003, S. 15 f.

339 *Ding, Maozhong*, Studien zur Marktabgrenzung bei der Durchsetzung des chinesischen Antimonopolgesetzes, Shanghai 2011; *Li, Xiaorong*, Studie zur Marktabgrenzung und Wettbewerbspolitik im Hinblick auf das Antimonopolrecht, Nanjing 2010; *Li, Hong*, Theorie und Praxis der Marktabgrenzung – wirtschaftliche Analyse der Marktabgrenzung im Sinne des Kartellrechts, Beijing 2011, lassen die Marktabgrenzung multinationaler Konzerne außer Betracht.

Konzernstruktur in Ansatz gebracht werden, also ob sie ihre Produkte weltweit verkaufen und in anderen Staaten Tochtergesellschaften und Niederlassungen haben. Darüber hinaus sollte wegen der Führungsfunktion der Muttergesellschaft und dem Einfluss auf die „Töchter" der Hauptsitz des Mutterkonzerns eine Rolle spielen. Schließlich ist sinnvoll, den Sitz des fraglichen Unternehmens, soweit es in China niedergelassen ist, nach den strukturellen Gebietsgegebenheiten zu untersuchen, weil es teils erhebliche Unterschiede gibt, insbesondere zwischen den wirtschaftlich entwickelten Provinzen (wie z. B. die Region um Nanjing in der Provinz *Jiangsu* im Osten des Landes) und ökonomisch relativ „unterentwickelten" ländlichen Provinzen.

4. Stellungnahme unter Würdigung der Rechtsprechung

Bei der Bestimmung einer marktbeherrschenden Stellung gemäß §§ 17 ff. AMG erweist sich die Rechtssache *Renren* gegen *Baidu* als weiterführend.

a. Renren *gegen* Baidu

In der nicht vollständig veröffentlichten Entscheidung *Renren gegen Baidu*[340] bestand ein Problem darin, festzustellen, ob der räumlich relevante Markt für Suchmaschinen das Gebiet Chinas ist oder dieser wegen des grenzenlosen Internets anders definiert werden muss. Die meisten Benutzer der Online-Suchmaschine *Baidu* leben – vor allem aufgrund der ausschließlich auf Chinesisch angebotenen Webseite – in der Volksrepublik. Auch der chinesische Wettbewerber *Renren*, der Online-Suchmaschinen auf Chinesisch anbietet, hat seinen regelmäßigen Sitz in China. Beide Anbieter stehen daher im „Reich der Mitte" in einer starken Wettbewerbsbeziehung zueinander. Folglich nahm der Oberste Volksgerichtshof im Ergebnis zutreffend an, dass der räumlich relevante Markt allein auf die Volksrepublik China begrenzt sei. Der Fall *Renren* gegen *Baidu* belegt mehr als deutlich, dass sowohl die Entstehung als auch die fortwährende Entwicklung des Internets für den kartellrechtlichen Vollzug neue Herausforderungen und Probleme schafft, die den Blick in Richtung ökonomische Analyse lenken. Im genannten Fall hatte das Gericht auf der Grundlage der Verteilung der Benutzer, der Präferenzen der Verbraucher und der Herkunft der Wettbewerber erstmalig in der kurzen Geschichte des AMG unter Heranziehung der Austauschbarkeitsanalyse den räumlich relevanten Markt bestimmt. Vor dem Hintergrund der heutigen Möglichkeiten des *world wide web* erweist er sich – zumindest theoretisch – in räumlicher Hinsicht

340 Zum Sachverhalt siehe oben § 2 Teil B.II.2b.

als grenzenlos, da seine Benutzer Onlineprodukte, wie etwa Suchmaschinen, weltweit nutzen können. Der genannte Fall weist aber die Besonderheit auf, dass es sich um eine Suchmaschine handelt, die lediglich auf Chinesisch angeboten wird. Mandarin ist zwar aufgrund der chinesischen Bevölkerungszahl eine der am meisten gesprochenen Sprachen der Welt und damit eine Weltsprache. Dennoch floriert sie nur in einem bestimmten Gebiet im Gegensatz zu anderen Weltsprachen wie etwa Englisch. Die Benutzer von *Baidu* sind größtenteils Chinesen, so dass die Anbieter ähnlicher chinesischer Onlineprodukte – schon wegen der sprachlichen Barrieren – oftmals aus der Volksrepublik stammen. Folglich steht das Unternehmen *Baidu* mit anderen Unternehmen aus China im Wettbewerb und ist denselben Bedingungen ausgesetzt, während – aufgrund der sprachlichen Hürden – mit ausländischen Onlinedienstanbietern, wie etwa *Google* oder *Bing,* abweichende Wettbewerbsbedingungen bestehen.

b. Qihu *360 gegen* Tencent

Ein weiterer, in China sehr berühmter Fall im Bereich der Kontrolle des Missbrauchs einer marktbeherrschenden Stellung stellt die *Qihu 360* gegen *Tencent*-Entscheidung[341] dar, die im Frühjahr 2013 ergangen ist.[342] Die erste Instanz des Oberen Gerichtshofs in Guangdong verneinte im Ergebnis in dem Zivilrechtsstreit den Anspruch des *Qihu*-Unternehmens auf Schadensersatz.

aa. Rechtliche Würdigung

Die betroffenen Unternehmen sind quasi sog. „Top-Internetunternehmen"; insbesondere *Tencent* genießt einen hohen Bekanntheitsgrad in China. Nach dessen Leistungsreport für das dritte Quartal aus dem Jahr 2011 verzeichnete das Unternehmen insgesamt 0,721 Milliarden Benutzer. Ein im Fall besonders problematischer Aspekt betraf die Frage der Abgrenzung des relevanten Marktes. Im Rahmen einer Vorlesungsreihe an der renommierten Universität Beijing im April 2013 zeigte sich, dass der Fall *Qihu 360* gegen *Tencent* durchaus heftige Debatten in der chinesischen Wissenschaft ausgelöst hatte, insbesondere im Hinblick

341 Das Obere Volksgericht der Provinz Guangdong, Urteil vom 20.03.2013, [2011] Yue Gao Fa Min San Chu Zi, Fall Nr. 2 [(2011) 粤高法民三初字第2号] – *Beijing Qihoo Technology Co. Ltd. v. Tencent Technonoly (Shenzhen) Co. Ltd. and Shenzhen Tencent Calculation Systems Co. Ltd.* (北京奇虎360 有限公司诉深圳腾讯科技有限公司).

342 Das Urteil des Hohen Volksgerichts in Guangdong erging am 28.03.2013.

auf die korrekte räumliche Marktabgrenzung[343] bei Instant-Messaging Produkten. Erneut stellt sich die Frage, ob der Markt auf den Raum China begrenzt oder vielmehr wegen der weltweiten Nutzbarkeit weiter und insofern global zu definieren sei. Das angerufene Gericht schloss sich wegen der Internationalität des Produkts Letzterem an, was in der chinesischen Lehre stark kritisiert wurde.[344] Der in China bekannte Rechtswissenschaftlicher *Zhao Zhanling* (赵占领) führt hierzu aus, dass die Annahme des Oberen Volksgerichts, dass der räumlich relevante Markt global sei,[345] unhaltbar wäre, weil eine solche Analyse schlicht nicht der Realität entspreche.[346] Ferner zeigen sich Widersprüche in der Entscheidung selbst.[347] Nach Ansicht des Gerichts würden Instant Messaging-Programme ausländischer Unternehmen ebenso benutzt. Dennoch ist nicht bewiesen, dass die sprachliche Bevorzugung den Wettbewerb mit ausländischen Unternehmen (z. B. MSN, ICQ, Skype) gerade nicht verhindere.[348] Es ist vielmehr sehr wahrscheinlich, dass die oben genannten Softwares auf Chinesisch umgestellt würden, wenn sie in China auf den Markt kämen, mithin jene Unternehmen sodann nur noch mit chinesischen Wettbewerbern konkurrieren würden und nicht mehr global tätig wären, was letztlich die räumliche Marktabgrenzung des Gerichtshofes ebenso widerlegt.[349]

343 Siehe *Zhan, Hao,* Kommentar zum Urteil Qihu 360 v. Tencent QQ – erster Versuch eines Zivilprozesses in einem Kartellrechtsstreit in China, in: Electronics Intellectual Property, Nr. 4, 2013, S. 28; *Liu*, Missbrauchskontrolle – Fallanalyse, in: Electronics Intellectual Property, Nr. 4, 2013, S. 38 f.; *Hu, Runtian*, Einige Überlegungen über Wettbewerbsregelungen im Internet – Kommentierung zum Fall Qihu v. Tencent, in: Produktivitätsforschung, Nr. 6, 2013, S. 68 (69).

344 Siehe etwa *Rechtsanwaltsverein Beijing,* Rechtsanalyse der Praxis zum Kartellrecht und des Gesetzes gegen unlauteren Wettbewerb, Beijing April 2012, S. 84.

345 Das Obere Volksgericht der Provinz Guangdong, Urteil vom 20.03.2013, [2011] Yue Gao Fa Min San Chu Zi, Fall Nr. 2 [(2011) 粤高法民三初字第2号] – *Beijing Qihoo Technology Co. Ltd. v. Tencent Technonoly (Shenzhen) Co. Ltd. and Shenzhen Tencent Calculation Systems Co. Ltd.* (北京奇虎360有限公司诉深圳腾讯科技有限公司), S. 34, 35 (nach eigener Zählung, weil das Urteil keine Nummerierung enthält).

346 http://www.cb-h.com/zgsb/html/2013-04/12/content_55678.htm (Stand 27.11.2013).

347 http://article.chinalawinfo.com/Article_Detail.asp?ArticleID=76708 (Stand 03.11.2013).

348 Das Obere Volksgericht der Provinz Guangdong, Urteil vom 20.03.2013, [2011] Yue Gao Fa Min San Chu Zi, Fall Nr. 2 [(2011) 粤高法民三初字第2号] – *Beijing Qihoo Technology Co. Ltd. v. Tencent Technonoly (Shenzhen) Co. Ltd. and Shenzhen Tencent Calculation Systems Co. Ltd.* (北京奇虎360有限公司诉深圳腾讯科技有限公司), S. 35.

349 *Zhan, Hao*, Kommentar zum Urteil Qihu 360 v. Tencent QQ – erster Versuch eines Zivilprozesses in einem Kartellrechtsstreit in China, in: Electronics Intellectual Property, Nr. 4, 2013, S. 28.

Allein solche Überlegungen zeigen aber auch, dass die Abgrenzung des räumlich relevanten Markts nicht sehr gründlich und vor allem nicht überzeugend dargelegt wurde. Entscheidend ist, dass die Internetprodukte der QQ, obgleich sie weltweit verfügbar sind, wegen der chinesischen Sprache überwiegend nur von Chinesen, insbesondere jenen in China, benutzt werden. Das QQ-Unternehmen hat zwar Benutzer im Ausland, welche mit der chinesischen Sprache vertraut sind, diese Zahl ist aber im Vergleich zu den Nutzern in China äußerst gering. Allein das Argument, dass das Internet keine Grenzen kennt, führt somit zu einer zu weiten Marktabgrenzung, die keineswegs der tatsächlichen Lage auf dem Markt entspricht. Eine solche Beurteilung geht daher fehl. Insbesondere lässt sich der Markt nicht nur anhand eines einzelnen Faktors, der zudem wenig mit der wirtschaftlichen Situation auf dem Markt zu tun hat, plausibel begründen.

bb. Das Problem der fehlenden Analyseerfahrung

Dennoch handelt es sich nicht nur um einen Beispielsfall, sondern – wie es *Sheng Jieming* (盛杰明) von der Universität Beijing ausführt – um einen Präzedenzfall. Wegen der relativen Neuheit des chinesischen Antimonopolrechts mangelt es den zuständigen Antimonopolvollzugsbehörden und Gerichtshöfen oft noch an Erfahrung im Umgang mit komplexen kartellrechtlichen Sachverhalten. Das Problem einer tatsächlichen umfassenden Rechts- und Tatsachenanalyse ist zudem durch den Umstand bedingt, dass nicht selten eher ein Blick in ausländische Entscheidungen, als in eigene Kommentierungen zur Gesetzgebung geworfen wird,[350] obgleich Letzteres weitaus sinnvoller wäre, weil in Europa oder den USA andere ökonomische, kulturelle und rechtspolitische Gegebenheiten herrschen.[351]

5. Zwischenergebnis

Die Definition des räumlich relevanten Marktes weist dem Grunde nach nur wenige Unterschiede zu der des sachlich relevanten Marktes auf. Es ist vor allem die Sicht der Nachfrager maßgeblich, insbesondere im Sinne des aus Europa bekannten Bedarfsmarktkonzepts. Bei der Marktabgrenzung sind sämtliche Faktoren in ihrer Gesamtheit zu würdigen, so beispielsweise der Produktpreis, die Transportkosten, die spezifischen Eigenheiten, die Verbraucherpräferenzen

350 Siehe *Masseli*, Handbuch chinesische Fusionskontrolle, S. 49.

351 *Brook*, in: Appeal: Review of Current Law and Law Reform, vol. 16, 2011, S. 31 ff. (48).

sowie sprachliche, rechtliche oder wirtschaftliche Barrieren. Das Heranziehen eines einzelnen Gesichtspunktes garantiert dagegen kein authentisches, an der Marktstruktur orientiertes, rechtlich „sauberes" Analyseergebnis. Die obige Untersuchung anhand der beiden vorgestellten Fälle *Renren* gegen *Baidu* und *Qihu 360* gegen *Tencent* hat dies deutlich herausgestellt. Zugleich finden sich in beiden Urteilen unterschiedliche Ergebnisse; während in *Renren* gegen *Baidu* nach einer umfassenden ökonomischen Analyse der Marktrealität ein Markt lediglich im chinesischen Binnenmarkt angenommen wurde, erfolgt in der jüngeren Entscheidung *Qihu 360* gegen *Tencent* eine zunehmend ökonomische Rechtsanalyse und diese führte letztlich zu einer zu weiten Marktdefinition. Dies zeigt zumindest den noch fehlenden Bezug der Praxis der Gerichte zu früheren Entscheidungen. Spezifische Detailfragen, deren Klärung wünschenswert wäre, werden nur angeschnitten,[352] was aber letztlich zu einem recht verzerrten Bild von der Wirklichkeit führt.

IV. Zeitlich relevanter Markt

Das zeitliche Element der Abgrenzung des relevanten Marktes[353] ist vor allem dann heranzuziehen, wenn beispielsweise eine Periode, Frist, Saison oder Schutzfrist des geistigen Eigentums eine Besonderheit des in Frage stehenden Produkts bildet. Saisonal erhältliche Lebensmittel, wie etwa Meeresfrüchte oder auch bestimmte Modeartikel, zählen dabei zu den in Betracht kommenden Gütern. Dennoch dauert die kartellrechtliche Untersuchung eines fraglichen Missbrauchsverhaltens in aller Regel sehr lange. Die Marktverhältnisse solcher Produkte ändern sich hingegen schnell, so dass die Antimonopolvollzugsbehörden keine Abgrenzung vornehmen können, ohne dabei auch das zeitliche Element zu berücksichtigen.[354] Nach der überwiegend vertretenen Meinung und der Praxis der Rechtsprechung und Kartellbehörden in der EU und den USA ist es nicht immer erforderlich, die zeitliche Komponente des relevanten Marktes abzugrenzen, weil dessen Analyse oftmals bereits mit der Untersuchung des sachlich und räumlich relevanten Markts erfolgt. Ferner schürt die Begutachtung des zeitlichen Marktes nicht selten das Risiko hoher Kosten und verlängert das Verfahren in unnötiger Weise. Ist hingegen das

352 Siehe auch *Masseli*, Handbuch chinesische Fusionskontrolle, S. 49.

353 Siehe Art. 3 MarktAbgrLL.

354 *Zhong, Lizhao,* Wettbewerbsrecht, Beijing 2005, S. 258; *Ding, Maozhong*, Studien zur Marktabgrenzung bei der Durchsetzung des chinesischen Antimonopolgesetzes, Shanghai 2011, S. 104.

zeitliche Element im konkreten Einzelfall ausschlaggebend, ist eine dahingehende Untersuchung unerlässlich, um ein korrektes Ergebnis zu erreichen. Zusammenfassend lässt sich daher festhalten, dass jener Aspekt in der Regel zwar – ähnlich der Rechtslage in der EU – eine eher untergeordnete Rolle spielt, jedoch in Einzelfällen mitunter entscheidend sein kann.

§ 4. Marktbeherrschung im Bereich der europäischen und chinesischen Missbrauchskontrolle

Ein wesentliches Tatbestandselement der europäischen und chinesischen Missbrauchskontrollregelung ist das Vorliegen einer auf dem relevanten Markt existenten Beherrscherposition des vermeintlich missbräuchlich agierenden Unternehmens. Während das dahinterstehende Konzept auf der Ebene des EU-Kartellrechts über Jahrzehnte hinweg in eine relativ „ausmodellierte" Form gegossen wurde, steht die Volksrepublik China dahingehend noch am Anfang. Sie blickt jedoch nicht selten nach Europa, um sowohl aus den Erfahrungen als auch aus den Fehlern der europäischen Kollegen zu lernen.

A. Marktbeherrschung im Bereich der EU-Missbrauchskontrolle

Die Ermittlung einer beherrschenden Position auf dem Binnenmarkt oder einem wesentlichen Teil desselben nach Art. 102 AEUV ist vor dem Hintergrund zu betrachten, dass eine diesbezügliche Definition sich weder im Missbrauchsverbot selbst noch an anderer Stelle des AEU-Vertrages findet.[355]

I. Rechtlicher Hintergrund

Die europäischen Wettbewerbsregeln enthalten nach ihrer heutigen Konzeption keine Legaldefinition des relativ unbestimmten Begriffs der marktbeherrschenden Stellung eines Unternehmens. Deshalb hat der EuGH den Begriff im Laufe der Zeit schrittweise konkretisiert und insoweit eine Definition geschaffen.

1. Definition

Die marktbeherrschende Stellung ist nach der europäischen Rechtsprechung vor allem dadurch gekennzeichnet, dass das fragliche Unternehmen die

355 *Fleischer*, S. 73.

Aufrechterhaltung eines wirksamen Wettbewerbs auf dem relevanten Markt verhindern und sich gegenüber seinen Wettbewerbern, Abnehmern und Verbrauchern in einem wesentlichen Umfang unabhängig verhalten kann.[356] Jene Definition enthält zwei Beurteilungsmaßstäbe, nämlich die Fähigkeit der Behinderung der Mitbewerber *und* die autonome Gestaltung des wettbewerblichen Verhaltens.[357] Gleichwohl ist damit noch nicht ersichtlich, ob diese alternativ oder kumulativ vorliegen müssen. Die Wettbewerbsregeln der Art. 101–106 AEUV schützen indes den zwischenstaatlichen Handel vor Beschränkungen und Behinderungen mittels eines Kartell- und Machtmissbrauchsverbotes. Daher folgt aus deren Schutzzweck, dass das Vorliegen eines der beiden Elemente genügt.[358] Es entspricht darüber hinaus der überwiegenden europäischen Literaturansicht,[359] dass diese voneinander unabhängig sind und dementsprechend zwei unterschiedliche Erscheinungsformen der Marktbeherrschung verkörpern.

2. Umfang der erforderlichen Marktmacht

Die Marktmacht ist ein Schlüsselbegriff im Bereich der sog. drei Säulen des europäischen Kartellrechts, das heißt des Kartellverbots, des Missbrauchsverbots und der Fusionskontrolle. Sie liegt gemäß Art. 101 AEUV (ex-Art. 81 EGV) als negative Marktwirkung vor, wenn die Parteien einzeln oder gemeinsam ein gewisses Maß an Marktmacht haben oder erlangen und die Vereinbarung zur Begründung, Erhaltung oder Stärkung dieser Marktmacht beiträgt, oder es den Parteien ermöglicht wird, diese auszunutzen. Es handelt sich um die Fähigkeit, Preise über einen erheblichen Zeitraum auf einer Höhe oberhalb des freien Marktpreises oder der Produktionsmenge, -qualität, -vielfalt oder der

---

356 EuGH, Urteil v. 14.02.1978, Rs. 27/76, Slg. 1978, 207 (Tz. 65 f.) – *United Brands*; EuGH, Urteil v. 13.02.1979, Rs 85/76, Slg. 1979, 461 (Tz. 38) – *Hoffman-La Roche*; ebenso EuG, Urteil v. 23.10.2003, Rs.T-65/98, Slg. 2003, II-4653 (Tz. 154) – *Van den Gergh Foods*.

357 *Fleischer*, S. 73.

358 *Jung*, in: *Grabitz/Hilf/Nettesheim,* Recht der Europäischen Union, Bd. II, Art. 102, Rn. 64, m. w. N.

359 *Möschel,* in: Immenga/Mestmäcker, EG-Wettbewerbsrecht, Art. 86, Rn. 67, S. 703; *Schröter, Helmuth,* in: Groeben, Hans von der/Schwarze, Jürgen, Kommentar zum Vertrag über die Europäische Union und zur Gründung der Europäischen Gemeinschaft, Bd. II, 6. Auflage, Baden-Baden 2003, Art. 82, Rn. 72; *Jung*, in: *Grabitz/Hilf/Nettesheim,* Recht der Europäischen Union, Bd. II, Art. 102, Rn. 64; a. A. *Bulst,* in: *Langen/Bunte*, Art. 82, Rn. 13, S. 533; *Jones, Alison/Sufrin, Brenda*, EU Competition Law, 4th edition, Oxford 2010, S. 263.

Innovation für einen erheblichen Zeitraum unterhalb des Wettbewerbsniveaus aufrecht zu erhalten.[360] Das erforderliche Maß an Marktmacht für die Anwendung von Art. 101 Abs. 1 AEUV liegt indes unter dem für die Feststellung einer marktbeherrschenden Stellung gemäß Art. 102 AEUV notwendigem Maß an Marktmacht.[361] Insofern könnte der Begriff der Marktbeherrschung im Bereich der europäischen Fusionskontrolle dem Grunde nach mit jenem bei der Missbrauchskontrolle im Sinne des Art. 102 AEUV identisch sein.[362] Wegen der Differenz der Perspektiven ist eine Identität der Maßstäbe bei beiden Verboten jedoch nicht zwingend.[363] Sofern die Entstehung oder Verstärkung einer Marktbeherrschung beispielsweise einen Gefährdungstatbestand bei einer Fusion erreicht, wird der Zusammenschluss verboten. Dagegen ist die Erlangung und Entstehung einer marktbeherrschenden Stellung durch rechtmäßiges Marktverhalten im Sinne des Art. 102 AEUV nicht untersagt. Erfasst ist vielmehr nur die missbräuchliche Ausnutzung einer Marktbeherrscherstellung.[364] Nach ständiger Rechtsprechung der Gemeinschafts- bzw. Unionsgerichte verstößt deren Vorliegen nicht gegen das europäische Wettbewerbsrecht. Sie ist demnach als kartellrechtlich unbedenklich einzustufen, wenn ein marktbeherrschendes Unternehmen am Markt als Wettbewerber auftritt.[365] Den obigen Ausführungen entsprechend lässt sich daher feststellen, dass bei der Missbrauchskontrollregelung nach Art. 102 AEUV im Vergleich zur Fusionskontrolle ein höheres Maß an Marktmacht verlangt wird; es liegt mithin keine Identität des bei beiden zu findenden Merkmals vor.

---

360 Kommission, Leitlinien zur Anwendung von Art. 81 Abs. 3 EG-Vertrag, ABl. 2004, C 101, Rn. 25.

361 Dazu *Wessely*, in: Frankfurter Kommentar zum Kartellrecht, Bd. III, Art. 82, B, Rn. 92.

362 Verordnung (EWG) Nr. 4064/89 des Rates v. 21.12.1989 über die Kontrolle von Unternehmenszusammenschlüssen, ABl. 1989, L 395; Berichtigende Stellungnahme, ABl. 1990, L 257.

363 Siehe EuG, Urteil v. 25.03.1999, Rs. T-102/96, Slg. 1999, II-753 (Tz. 277) – *Gencor*; *Behrens, Peter*, in: Ahrens, Börries/Behrens, Peter/Dietze, Philipp, Marktmacht und Missbrauch: Forum Wissenschaft und Praxis zum Internationalen Wirtschaftsrecht, Hamburger Forum Kartellrecht, Baden-Baden 2007, S. 39.

364 *Behrens*, in: Ahrens/Behrens/Dietze, S. 39.

365 Kommission, Mitteilung – Erläuterungen zu den Prioritäten bei der Anwendung von Artikel 82 des EG-Vertrags auf Fälle von Behinderungsmissbrauch durch marktbeherrschende Unternehmen, ABl. 2009, C 45/7.

3. Beurteilungsmaßstab

a. *Markt- und Unternehmensstruktur sowie Verhalten*

Um eine marktbeherrschende Stellung im Sinne der Missbrauchskontrollregelung nachzuweisen, ist – insofern vergleichbar mit der Regelung im deutschen GWB – eine Gesamtbetrachtung der Umstände vorzunehmen. Einer der entscheidenden Faktoren ist der Marktanteil, der den wichtigsten Indikator bildet.[366] Daneben spielen beispielsweise die Finanzkraft, der Marktzutritt und die Verflechtungen mit anderen Unternehmen eine Rolle. Es erfolgt hierbei eine Analyse der *Marktstruktur*, der *Unternehmensstruktur* und des *Marktverhaltens*. Der Gesichtspunkt der Marktstruktur betrifft üblicherweise den Marktanteil und die Anzahl der auf dem Markt vertretenen Wettbewerber. Die Analyse der Struktur des Unternehmens ist hingegen nur von Bedeutung, wenn die Struktur des relevanten Marktes den Schluss auf eine mögliche Marktbeherrschung nicht zulässt.[367] Jene Prüfung bezieht sich auf die Beziehungen zwischen dem betroffenen Unternehmen und seinen Konkurrenten, wie z. B. im Hinblick auf einen möglichen technologischen Vorsprung, die eigene Wirtschafts- und Finanzkraft und die Verflechtung mit anderen Marktakteuren.[368] Die Verhaltensanalyse spielt sodann eine ergänzende Rolle, insbesondere im Hinblick auf die Preisgestaltung. Ein Unternehmen gilt demzufolge als marktbeherrschend, wenn es über einen längeren Zeitraum seine Waren zu erheblich höheren Preisen als die Konkurrenz anbieten kann, ohne hierbei nennenswerte Einbußen im Umsatz zu erleiden.[369]

b. *Durchsetzungsprioritäten der Kommission*

Die Kommission hat zur Ermittlung einer marktbeherrschenden Stellung Leitlinien erlassen, die sich inhaltlich aber auf die Einzelmarktbeherrschung beschränken. Bei deren Prüfung wird insbesondere der Wettbewerbsdruck berücksichtigt. Dieser kann (1) aufgrund bereits bestehender Lieferungen von vorhandenen Wettbewerbern und deren Marktstellung (Marktstellung des den relevanten Markt beherrschenden Unternehmens und seiner Wettbewerber) bestehen, oder (2)

---

366 EuGH, Urteil v. 13.02.1979, Rs. 85/76, Slg. 1979, 461 (Tz. 39) – *Hoffmann-La Roche*.

367 Vgl. EuGH, Urteil v. 13.02.1979, Rs. 85/76, Slg. 1979, 461 (Tz. 41) – *Hoffmann-La Roche*.

368 *Bergmann/Lübbig*, in: Loewenheim/Meessen/Riesenkampff, Kommentar zum Kartellrecht, Europäisches Recht, Teil 6, Art. 82, Rn. 113.

369 Siehe EuGH, Urteil v. 14.02.1978, Rs. 27/76, Slg. 1978, 207 (Tz. 111/120) – *United Brands*.

wegen der drohenden Expansion schon vorhandener Konkurrenten oder des drohenden Markteintritts potenzieller Newcomer (Expansion und Markteintritt) vorliegen, bzw. (3) aufgrund der Verhandlungsstärke der Abnehmer (Nachfragemacht) gegeben sein.[370] Jene der Rechtsklarheit dienenden Kriterien fungieren in erster Linie als Orientierungshilfe für die rechtsuchenden Marktakteure, aber auch als ein unverbindlicher Leitfaden für die Gemeinschafts- bzw. Unionsgerichte. Die Leitfäden sind zwar unverbindlich, da es sich um verwaltungsinterne Regeln der Behörde handelt[371], aus Sicht der Unternehmen ist aber stets zu berücksichtigen, dass die Leitlinien, Kommentare und Mitteilungen der Kommission einen nicht zu unterschätzenden Einfluss auf die Durchsetzung des europäischen Kartellrechts und die Wettbewerbspolitik insgesamt ausüben, da sie in diesem Bereich aus historischen und politischen Gründen[372] wie eine „Spinne im Netz" agiert.[373]

c. Unvermeidlicher Handelspartner

Nach Ansicht des EuGH und der Kommission ist ein Unternehmen insbesondere dann von seinen Abnehmern und den Verbrauchern unabhängig und hat daher eine beherrschende Stellung auf dem relevanten Markt inne, wenn es sich um einen sog. unvermeidlichen (oder unumgänglichen) Handelspartner handelt.[374] Im in der Literatur häufig diskutierten Urteil *Hoffmann-La Roche*[375] aus dem Jahr 1979 wurde hinsichtlich der Marktbeherrschung auf diesen Gesichtspunkt ausdrücklich verwiesen. Der EuGH formulierte es wie folgt:

> *„Ein Unternehmen, das während längerer Zeit einen besonders hohen Marktanteil innehat, befindet sich allein durch den Umfang seiner Produktion und seines Angebotes in einer Position der Stärke, die es zu einem nicht zu übergehenden Geschäftspartner macht und ihm bereits deswegen [...] die Unabhängigkeit des Verhaltens sichert, die für eine beherrschende Stellung kennzeichnend ist."*[376]

---

370 Kommission, Mitteilung – Erläuterungen zu den Prioritäten der Kommission bei der Anwendung von Artikel 82 des EG-Vertrags auf Fälle von Behinderungsmissbrauch durch marktbeherrschende Unternehmen, ABl. 2009, C 45/7.

371 Siehe *Fleischer*, S. 42.

372 Siehe *Fleischer*, S. 159 f.

373 So ausdrücklich *Kling, Michael/Fleischer, Romy Nicole*, Zur Leitidee des Wettbewerbsschutzes in den Kartellrechtsordnungen – eine rechtsvergleichende Analyse, in: Nihon University Comparative Law (Tokyo), Nr. 27, 2010, S. 137 (148); ebenso *Fleischer*, S. 138.

374 *Kling/Thomas*, Kartellrecht, § 5, Rn. 37, S. 199.

375 EuGH, Urteil v. 13.02.1979, Rs. 85/76, Slg. 1979, 461 (Tz. 41) – *Hoffmann-La Roche*; dazu *Wessely*, in: Frankfurter Kommentar zum Kartellrecht, Bd. III, Art. 82, B, Rn. 87.

376 EuGH, Urteil v. 13.02.1979, Rs 85/76, Slg. 1979, 461 (Tz. 41) – *Hoffmann La Roche*.

In diesem Zusammenhang findet sich ebenso häufig der Begriff der sog. „Zwangspartner“.[377] Beispielsweise hieß es in der *Michelin*-Entscheidung aus dem Jahr 2001 dahingehend wie folgt:

> *„Wenn ein Händler gezwungen ist, in seinem Sortiment ein Produkt zu führen, nach dem eine starke Nachfrage besteht [...], führt dies unweigerlich insofern zu einem Abhängigkeitsverhältnis, als der betreffende Lieferant zu einem Zwangspartner wird [...]“.*[378]

4. Wichtige Beurteilungskriterien

Die europäische Judikative prüft in aller Regel bei der Ermittlung einer marktbeherrschenden Stellung eines fraglichen Unternehmens im Sinne des Art. 102 AEUV zunächst den Marktanteil. Es handelt sich um ein besonders gewichtiges und zuverlässiges Indiz.[379] In der Praxis der europäischen Gerichte und der Kommission wird jenes Merkmal stets als erstes geprüft. Je höher der Marktanteil ist, desto stärker ist die Vermutung für das Vorliegen einer Marktbeherrschung. Gleichwohl gibt es dahingehend weder im europäischen Primär- noch im Sekundärrecht klare Schwellenwerte. Dennoch lassen sich solche aus der ständigen Rechtsprechung ableiten. Diese fungieren als eine Orientierungshilfe für die betroffenen Unternehmen und können als Ausgangpunkt für eine weitergehende Prüfung dienen.[380] Insofern gilt ein Marktanteil von ungefähr 90 % als sicheres Indiz dafür, dass das betroffene Unternehmen marktbeherrschend ist.[381] Das Vorliegen eines so hohen Marktanteils gilt für sich allein schon als Beweis.[382] Ein Schwellenwert zwischen 70 % bis 80 % stellt ebenfalls für sich genommen bereits ein klares Indiz für eine Marktmachstellung des betroffenen Unternehmens auf dem relevanten Markt dar.[383] Gleichwohl ist diese Feststellung unter Vorbehalt zu

---

377 Kommission, Entscheidung v. 02.06.2004, COMP/38.096, Rn. 224 und Rn. 300 – *Clearstream.*

378 Kommission, Entscheidung v. 20.06.2001, COMP/E-2/36.041/PO, ABl. 2002 L 143, Rn. 202 – *Michelin II.*

379 *Fleischer*, S. 80.

380 Dazu *Wessely*, in: Frankfurter Kommentar zum Kartellrecht, Bd. III, Art. 82 B, Rn. 108.

381 *De Bronett*, in: Wiedermann, Gerhard, Handbuch des Kartellrechts, 2. Auflage, München 2008, 6. Kapital § 22, Rn. 19, S. 906.

382 EuGH, Urteil v. 13.02.1979, Rs. 85/76, Slg. 1979, 461 (Tz. 56) – *Hoffmann-La Roche.*

383 EuGH, Urteil v. 16.03.2000, verb. Rss. C-395/96 P u.a, Slg. 2000, I-1365 (Tz. 119) – *Compagnie Maritime Belge.*

betrachten. Nach der einschlägigen Rechtsprechung kann „unter außergewöhnlichen Umständen“ selbst bei einem äußerst hohen Marktanteil eine Beherrscherstellung verneint werden.[384] Insofern entscheidend ist, ob der Marktzutritt noch möglich ist, da erst dieser Auskunft darüber gibt, ob der Markt tatsächlich abgeschottet ist und insofern eine kartellrechtliche Regulierung dringend erforderlich erscheint.[385] Bei deutlich über 40 % Marktanteil ist eine widerlegbare Vermutung anzunehmen.[386] Bei einem geringeren Schwellenwert zwischen 40 % bis 25 % müssen dagegen weitere Faktoren, vor allem die Unternehmensstruktur betreffende, wichtige Gründe vorliegen.[387] Darunter fällt beispielsweise der Abstand zu Wettbewerbern im Hinblick auf den Marktanteil.[388] Auch geistige Eigentumsrechte, wie etwa Urheber-, Patent- oder Markenrechte können als Indizien neben dem Marktanteil, aber nicht allein, zur Bestimmung einer marktbeherrschen Stellung dienlich sein.[389] Unter einem Wert von 25 % ist eine solche jedoch fernliegend und bei weniger als 10 % praktisch undenkbar.[390]

Es muss der fragliche, eine Beherrscherstellung begründende Marktanteil während einer längeren Zeit vorliegen, obgleich sich die Gemeinschafts- bzw. Unionsgerichte dahingehend auf konkrete Zahlenwerte nicht festlegen.[391] Hieraus lässt sich ableiten, dass eine Marktbeherrschung zumindest für eine gewisse Dauer vorliegen muss. Dagegen genügt eine zeitlich nur kurz existente Marktmachtposition nicht für die Begründung des Tatbestandes des Art. 102 AEUV.

II. Rechtsprechung: Die *British Airways*-Entscheidung

Die *British Airways*-Entscheidung[392] des EuG aus dem Jahr 2003 befasste sich unter anderem mit der Frage der marktbeherrschenden Stellung im Sinne des Art. 102 AEUV. Das Unternehmen *British Airways*, das zu jener Zeit die größte Fluggesellschaft im Vereinigten Königreich war, schloss mit verschiedenen

384 EuGH, Urteil v. 13.02.1979, Rs. 85/76, Slg. 1979, 461 (Tz. 56) – *Hoffmann-La Roche*.
385 *Fleischer*, S. 76 m. w. N.
386 So etwa *Kling/Thomas*, Kartellrecht, § 5, Rn. 45, S. 202.
387 Hierzu *Eilmansberger, Thomas,* in: Münchener Kommentar zum europäischen und deutschen Wettbewerbsrecht, Bd. 1, München 2007, Art. 82 EG, Rn. 106.
388 *Kling/Thomas*, Kartellrecht, § 5, Rn. 45, S. 203.
389 EuGH, Urteil v. 29.04.2004, Rs. C-418/01, Slg. 2004, I-5039 (Tz. 34) – *IMS Health*.
390 EuGH, Urteil v. 22.10.1986, Rs. 75/84, Slg. 1986, 3021 (Tz. 85) – *Metro II*.
391 EuGH, Urteil v. 13.02.1979, Rs. 85/76, Slg. 1979, 461 (Tz. 41) – *Hoffmann-La Roche*.
392 EuG, Urteil v. 17.12.2003, Rs. T 219/99, Slg. 2003, II 5917 – *British Airways*.

Reisevermittlern Vereinbarungen, nach denen diese einen Anspruch auf eine Basis-Standardprovision für die von ihnen getätigten Umsätze von Flugscheinen des *British Airways*-Unternehmens hatten.

1. Beherrschung des Angebots- oder Nachfragemarktes

Eine Besonderheit des *British Airways*-Falls bestand darin, dass das fragliche Unternehmen nicht auf dem Angebots-, sondern auf dem Nachfragemarkt marktbeherrschend war. Dieser Umstand hat indessen keine Auswirkung auf die Bewertung. Nach zutreffender Ansicht des EuG ist das Missbrauchsverbot

> *„[...] sowohl auf die Unternehmen anwendbar, deren möglicherweise beherrschende Stellung wie im vorliegenden Fall im Verhältnis zu ihren Lieferanten festgestellt wird, als auch auf die Unternehmen, die sich im Verhältnis zu ihren Kunden in einer solchen Position befinden können."*[393]

Demzufolge spielt es keine Rolle, ob das fragliche Unternehmen hinsichtlich der jeweiligen Dienstleistung oder Waren eine marktbeherrschende Stellung als Käufer oder Verkäufer (Lieferant) einnimmt, zumal der Wortlaut des Art. 102 AEUV dahingehend keine Unterscheidung trifft.

2. Stellungnahme

Die Rechtsprechung prüft die Marktbeherrschung oftmals aus der Sicht der Angebotsseite. Trotz alledem ist ebenso aus Sicht der Nachfrager eine Marktbeherrschung im Sinne des Art. 102 AEUV möglich,[394] wie der Fall *British Airways* beispielhaft zeigt. Bei der Bestimmung der marktbeherrschenden Stellung lassen sich die vom EuGH für die Angebotsseite entwickelten Kriterien „spiegelbildlich" auf die Nachfrageseite übertragen.[395] Ein Nachfrager gilt demnach als marktbeherrschend, wenn er sich im wesentlichen Umfang von seinen Lieferanten und Wettbewerbern unabhängig verhalten kann. Folglich ist vor allem maßgeblich, ob

---

393 EuG, Urteil v. 17.12.2003, Rs. T-219/99, Slg. 2003, II-5917 (Tz. 101) – *British Airways.*

394 Kommission, Leitlinien über die Anwendung der EG-Wettbewerbsregeln im Telekommunikationsbereich, ABl. 1991 Nr. C 233, Rn. 82; *Karenfort, Jörg/Koppenfels, Ulrich von/Siebert Stefan,* „Tariftreueregelungen" bei der Vergabe öffentlicher Aufträge – vereinbar mit deutschem Kartellrecht und Europarecht?, in: Betriebsberater, Heft 36, 1999, S. 1825 (1834).

395 *Bulst,* in: *Langen/Bunte*, Kommentar zum deutschen und europäischen Kartellrecht, Bd. 2, Teil D § 82, Rn. 72.

die Lieferanten des betreffenden Nachfragers hinreichende Ausweichmöglichkeiten haben.[396] Es kommt entscheidend darauf an, ob ein wirksamer Nachfragewettbewerb verhindert wird oder die dahingehende Möglichkeit besteht sowie ob der Nachfrager sich unabhängig verhalten kann.[397] Dies kommt vor allem in solchen Branchen in Betracht, in denen die Produktkomponenten vielfach von Zulieferunternehmen in hochspezialisierter Form für den Bedarf und nach Vorgabe eines bestimmten Abnehmers oder einer kleinen Gruppe von Abnehmern hergestellt werden. Dies ist etwa in der Automobilindustrie der Fall[398], in der die Abnehmer üblicherweise eine faktische Monopolstellung haben.[399]

III. Bedeutung öffentlicher Anbietermonopole

Der Nachfragemarkt kann insbesondere bei öffentlichen, natürlich entstandenen Anbietermonopolen, wie beispielsweise im Bereich der Bahn, Post, Telekommunikation, bei großen Handelsunternehmen gegenüber den Herstellern sowie großen Produzenten von Endprodukten gegenüber spezialisierten Zulieferern eine Rolle spielen.[400] Die öffentlichen Aufträge sind von den aus den Vergaberichtlinien herrührenden koordinierten Sperren gegenüber Anbietern unabhängig. Wenn solche Barrieren durch ein privates Unternehmen erfolgen, kann es als Missbrauch einer marktbeherrschenden Stellung eingestuft werden, weshalb auch für die öffentliche Hand nichts anderes gelten darf. Auf dieser Grundlage soll etwa die Bezahlung eines Mindesttarifs an Bauunternehmen bei einem öffentlich-baurechtlichen Auftrag nicht erlaubt sein.[401] Ein typisches Beispiel ist auch das Ausnutzen einer beherrschenden Käuferstellung im *Telekommunikationssektor*. Insofern können – abgesehen von

---

396 Dazu *Wessely*, in: Frankfurter Kommentar zum Kartellrecht, Lfg. 57, Bd. III, Art. 82, B. (Normadressaten Art. 82 EGV), Rn. 158, S. 76.

397 *Fuchs/Möschel,* in: Immenga/Mestmäcker, Wettbewerbsrecht, Bd. 1 EU/Teil 1, 5. Aufl, Art. 102 AEUV, Rn. 83, S. 597; *Schröter*, in: *Schröter/Jakob/Mederer*, Kommentar zum Europäischen Wettbewerbsrecht, Art. 82, Rn. 75.

398 Zur Nachfragemacht siehe *Kessen, Holger,* Nachfragemacht der Automobilindustrie, Frankfurt 1996.

399 *Fuchs/Möschel,* in: Immenga/Mestmäcker, Wettbewerbsrecht, Bd. 1, EU/Teil 1, Art. 102 AEUV, Rn. 72.

400 Fuchs/*Möschel,* in: Immenga/Mestmäcker, Wettbewerbsrecht, Bd. 1, EU/Teil 1, Art. 102 AEUV, Rn. 72.

401 *Fuchs/Möschel,* in: Immenga/Mestmäcker, Wettbewerbsrecht, Bd. 1, EU/Teil 1, Art. 102, Rn. 84.

den in den Richtlinien[402] enthaltenen Ausnahmen – ungewöhnlich günstige Preise oder sonstige Geschäftsbedingungen im Vergleich zu anderen Abnehmern und Anbietern zu einer Benachteiligung im Sinne des Art. 102 AEUV führen. Dabei kann die Übernahme einer Alleinvertretung für das gekaufte Produkt durch das Telekommunikationsunternehmen zu einer kartellrechtlich unzulässigen Ausweitung der wirtschaftlichen Machtstellung führen. Das Gleiche ist anzunehmen, wenn der Kauf von der Erteilung einer Lizenz des Lieferanten abhängig ist.[403]

IV. Kollektive Marktbeherrschung

Die Regelung in Art. 102 AEUV verbietet bereits nach ihrem Wortlaut die missbräuchliche Ausnutzung einer marktbeherrschenden Stellung durch ein oder *mehrere* Unternehmen. Dementsprechend ist auch die gemeinsame Marktbeherrschung vom Missbrauchstatbestand erfasst.

1. Definition

In der *Flachglas*-Entscheidung[404] des EuGH, in der der Gerichtshof eine kollektive Marktbeherrschung annahm, verwies er vor allem auf die wirtschaftliche Verknüpfung beider Unternehmen, was im Verhältnis zu anderen Marktakteuren eine beherrschende Stellung auf dem jeweiligen Markt begründet; diese sei anzunehmen, wenn:

> *„[...] zwei oder mehr unabhängige Unternehmen gemeinsam aufgrund einer Vereinbarung oder Lizenzvergabe über einen technologischen Vorsprung verfügten, der ihnen in spürbarem Maße die Möglichkeit zu unabhängigem Verhalten ihren Konkurrenten, Kunden und letztlich den Verbrauchern gegenüber gäbe.“*[405]

402 Richtlinie 90/531/EWG des Rates vom 17.09.1990 betreffend die Auftragsvergabe durch Auftraggeber im Bereich Wasser-, Energie- und Verkehrsversorgung sowie im Telekommunikationssektor, ABl. 1990 L 297/1-17, mit Anhängen 18–47 und einer Erklärung vom Rat und der Kommission auf S. 48; neugefasst durch die Koordinierungsrichtlinie 93/38/EWG des Rates vom 14.06.1993, ABl. 1993 L 199/84, geändert durch die Richtlinie 98/4/EG, ABl. 1998 L 101.

403 *Pape, Fabian*, in: Geppert, Martin (Hrsg.), Beck'scher TKG-Kommentar, Vor § 9, Rn. 115, führt dagegen an, dass eine Marktbeherrschung auf den Märkten der Telekommunikation kaum denkbar sei, in denen dies praktische Relevanz erlangen könnte.

404 EuGH, Urteil v. 10.03.1992, Rs. T-68, 77,78/79, Slg. 1992, II-1403 (Tz. 358) – *Società Italiana Vetro SpA*.

405 EuG, Urteil v. 25.03.1999, Rs. T-102/96, Slg. 1999, II-753 (Tz. 274) – *Gencor*.

2. Das Problem der Bestimmung in engen Oligopol-Märkten

Die Kommission und die Gemeinschaftsgerichte haben über die Jahre verschiedene Grundsätze zur Bestimmung einer kollektiven Marktbeherrschung entwickelt. Problematisch war hierbei die Frage, ob und unter welchen Bedingungen die Reaktionsverbundenheit mehrerer Unternehmen in engen Oligopol-Märkten als Basis einer gemeinsamen Marktbeherrschung gilt. Während die Kommission anfangs versuchte, das Vorliegen einer kollektiven Marktbeherrschung auf die Reaktionsverbundenheit im engen Oligopol zu stützen, stand die Rechtsprechung jenem Konzept eher zurückhaltend gegenüber und stellte strenge Anforderungen an den Nachweis. Dennoch hat sich inzwischen eine gemeinsame Linie durchgesetzt.[406] Danach ist eine oligopolistische Marktbeherrschung anzunehmen, wenn die voneinander unabhängigen Unternehmen wirtschaftlich eng miteinander verbunden und durch eine gemeinsame Politik am Markt gegenüber ihren Wettbewerbern und Verbrauchern unabhängig sind, mithin eine kollektive Einheit bilden.[407] Jedes einzelne Unternehmen, das zur kollektiven Einheit gehört, gilt sodann als (mit-) marktbeherrschend.[408] Die bloße Reaktionsverbundenheit reicht dagegen für die Annahme einer solchen kollektiven Einheit nicht aus,[409] sondern sie muss vielmehr im engen Oligopol einen erheblichen Umfang aufweisen.[410]

3. Analyse des Innen- und Außenverhältnisses

Die gemeinsame Marktbeherrschung ist sowohl aus dem Innenverhältnis als auch dem Außenverhältnis zu beleuchten. Im Innenverhältnis müssen sie nicht im Wettbewerb zueinander stehen. Dennoch ist das jeweils andere Unternehmen über die gemeinsamen Ziele zu unterrichten. Darüber hinaus muss ein Anreiz für eine stillschweigende dauerhafte Koordinierung vorliegen, was ebenso Disziplinierungsmaßnahmen bei unternehmerischen Alleingängen Einzelner, die vom

406 *Fuchs/Möschel*, in: Immenga/Mestmäcker, EU-Wettbewerbsrecht, Bd. 1, EU/Teil 1, Art. 102, Rn. 121.

407 EuGH, Urteil v. 16.03.2000, verb. Rs. C-395/96 P und C-396/96 P, Slg. 2000, I-1365 (LS 2) – Compagnie Maritime Belge; siehe auch *Klees, Andreas/Hauser, Sebastian Max, Oligopolistische Reaktionsverbundenheit im Anwendungsbereich des Art. 82 EG, in: EWS 2008, S. 7 (11).*

408 Dazu *Wessely*, in: Frankfurter Kommentar zum Kartellrecht, Bd. III, Art. 82, B, Rn. 156.

409 *Jungermann, Frank,* Kollektive Marktbeherrschung durch interdependentes Parallelverhalten und deren Missbrauch, Köln 2007, S. 134.

410 *Kling/Thomas*, Kartellrecht, § 5, Rn. 55, S. 209 m. w. N.

gemeinsamen Verhalten abweichen, umfasst. Dagegen muss es im Außenverhältnis an einem aktuellen bzw. potenziellen Wettbewerb sowie an einem ausgleichenden Nachfragemarkt fehlen. Es kommt auf die Möglichkeit an, sich gegenüber den übrigen Wettbewerbern und den Kunden unabhängig zu verhalten.[411] Es zeigt sich somit, dass die Rechtsprechung relativ hohe Anforderungen an die Bestimmung der kollektiven bzw. oligopolistischen Marktbeherrschung knüpft, was angesichts des nicht erforderlichen Nachweises eines tatsächlichen gemeinsamen Verhaltens[412] zu begrüßen ist.

4. Kollektive Marktbeherrschung mehrerer Nachfrager

Die für die Beurteilung einer kollektiven Marktbeherrschung durch mehrere Anbieter entwickelten Grundsätze gelten „spiegelbildlich" für die kollektiv beherrschende Stellung mehrerer Nachfrager. Eine solche Position können mehrere Unternehmen, die eine wirtschaftliche Einheit bilden, Mitglieder eines Einkaufskartells oder eine mit ähnlichen Funktionen ausgestattete Organisation sowie mehrere Unternehmen ohne gegenseitige vertragliche oder finanzielle Bindung einnehmen. Sie müssen sich im Rahmen eines engen Oligopols auf Dauer gegenüber ihren Lieferanten gleichförmig verhalten, mithin zu einer kollektiven Einheit zusammenzuwachsen.[413]

5. Verhältnis zum Kartellverbot und der Fusionskontrolle

Das Kartellverbot, die Missbrauchsregelung und die Fusionskontrolle verkörpern – wie bereits erläutert – die drei Säulen des europäischen Kartellrechts. Die in den Art. 101, 102 AEUV und den FKVOen geregelten Verbote erfassen jeweils die Kontrolle der kollektiven oder gemeinsamen Marktbeherrschung, weshalb eine nähere Untersuchung der etwaigen Unterschiede und Gemeinsamkeiten lohnt.

a. Unterschiede zum Kartellverbot

Sowohl die Regelung in Art 101 AEUV als auch die europäische Fusionskontrollverordnung sind auf Oligopole nur begrenzt anwendbar,[414] während der

---

411 EuG, Urteil v. 26.01.2005, Rs. T-193/02, Slg. 2005, II-209 – *Piau.*

412 *Kling/Thomas*, Kartellrecht, § 5, Rn. 58, S. 210.

413 *Schröter*, in: von der Groeben/Schwarze, Kommentar EUV/EGV Art. 82 EGV, Rn. 86.

414 Mehr siehe *Jungermann, Frank*, Kollektive Marktbeherrschung durch interdependentes Parallelverhalten und deren Missbrauch, Köln 2007, S. 30 ff.

Marktmachtmissbrauch durch mehrere Unternehmen im Sinne des Art. 102 AEUV ausdrücklich geregelt ist. Durch Verhaltensweisen im Sinne des Art. 101 Abs. 1 AEUV kann zwar eine kollektive Marktmacht vorliegen. Jedoch kann der bloße Umstand, dass zwei oder mehrere Unternehmen durch eine Vereinbarung, einen Beschluss von Unternehmensvereinigungen oder eine abgestimmte Verhaltensweise miteinander verbunden sind, für sich genommen noch keine ausreichende Grundlage für das Vorliegen einer kollektiven Einheit sein. Allein die Existenz einer Vereinbarung oder anderer rechtlicher Bindungen ist für die Feststellung einer gemeinsamen marktbeherrschenden Stellung nicht unerlässlich.[415] Vielmehr kann sich diese auch auf andere verbindliche Faktoren stützen. Bei einer oligopolistischen Marktbeherrschung nimmt jeder die gemeinsamen Interessen wahr und kann insbesondere die Preise erhöhen, ohne zuvor zwingend eine Vereinbarung im Sinne des Art. 101 AEUV zu treffen oder auf eine abgestimmte Verhaltensweise zurückgreifen zu müssen.[416] Hinsichtlich der Beziehung zwischen Art. 101 und Art. 102 AEUV ist weiterhin entscheidend, dass ein vom Kartellverbot freigestelltes Verhalten dennoch als Marktmachtmissbrauch verboten sein kann. So fielen beispielsweise in der Entscheidung *Compagnie Maritime Belge* Linienkonferenzen der Seeschifffahrt nach der GVO Nr. 4056/ 86 unter die Legalausnahme des Kartellverbots, während die Anwendung des Art. 102 AEUV dadurch nicht ausgeschlossen war[417] und der EuGH hinsichtlich der Linienkonferenzen eine gemeinsame Marktbeherrschung annahm.

b. Abweichungen zur Fusionskontrollregelung

Im Hinblick auf die in der Rechtsprechung etablierte Definition zur kollektiven Marktbeherrschung bei Art. 102 AEUV, die Ähnlichkeiten zur Begriffsbestimmung bei der FKVO aufweist,[418] ist ein Verweis auf die Fusionskontrolle auch nicht selten. Insofern scheint es, dass die Gerichte von einer vollständigen Kongruenz der Voraussetzungen zur gemeinsamen Marktbeherrschung beider Normbereiche ausgehen.[419] Gleichwohl unterscheiden sich die Regelung in Art. 102 AEUV und

---

415 EuGH, Urteil v. 16.03.2000, Rs. C-395, 396/96, Slg. 2000, I-1365 (Tz. 43) – *Compagnie Maritime Belge.*

416 EuG, Urteil v. 25.03.1999, Rs. T-102/96, Slg. 1999, II-753 (Tz. 277) – *Gencor.*

417 EuGH, Urteil v. 16.03.2000, Rs. C-395, 396/96, Slg. 2000, I-1365 (Tz. 136) – *Compagnie Maritime Belge.*

418 *Bergmann/Lübbig*, in: Loewenheim/Meessen/Riesenkampff, Kommentar zum Kartellrecht, Europäisches Recht, Teil 6, 2. Auflage 2009, Art. 82, Rn. 122.

419 *Fuchs/Möschel*, in: Immenga/Mestmäcker, EU-Wettbewerbsrecht, Bd. 1, EU/Teil 1, Art. 102, Rn. 124.

die FKVO in ihrem Regelungszweck, weshalb eine Differenzierung bei der Beurteilung der kollektiven Marktbeherrschung erforderlich ist. Das Missbrauchsverbot betrifft ein vergangenes Verhalten, während die Fusionskontrolle zukünftige Marktstrukturen erfasst. Dementsprechend erfasst die gemeinsame Marktbeherrschung im Sinne des Art. 102 AEUV ein bereits verwirklichtes missbräuchliches Verhalten. Dagegen bezieht sich die Regelung zur Fusionskontrolle zwecks Abwehr wettbewerbswidriger Aktivitäten auf die Möglichkeit der Verhinderung dergleichen. Demnach sind an die Missbrauchskontrollregelung höhere Anforderungen hinsichtlich der Bestimmung der gemeinsamen Marktbeherrschung zu stellen als bei der Prüfung der Fusionskontrolle.[420]

B. Marktbeherrschung im Bereich der Missbrauchskontrolle Chinas

Nach dem Antimonopolrecht Chinas setzt das Missbrauchsverbot die Feststellung einer marktbeherrschenden Stellung voraus. Dabei handelt es sich um eine der schwierigsten Aufgaben bei der Anwendung der chinesischen Missbrauchskontrolle.[421] Diese ist nicht als formaler Begriff zu begreifen, da es insofern – ähnlich der US-Rechtslage – vielmehr auf die tatsächliche Wirkung auf dem Markt ankommt.[422] Lässt sich demnach das fragliche Unternehmen *nicht* als marktbeherrschend einstufen, ist auch dessen Verhalten kartellrechtlich unproblematisch, soweit es *einseitige* Marktpraktiken betrifft. Darin zeigt sich eine weitere Gemeinsamkeit zur Rechtslage auf EU-Ebene.

I. Gründe und Grenzen der Monopole in China

Die Marktbeherrschung ist ein zentraler Begriff der chinesischen Missbrauchskontrollregelung. Grundsätzlich dominiert jedoch die generelle Vorstellung, dass Monopole und wirtschaftliche Konzentrationen nicht stets schädlich, sondern vielmehr auch positiv sein können.[423]

---

420 Vgl. *Eilmansberger*, in: MünchKomm, EU-Wettbewerbsrecht, Bd. 1, Art. 82, Rn. 92, S. 1120.

421 *Bu*, Einführung in das Recht Chinas, § 23, Rn. 18, S. 247.

422 *Masseli*, in: ZChinR 2007, S. 259 (266).

423 Siehe *Au, Hans*, Das Wettbewerbsrecht der Volksrepublik China. – Wirtschaftspolitische Ziele und Gesetzesvollzug, Diss. Hamburg, 2004, S. 20.

1. Natürliche Monopole

Einige Branchen weisen diverse, für sie typische Eigenheiten auf, wie beispielsweise eine Finalität und den Alleinbesitz einer bestimmten Ressource, der unverhältnismäßige Aufwand bei der Produktion und beim Transport, hohe Investitionskosten und andauernde Investitionen; in diesen Fällen handelt es sich häufig um ein Monopol.[424] Nach der traditionellen Aufteilung fallen darunter in China die meisten öffentlichen Unternehmen, vor allem in den sog. Schlüsselindustrien, wie etwa dem Strom-, Gas-, Wasserversorgungs-, Post-, Telekommunikations- oder Schienenverkehrssektor.[425] Die chinesische Regierung subventioniert sehr häufig jene „angestammten" Versorgungsbereiche. Sie sind die „Lebensadern der Volkswirtschaft"[426]. Es handelt sich dabei um natürliche Monopole.[427] In westlichen Ländern (wie z. B. Deutschland) haben sich natürlich entstandene Monopole aber unter anderem aufgrund des Fortschritts in der Wissenschaft, Technologie und angesichts der rasanten Globalisierung stark verringert. Private Kapitalanleger sind nunmehr in der Lage, in viele Branchen, die einst ausschließlich durch natürliche Monopole gekennzeichnet waren, einzutreten. Es fand insoweit eine allmähliche Liberalisierung vieler einst durch natürliche Monopole geprägte Industriebereiche in den letzten beiden Jahrzehnten statt, so dass auch das Wettbewerbsprinzip schrittweise aufblühen konnte.

2. Schutz „wichtiger" Monopole durch den Staat

In westlichen Industrienationen existieren Monopole trotz eines bereits seit Jahrzehnten florierenden Wettbewerbs und des Prinzips einer freien, sozialen Marktwirtschaft, während in China Monopole im Grundsatz das Ergebnis der einstigen Planwirtschaft sind. Die sich herausgebildeten Monopolbranchen sind die Folge einer nur sehr geringen Liberalisierung der jeweiligen Industriesektoren.[428] Dabei kann es sich zwar um einst natürlich entstandene Monopole handeln, diese werden jedoch heute eher künstlich aufrechterhalten.

---

424 Eingehend zum chinesischen Begriff des Monopols und seiner Bedeutung im AMG, siehe *Masseli*, Handbuch chinesische Fusionskontrolle, S. 9 ff.

425 *Wang*, in: RIW 2008, S. 417 (427).

426 国民经济大动脉.

427 *Shang, Ming*, Missbrauchskontrolle einer marktbeherrschenden Stellung im Antimonopolgesetz, Beijing 2007, S. 102.

428 *Wang, Xueqing*, Schwerpunkt und Gegenmaßnahme der Preismonopole, in: China Preis, Nr. 2, 2013, S. 18.

a. Monopole in Schlüsselindustrien

Zur Sicherstellung der Funktion sozialistischer Nationen sind staatlich organisierte Wirtschaftsbereiche – zumindest aus chinesischer Sicht – in Bezug auf die nationale Wirtschaft und Sicherheit unerlässlich.[429] Es handelt sich um Wirtschaftszweige mit Staatsinteresse,[430] die das AMG besonders schützt. Das Regelungswerk bestätigt explizit die Existenz staatlicher Monopolunternehmen, wie § 7 AMG deutlich zeigt. Diese gelten als legitim, sofern sie sich rechtskonform verhalten. Dies privilegiert Staatsunternehmen in Schlüsselindustrien[431], die die Lebensadern der nationalen Wirtschaft und staatlichen Sicherheit garantieren. Darunter fallen beispielsweise auch Lizenzunternehmen. Deren Preis- und generelles Marktverhalten steuert und kontrolliert der Staat, um dadurch den Verbraucherinteressen besser Rechnung zu tragen und den technologischen Fortschritt zu fördern. Im Jahr 2008 besaßen Staatsunternehmen ca. 83 % der Betriebe in den Branchen Erdöl, Petrochemie, Kriegsindustrie, Kommunikation, Verkehr, Bergbau, Maschinenbau und sämtlicher Erdgase. In anderen Sektoren waren sie ebenso stark vertreten, wie etwa mit 55 % in der Stromerzeugung, 82 % in der zivilen Luftfahrt, 89 % im Wassertransport, 48 % bei der Autoproduktion, 60 % bei Stahl mit einem hohem Wertzusatz, 70% bei Wasserkraftanlagen und 75 % bei der Feuerkraft.[432] Dabei übt der Staat bis heute auf den Märkten für die Kriegsindustrie die absolute Kontrolle aus. Die in jenen Industriesektoren existenten staatlichen Monopole bedürfen indessen einer gesetzlichen Legitimation. In Anlehnung an das politische System in China etabliert der Staat bewusst und gewollt Barrieren, inklusive exekutiver Befugnisse, für die genannten Industriebranchen, so dass in den für den Staat besonders wichtigen Industrien ausschließlich staatliche Unternehmen tätig sein können. Wegen des sehr geringen Wettbewerbs in den wichtigen Branchen der nationalen Wirtschaft und in Schlüsselbereichen, an dem private Unternehmen nicht teilnehmen dürfen, kommt den Staatsunternehmen ein erheblicher Marktanteil zu; sie missbrauchen aber unter Umständen auch ihre staatlich begünstigte

429 Der „Ausschuss über das Staatsvermögen“ erließ im Jahr 2006 eine Richtlinie zur Regulierung des staatlichen Vermögens und der Umstrukturierung staatlicher Unternehmen, nach der sich das Staatsvermögen weiter auf Branchen der nationalen Wirtschaft und Sicherheit konzentrieren, die Steuerkraft der staatlichen Wirtschaft verstärken und generell eine große Rolle in der Wirtschaft spielen solle.

430 Siehe § 7 AMG.

431 *Masseli*, in: ZChinR 2007, S. 259 (260).

432 Siehe *Li, Rongrong*, Großartiges Projekt und wertvolle Erfahrung, in: Qiushi, Nr. 16, 2008, S. 29.

marktbeherrschende Stellung,[433] so dass das AMG wegen des nicht rechtskonformen Verhaltens zur Anwendung gelangen kann.

b. Tendenz zur Liberalisierung in vereinzelten Branchen

Gleichwohl ist – in Anlehnung an die Erfahrungen in westlichen Industrienationen – ebenfalls eine schrittweise Liberalisierung aufgrund wirtschaftlicher und technischer Entwicklungen erfolgt.[434] Beispielsweise wurde Ende der 1990er Jahren der Wettbewerb in einigen traditionellen staatlichen Industriebereichen eingeführt, insbesondere in der Telekommunikations-, Flugfahrt- und Stromindustrie, die insofern sukzessiv liberalisiert wurde. Neben der Abspaltung der Unternehmen von der Regierung erfolgte außerdem eine Teilung derselben, so dass sie miteinander konkurrieren konnten. Die Reform in jener Branche erwies sich somit als erfolgreich.[435]

c. Staatliche Reformbestrebungen

Ein weiterer wichtiger Schritt erfolgte seitens der Regierung Chinas im Jahr 2002; diese deklarierte im Rahmen der Sechzehnten Konferenz der Kommunistischen Partei Chinas, dass die Reformen im Bereich der Monopolbranchen und das Wettbewerbssystem zu vertiefen seien.[436] Im Jahr 2003 erlies die Regierung sodann eine „Entscheidung zur Verbesserung der sozialistischen Marktwirtschaft“[437], nach deren Art. 9 die Reform der Monopolbranchen weiter anzukurbeln und zu verbessern, die Märkte weiter zu öffnen und der Wettbewerb einzuführen sei. Wirtschaftsreformen des Staates, die unter anderem den weiteren Abbau von Monopolen und eine damit einhergehende Förderung des Marktwettbewerbs beinhalten, kündigte das Zentralkomitee – nach nicht unerheblichen Widerstand politischer Interessengruppen –Mitte November 2013 an; diese sollen bis 2020

433 *Peng, Zhenyu,* Studien zur Kontrolle des Missbrauchs einer marktbeherrschenden Stellung staatlicher Unternehmen, Masterarbeit Beijing 2012, S. 15.

434 *Wolf, Dieter,* Die Erfahrung des deutschen Gesetzes gegen Wettbewerbsbeschränkung, in: Wang, Xiaoye (Hrsg.), Antimonopolgesetz und Marktwirtschaft, Beijing 1998, S. 260.

435 *Qi, Yudong/Fan, Hejun,* Hauptrichtung der Reform in der Monopolbranche – wettbewerbliche Umgestaltung, in: Academic Monthly, Nr. 9, 2011, S. 65.

436 Original: 2002 年，党的十六大在讲到深化国企改革时，提出“推进垄断行业改革，积极引入竞争机制.

437 Original: 2003 年，党的十六届三中全会关于完善社会主义市场经济体制若干问题的决定进一步对垄断行业改革专门写了一条 （第9条），说：“加快推进和完善垄断行业改革。对垄断行业要放宽市场准入，引入竞争机制.

umgesetzt werden.[438] Es ist in China häufig zu beobachten, dass politische Änderungen umfangreiche, zukunftsweisende, die Wirtschaft ankurbelnde Programme zur Folge haben; nichtsdestotrotz bleibt aber abzuwarten, inwieweit eine effektive Umsetzung dieser Programme tatsächlich erfolgen kann und wird.

3. Marktkonzentrationen internationaler Konzerne in China

Seit der „Reform und Öffnung" des Landes vor über 30 Jahren bemüht sich China stetig, ausländische Investoren anzuziehen. Um diese in der Volksrepublik zu stationieren, praktiziert die Regierung eine Politik zu deren Gunsten.

a. Staatliche Förderung und deren Schranken

Als Grund für die teilweise Begünstigung ausländischer Investoren werden unterschiedliche wirtschaftliche und gesellschaftspolitische Motive genannt; so fördere deren Anwesenheit im Inland ein modernes Management, die Schaffung neuer Arbeitsstellen und verbessere zudem die industrielle Struktur Chinas.[439] Gleichwohl gehen damit auch diverse Probleme einher. Beispielsweise ist nicht ausgeschlossen, dass multinationale Unternehmen angesichts ihrer fortgeschrittenen Unternehmensführung, der reichlichen Erfahrung und hohen Finanzkraft rasch eine marktbeherrschende Stellung in bestimmten Branchen auf den chinesischen Märkten einnehmen, vor allem auf solchen Märkten, die noch in der Entwicklung begriffen sind. Um diesem Problem effektiv entgegen zu wirken, etablierte die chinesische Regierung aber bereits verschiedene innen- und außenpolitische Regeln, die an den Marktzugang bestimmte Anforderungen stellen. Darunter fallen etwa Steuererhebungen für international tätige Konzerne. Trotz alledem erfahren sie weiterhin eine besondere, gewissermaßen „supranationale Behandlung", was im Ergebnis dazu führt, dass sie ihre marktbeherrschende Stellung mitunter weiter ausbauen und unter Umständen sodann auch missbrauchen, was den Wettbewerb auf den chinesischen Märkten beeinträchtigt[440] und damit der Volkswirtschaft Chinas schadet.

---

438 Dazu *Geinitz, Christian,* China macht ernst mit seinen Reformen, Frankfurter Allgemeine Zeitung, 17.11.2013, abrufbar unter: www.faz.net/aktuell/wirtschaft/wirtschaftspolitik/beschluesse-china-macht-ernst-mit-seinen-wirtschaftsreformen-12666701.html (Stand: 20.11.2013).

439 *Wu, Houyong,* Über den Status multinationaler Investitionen in China und die Auswirkungen, in: Recht und Gesellschaft, Nr. 7, 2007, S. 294.

440 Vgl. *Zhao, Shuwen,* Analyse des monopolistischen Verhaltens multinationaler Unternehmen und kartellrechtlicher Kontrolle, in: Politik und Recht, Nr. 1, 2007,

b. Weigerung der Lizenzvergabe an chinesische Unternehmen

Problematisch ist vor allem, dass multinationale Unternehmen die Vergabe von Lizenzen an chinesische Marktakteure verweigern. Es handelt sich dabei um eine Hauptform der in China praktizierten Missbrauchsformen. Die internationalen Konzerne beantragen zeitlich *vor* chinesischen Mitbewerbern eine große Anzahl von Patenten in hoch technologisierten Industriesektoren. So gab es beispielsweise zwischen den Jahren 1985 und 2006 ca. 112.400 chinesische Patente, während ca. 184.000 ausländische Patente auf dem Markt vertreten waren; chinesische Patente machten somit nur ca. 40 % aus. Die „Global Player", die die überwiegenden Patente besitzen, verweigern oftmals chinesischen Konkurrenten die Erteilung einer Lizenz. Das Ziel dieser wettbewerbsbehindernden Unternehmensstrategie besteht in der Regel darin, sich „den ersten Platz" für innovative Produkte und Technologien langfristig zu sichern. Sie garantieren sich damit die neueste Technik in bestimmten Industrien und bauen zugleich technische Barrieren für den Markteintritt auf.[441] Sie halten ihre marktbeherrschende Stellung zudem dadurch aufrecht, dass sie hohe Anforderungen für die Lizenzvergabe aufstellen, die für die Konkurrenz kaum zu bewältigen sind, um so eine Lizenzvergabeverweigerung zu rechtfertigen. Jene Anforderungen sind oft sehr komplex, sodass chinesische Unternehmen nur wenige, insbesondere allein die technischen Anforderungen, umsetzen können. Die Problematik zeigte sich etwa in der Rechtssache *Huawei* gegen *Cisco* aus dem Jahr 2003, in der mehrere chinesische Hersteller von Telekommunikationsgeräten in den USA gegen vier Patentinhaberverbände, die eine Lizensierung geistigen Eigentums verweigerten, wegen des Missbrauchs einer marktbeherrschenden Stellung klagten.[442]

S. 22; *Handelsministerium*, Bericht der Kartellabteilung, wettbewerbsbeschränkendes Verhalten multinationaler Unternehmen und Gegenmaßnahmen in Industrie- und Handelsverwaltung, in: Faires Handelsamt der staatlichen Industrie- und Geschäftsbehörde, Heft 5, 2004, S. 42; *Wang, Xianlin,* Rechtliche Kontrolle gegen wettbewerbsbeschränkendes Verhalten multinationaler Unternehmen mit marktbeherrschender Stellung, Exekutive Verwaltung der Industrie und Geschäft, Nr. 23, 2003, S. 15.

441 *Yang, Deming,* Zum Missbrauch des Patentrechts multinationaler Unternehmen und antimonopole Regulierung, in: You, Quanrong (Hrsg.), Rechtsvergleich des Antimonopolgesetzes, Beijing 2006, S. 333.

442 *Zhao,* in: Politik und Recht, Heft 1, 2007, S. 22; *Wang, Xianlin,* Antimonopoly Law Analysis on Dispute of Intellectual Property Rights between Cisco Co. and Huawei Co., in: Journal of Central South University, vol. 9, Nr. 4, 2003, S. 461.

c. Verdrängungsstrategie multinationaler Unternehmen

Multinationale Unternehmen wenden aufgrund ihrer hohen Finanzstärke und der marktbeherrschenden Stellung vor allem Kampfpreisstrategien an, um junge chinesische Unternehmen vom Markt zu verdrängen oder deren Eintritt gänzlich zu vereiteln, was die Entwicklung der chinesischen Wirtschaft in dem jeweiligen Industriebereich behindert. Beispielsweise brachte das US-amerikanische Unternehmen *Microsoft* kurz vor Bekanntmachung des chinesischen Programms *WPS 97* ihr eigene *Word 97*-Version zu einem geringeren Preis auf den chinesischen Markt, um die Etablierung der chinesischen Software zu verhindern.[443] Multinationale Unternehmen, die in der Regel Niederlassungen in verschiedenen Ländern haben, setzen zur Erlangung hoher Gewinne eine unterschiedliche Preispolitik durch. Teilweise verkaufen sie ihre Produkte oder Leistungen in China teurer als in anderen Ländern. Beispielsweise kostet *Windows 98* in China RMB 1980 Yuan (ca. 240 Euro), während es in den USA RMB 800 Yuan (ca. 97 Euro), in Japan RMB 600 – 1200 Yuan (ca. 73 bis 145 Euro) kostet; ferner war die Probeversion *Office 2000* im „Reich der Mitte“ mit RMB 200 Yuan (ca. 24 Euro) kostenpflichtig, während es in den USA sowie in Japan kostenlos zu Verfügung gestellt wurde.[444] Ferner ist oft auch die Strategie der Koppelung bestimmter Produkte problematisch. So koppelte etwa die japanische Firma *Sony* als eine der ersten ausländischen Unternehmen auf dem chinesischen Markt, die 2003 in China einen Marktanteil von 50 % für Digitalkameras hatte, ihre Kameras an firmeneigene Lithium-Akkus.[445]

4. Marktkonzentrationen infolge Wettbewerbs

Wirtschaftliche Konzentrationen sind oftmals ein „Nebenprodukt“ offener Märkte. Mit der zunehmenden „Reform und Öffnung“ erfolgte in China vermehrt eine Konzentration von Unternehmen. Durch die Möglichkeit des Wettbewerbs können diese mittels technischer Innovationen, Patent- und Urheberrechten,

---

443 *Handelsministerium*, Wettbewerbsbeschränkungserscheinung der multinationalen Konzerne und ihre Gegenmaßnahmen Industrie- und Handelsverwaltung, Nr. 5, 2004, S. 42.

444 Siehe *Zhao*, in: Politik und Recht, Heft 1, 2007, S. 22; ebenso *Li, Zhichun*, Rechtliche Regulierung des Marktmachtmissbrauchs multinationaler Konzerne in China, in: Amtsblatt der Universität Hunan für Finanzen und Wirtschaft, Nr. 4, 2006, S. 19.

445 Siehe *Liao, Xiaoli*, Die Feststellung und Rechtsanwendung der marktbeherrschenden Stellung der multinationalen Unternehmen in China. – Rechtliche Überlegung zum Fall Xiande v. Sony, Masterarbeit Chengdu 2005, S. 34, 37.

Know-how und einer erfolgreichen Unternehmensführung eine Vorzugsstellung auf dem Markt erlangen,[446] mithin im Wege eines grundsätzlich erlaubten Leistungswettbewerbs. Kaum in Abrede zu stellen ist daher, dass durch die Schaffung von Wettbewerb die Chance zur Expansion und Marktbeherrschung ermöglicht wird. Dies betrifft sowohl Staatsbetriebe als auch Unternehmen mit Auslandskapital und private Firmen. In einigen Branchen, wie etwa der chinesischen Automobilbranche, ist dies in Kombination mit staatlichen Förderungsmaßnahmen erfolgt. Während beispielsweise im Jahr 1991 noch 2531 Autoproduzenten auf dem chinesischen Markt agierten, waren es zehn Jahre später nur noch 130 Hersteller.[447]

Es gibt neuerdings aber auch eine gegenteilige Entwicklung. So teilten sich bis zum Jahr 2001 die drei führenden Hersteller von Fernsehgeräten über 65 % des Markts. In den letzten Jahren erlangten aber in der Elektronikbranche auch viele Unternehmen aus dem Ausland einen hohen Marktanteil in China.

5. Regionale Unterschiede

Die Existenz marktbeherrschender Akteure auf den chinesischen Märkten ist durch eine Vielzahl von Einflüssen geprägt. Es fällt auf, dass China insgesamt zwar im Vergleich zu den USA, Europa oder Japan über einen relativ niedrigen Konzentrationsgrad an Unternehmen verfügt. Dieser betrug in den 1960er Jahren ca. 40 %, während er im Jahr 1995 nur noch bei 24 % lag. Derzeit zeigt sich aber wegen teilweiser Reformblockierungen und der nicht zu verschleiernden Ungleichheit der wirtschaftlichen Lage in den verschiedenen Provinzen Chinas auch eine Marktmachtkonzentration auf den Regionalmärkten.[448]

II. Bestimmung einer marktbeherrschenden Stellung

Im Unterschied zur Kartellrechtslage auf EU-Ebene liefert der chinesische Gesetzgeber – ähnlich der deutschen Legislative in § 18 GWB – in § 17 Abs. 2 eine Definition des Merkmals einer marktbeherrschenden Stellung[449] bei der Prüfung

446 *Wang*, in: RIW 2008, S. 417 (425 f.).

447 *Au, Hans*, Das Wettbewerbsrecht der Volksrepublik China. – Wirtschaftspolitische Ziele und Gesetzesvollzug, Diss. Hamburg, 2004, S. 20.

448 *Shang, Ming*, Missbrauchskontrolle einer marktbeherrschenden Stellung im Antimonopolgesetz, Beijing, 2007, S. 146.

449 *Masseli*, in: ZChinR 2007, S. 259 (265).

eines Marktmachtmissbrauchs. Die Formulierung zur Marktbeherrschung reflektiert dabei das Verhältnis eines Unternehmens zum Marktwettbewerb.[450] Insofern beschreibt die Regelung in 17 Abs. 2 AMG den Beurteilungsmaßstab, während sich aus § 18 AMG die konkreten Kriterien ergeben und in § 19 AMG in Bezug auf den Marktanteil eine Vermutungsregel verankert ist; diese legitimiert die Antimonopolvollzugsbehörden zur Vornahme einer Vermutung im Hinblick auf die Beherrscherstellung.[451]

1. Definition nach § 17 Abs. 2 AMG

Für den Gesetzgeber erwies es sich als sehr schwierig, eine genaue Definition zum Element der marktbeherrschenden Stellung zu finden.[452] Das Antimonopolrecht erfasst das Tatbestandsmerkmal daher nun nach Maßgabe des § 17 Abs. 2 AMG in abstrakt-genereller Weise. Es handelt sich um die Fähigkeit eines oder mehrerer Unternehmen, die einheitlich auftreten, den Produktpreis, die Produktionsmenge oder andere Handelsbedingungen zu kontrollieren oder anderen Akteuren am Markt den Zugang zu beschränken oder zu beeinflussen. Mit anderen Worten: Marktbeherrschend ist ein Unternehmen im Lichte des AMG dann, wenn es durch sein Verhalten den Wettbewerb beschränkt, die Preise bestimmt oder Betriebsstrategien durchführt, ohne dabei die Konkurrenz berücksichtigen zu müssen.[453] Der Gesetzgeber versucht sodann durch eine generelle, nicht abschließende Aufzählung von Beispielen die Anwendung der Regelung zu vereinfachen. Dennoch ist die Vorschrift allein offenbar nicht ausreichend, da sie insgesamt zu allgemein formuliert ist. Daher erließ das Nationale Entwicklungs- und Reformkomitee im Dezember 2010 ergänzende Bestimmungen, die sich gegen Preismonopole richten,[454] um den Begriff der marktbeherrschenden Stellung zu konkretisieren. Danach werden beispielsweise die weiteren Handlungsbedingungen präzisiert. Es handelt sich neben dem Preis und der Menge um solche Faktoren, welche die Verhaltensweisen auf dem Markt beeinflussen können, einschließlich der Warenklasse, Nachdienste, Lieferungen, Handelsoptionen, Zahlungsbedingungen

450 *Wang*, in: RIW 2008, S. 417 (426).

451 *Wang, Lei*, Vorzüge des chinesischen Kartellrechts. – Herausforderungen und Gegenmaßnahmen, in: Studie über die chinesischen Geschäfte, Nr. 4, 2008, S. 19.

452 *Bu*, Einführung in das Recht Chinas, § 23, Rn. 18, S. 247.

453 *Wang, Xiaoye*, Missbrauch der marktbeherrschenden Unternehmen. – Erläuterung des AMG III, Wirtschaft China, Nr. 1, 2008, S. 27.

454 Es handelt sich um die Richtlinie gegen Preiskartelle, die am 29.12.2010 veröffentlicht wurde.

und die technischen Einschränkungen.[455] Daneben findet sich eine Definition zur Beschränkung oder Beeinflussung des Zugangs des relevanten Marktes im Sinne des § 17 AMG.[456] Eine Zugangsbeschränkung ist dementsprechend anzunehmen, wenn der Eintritt anderer Wettbewerber ausgeschlossen oder verzögert wird oder für den Zugang unverhältnismäßig hohe Kosten verlangt werden, was ein effektives Marktverhalten anderer Mitbewerber vereitelt oder behindert. Darüber hinaus hatte ebenso das SAIC ergänzende Regelungen ausgearbeitet, die sich in der Ende 2010 publizierten Verordnung zum Missbrauch einer marktbeherrschenden Stellung finden[457] und die die gleichen Begriffe und Kriterien zur Bestimmung von Marktmacht wie das AMG und die Richtlinie gegen Preiskartelle enthält.[458] Entscheidend ist danach, ob die Unternehmen von der Marktgegenseite unabhängig sind und ob das Verhalten des in Frage stehenden Unternehmens wesentliche Auswirkungen auf die Wettbewerber und deren Teilnahme am Marktwettbewerb hat. Hierin zeigt sich erneut eine weitere Gemeinsamkeit mit der Rechtslage auf EU-Ebene.

2. Beurteilungskriterien nach § 18 AMG

Um eine marktbeherrschende Stellung im konkreten Einzelfall zu ermitteln, sind verschiedene Kriterien zu würdigen, die der chinesische Gesetzgeber beispielhaft in § 18 AMG aufzählt.[459] Diese nicht abschließenden Aspekte sind stets einer Gesamtbetrachtung zu unterziehen. Erfasst sind insbesondere (1) der Marktanteil[460] und die Wettbewerbssituation auf dem relevanten Markt[461], (2) die Fähigkeit, den Absatz- und Rohstoffmarkt zu kontrollieren,[462] (3) die Finanzkraft und technische Bedingungen des in Frage stehenden Unternehmens[463], (4) der Grad der Abhängigkeit der Konkurrenz gegenüber dem fraglichen Unternehmen[464] sowie (5) der

455 Siehe Art. 17 Abs. 2 der Richtlinie gegen Preiskartelle.
456 Siehe Art. 17 Abs. 3 der Richtlinie gegen Preiskartelle.
457 Die Verordnung zum Missbrauch einer marktbeherrschenden Stellung im System wurde am 31.12.2010 veröffentlicht.
458 Siehe Art. 3 der Verordnung zum Missbrauch einer marktbeherrschenden Stellung.
459 *Masseli*, in: ZChinR 2007, S. 259 (266).
460 Siehe § 18 Nr. 1 AMG.
461 *Bu*, Einführung in das Recht Chinas, § 23, Rn. 18 f, S. 247 f.
462 Siehe § 18 Nr. 2 AMG.
463 Siehe § 18 Nr. 3 AMG.
464 Siehe § 18 Nr. 4 AMG.

Schwierigkeitsgrad des Markteintritts durch potenzielle Newcomer.[465] Zudem können weitere Aspekte zu prüfen sein, soweit sie im Einzelfall im Zusammenhang mit der marktbeherrschenden Position stehen.[466] Das Antimonopolrecht regelt somit umfangreich die maßgeblichen Indikatoren zur Bestimmung einer marktbeherrschenden Stellung. Eine weitere Konkretisierung findet sich sodann in der Verordnung zum Missbrauch einer marktbeherrschenden Stellung.[467]

a. Bedeutung des Marktanteils und der Wettbewerbssituation

aa. Umfang des Marktanteils

Der erforderlich Umfang des in § 18 AMG genannten Marktanteils sowie die Wettbewerbssituation auf dem relevanten Markt ist zunächst näher zu definieren, um als taugliches Kriterium für die Prüfung der Marktbeherrscherstellung fungieren zu können. Dabei bildet der Marktanteil das wichtigste Kriterium, dem eine indizielle Wirkung zukommt.[468] Aus der Verordnung zum Missbrauch einer marktbeherrschenden Stellung folgt, dass sich der Marktanteilswert des fraglichen Unternehmens auf den Anteil seiner Absatzsumme und die Gesamtumsatzmenge auf dem relevanten Markt beziehen muss.[469] Obgleich der Marktanteil das bedeutsamste und vorrangig zu prüfende Element darstellt, liefert das AMG – ähnlich dem Gesetzgeber und der Gemeinschafts- bzw. Unionsgerichte auf EU-Kartellrechtsebene[470] – keine festen Schwellenwerte. Es ergeben sich Prozentsätze, die aber keine starren Zahlen angesichts der Schwierigkeit der genauen Festlegung umfassen,[471] aus § 19 AMG, der verschiedene Vermutungsregeln verankert. Hierin zeigt sich in struktureller Hinsicht eine Ähnlichkeit mit dem deutschen Kartellrecht, das in § 18 Abs. 4 GWB eine vergleichbare Regelung enthält. Nach § 19 AMG muss ein Unternehmen mindestens einen Marktanteil von 50 % haben, um als marktbeherrschend zu gelten.[472] Bei zwei Unternehmen ist ein Schwellenwert von mindestens

---

465 Siehe § 18 Nr. 5 AMG.

466 Siehe § 18 Nr. 6 AMG.

467 Siehe etwa Art. 10 der Verordnung zum Missbrauch einer marktbeherrschenden Stellung.

468 *Masseli*, in: ZChinR 2007, S. 259 (266), m. w. N.

469 Siehe Art. 10 Abs. 1 der Verordnung zum Missbrauch einer marktbeherrschenden Stellung.

470 *Fleischer*, S. 76.

471 Vgl. *Wang, Xiaoye,* Erklärung zum Antimonopolgesetz der Volksrepublik China, Beijing 2008, S. 164; vgl. *Wu, Zhengou,* Erläuterung des chinesischen Anti-Monopolgesetzes, Beijing 2007, S. 359.

472 Siehe § 19 Abs. 1 Nr. 1 AMG.

Zweidrittel[473] und bei drei Unternehmen von Dreiviertel[474] erforderlich. Dennoch greifen die Vermutungsregeln zur gemeinschaftlichen Marktbeherrschung nicht bei einzelnen dieser Unternehmen, wenn deren Marktanteil weniger als 10 % beträgt.[475] Bei einem Marktanteil unter 10 % ist die Annahme einer Marktbeherrschung fernliegend und auch schwer zu begründen,[476] wie die Rechtslage auf EU-Ebene und in den USA zeigt. Sinn und Zweck jener Schwellenwerte ist es, eine stärker stimmige und vorhersehbare Anwendung des AMG zu erreichen.[477] Dennoch ist die Vermutungsregel in Anlehnung an den Marktanteil keine allein anzuwendende Methode zur Bestimmung einer Marktmacht,[478] sondern – wie bereits erwähnt – eine von vielen Kriterien, da auch andere relevante Kriterien zu berücksichtigen sind. Die Vermutungsvorschrift ist dennoch sinnvoll, da sie die Nachweislast der Antimonopolvollzugsbehörden senkt, mithin der Effektivität des Antimonopolrechts zu Gute kommt. Das betroffene Unternehmen kann jedoch die Vermutung zur Marktbeherrschung auch widerlegen, wenn es die diesbezüglichen formellen und materiellen Beweisanforderungen erfüllt.[479]

bb. Situation auf dem relevanten Markt

Neben dem Marktanteil ist die Situation auf dem relevanten Markt zu beleuchten, mithin auch dessen generelle Struktur anhand einer Analyse der noch vorhandenen Konkurrenten, deren Abstand zum Marktbeherrscher sowie die Schranken zum Eintritt in den Markt, sofern der Marktanteil des in Frage stehenden Unternehmens weniger als 50 % beträgt. In diesen Fällen kann nicht automatisch auf eine Marktdominanz ohne zusätzliche Faktoren geschlossen werden, da es sich allenfalls um eine „relative" Herrschaft des Marktes handelt. Dagegen lässt sich bei einem sehr großen Marktanteil eine Marktbeherrschung direkt vermuten.[480]

---

473 Siehe § 19 Abs. 1 Nr. 2 AMG.

474 Siehe § 19 Abs. 1 Nr. 3 AMG.

475 Siehe § 19 Abs. 2 AMG.

476 Siehe *Shi, Jichun,* Analyse und Rechtsanwendung des Antimonopolrechts, Beijing 2007, S. 144.

477 *Bu*, Einführung in das Recht Chinas, § 23, Rn. 20, S. 248; *Masseli*, in: ZChinR 2007, S. 259 (266), m. w. N.

478 *Rechtsanwaltsverein Beijing*, Rechtsanalyse der Praxis zum Kartellrecht und des Gesetzes gegen unlauteren Wettbewerb, Beijing April 2012, S. 89.

479 Siehe § 19 Abs. 3 AMG.

480 *Shang, Ming,* Theorie des Antimonopolrechts und Inlands- und Auslandsfallanalyse, Beijing 2008, S. 194.

cc. Marktanteil und Wettbewerbssituation

Der Marktanteil und die Wettbewerbssituation auf dem relevanten Markt sind als Einheit zu bewerten. Während dabei das erste Kriterium die Beziehung des in Frage stehenden Unternehmens zur Marktstruktur betrifft, bezieht sich der zweite Indikator auf die Beziehung zwischen jenem Unternehmen und seinen Wettbewerbern. Beiden muss zudem eine gewisse Zeit gegeben sein. Bei einer nur kurzen Marktdominanz reguliert der Wettbewerb das Problem letztlich selbst, so das das Antimonopolrecht nicht einzugreifen braucht.[481]

b. Fähigkeit zur Kontrolle des Absatz- und Rohstoffmarktes

Im Hinblick auf das Kriterium der Fähigkeit zur Kontrolle des Absatz- und Rohstoffmarktes im Sinne des § 18 Nr. 2 AMG kommt es im Wesentlichen darauf an, dass das fragliche Unternehmen in der Lage ist, die Vertriebs- oder Beschaffungsmärkte zu beeinflussen. Er kann gerade aufgrund seiner Position am Markt den Produktpreis, die Warenmenge, die Vertragslaufzeit oder sonstige Geschäftsbedingungen bestimmen sowie den Zugang zu notwendigen Rohstoffen, Halbfabrikaten, Ersatzteilen und Zubehör beschränken.[482]

c. Finanzkraft und technische Voraussetzungen

Bei einigen besonderen Märkten, wie etwa dem Finanzmarktsektor, spielen insbesondere auch die Finanzkräfte und die technischen Voraussetzungen des betroffenen Unternehmens eine große Rolle. Dagegen ist beispielsweise auf dem Markt der Netzwerke und Patente der Aspekt der technischen Bedingung von erheblicher Bedeutung.[483] Zur Bestimmung der Kriterien nach § 18 Nr. 3 AMG sind diverse Faktoren einzubeziehen, so etwa die Vermögensgröße, die finanzielle Leistungsfähigkeit und die Wirtschaftlichkeit, die Fähigkeiten zur Forschung, Entwicklung und Innovation sowie die technische Ausrüstung oder Rechte an geistigem Eigentum.[484] Fernerhin sind in die Analyse die

481 *Shi, Jichun,* Analyse und Rechtsanwendung des Antimonopolrechts, Beijing 2007, S. 147.

482 Siehe Art. 10 Abs. 2 der Verordnung zum Missbrauch einer marktbeherrschenden Stellung.

483 *Shang*, Theorie des Antimonopolrechts sowie Inland- und Auslandfallanalyse, S. 194 und 202.

484 Siehe Art. 10 Abs. 3 S. 1 der Verordnung zum Missbrauch einer marktbeherrschenden Stellung.

Finanzkraft und die technologischen Voraussetzungen anderer Unternehmer einzubeziehen.[485]

d. Abhängigkeitsgrad anderer Unternehmen

Bei der rechtlichen Analyse der Abhängigkeit anderer Unternehmen vom vermeintlich marktbeherrschenden Unternehmen gemäß § 18 Nr. 4 AMG sind etwa das Handelsvolumen, die Dauer der Handelsbeziehungen sowie Schwierigkeiten, auf andere Unternehmen auszuweichen, zu beachten.[486] Es lassen sich dabei zwei Kategorien ausmachen, nämlich die Abhängigkeit der Anbieter von den Angeboten und umgekehrt die Abhängigkeit der Angebote von den Anbietern.[487]

e. Schwierigkeitsgrad im Hinblick auf den Markteintritt

Die Prüfung der Schwierigkeit des Markteintritts anderer Unternehmen nach § 18 Nr. 5 AMG erfordert eine Untersuchung der Marktstruktur. Es ist zu ermitteln, ob der Marktzugang für Newcomer versperrt ist. Dabei können beispielsweise das Innehaben wesentlicher Einrichtungen (engl. *essential facilities*), die Existenz von Vertriebskanälen, der Kostenfaktor sowie finanzielle und technische Anforderungen von Bedeutung sein.[488] Mögliche Eintrittsschranken sind etwa technologische, handelsorientierte oder verwaltungsrechtliche Barrieren, unternehmerische Behinderungsstrategien oder der Anschluss an *essential facilities*. Jenes Prüfungskriterium ist jedoch in der Praxis der Behörden mit erheblichen Schwierigkeiten verbunden, da es von umfangreichen wirtschaftlichen Daten und Analysen abhängt,[489] die oftmals nicht zur Verfügung stehen, zumal die Ressourcen der Verwaltung begrenzt sind.

---

485 Siehe Art. 10 Abs. 3 S. 2 der Verordnung zum Missbrauch einer marktbeherrschenden Stellung.

486 Siehe Art. 10 Abs. 4 der Verordnung zum Missbrauch einer marktbeherrschenden Stellung.

487 *Shi, Jianzhong,* Kommentar und theoretische Untersuchung des Antimonopolgesetzes, Beijing 2008, S. 229.

488 Siehe Art. 10 Abs. 5 der Verordnung zum Missbrauch einer marktbeherrschenden Stellung.

489 *Wang, Xiaoye,* Erklärung zum Antimonopolgesetz der Volksrepublik China, Beijing 2008, S. 160.

f. Weitere Prüfungskriterien

Die Regelung in § 18 Nr. 6 AMG verweist auf die Möglichkeit weiterer, im Zusammenhang mit der vermeintlichen Marktmachtposition stehender Faktoren. Jene Klausel[490] eröffnet den Behörden und Richtern, bei der Entscheidungsfindung auch andere, nicht normierte Kriterien in die Prüfung einzubeziehen, die im konkreten Einzelfall besonders hervorstechen. Durch den geforderten Bezug zur Position des fraglichen Unternehmens am Markt handelt es sich jedoch gerade nicht um eine Öffnungsklausel für etwaige industriepolitische Interessen, also wettbewerbsrechtlich fremde Aspekte, was zu begrüßen ist.

III. Beweislastfragen in Zivilsachen

Eine weitere Konkretisierung im Bereich der Umsetzung des Verbots eines Marktmachtmissbrauchs nach § 17 AMG erfolgte am 3. Mai 2012 durch das Oberste Volksgericht der Volksrepublik China im Wege einer Bestimmung[491], die zu einigen Fragen der Anwendung des Rechts in Verhandlungen wegen zivilrechtlicher Streitigkeiten aufgrund monopolistischer Verhaltensweisen Stellung nimmt. Das Regelungswerk zur Justizauslegung erfasst in den Art. 8, 9 und 10 die marktbeherrschende Stellung und die dahingehende Beweislast. Nach dem zivilprozessrechtlichen Prinzip hat derjenige, der eine Behauptung aufstellt, diese auch zu beweisen. Demnach hat der Kläger die marktbeherrschende Stellung des Beklagten nachweislich darzulegen.[492] Angesichts der damit einhergehenden hohen Beweislast steht der Kläger aber vor dem Problem, Beweise zu erbringen, die aus der Sphäre des Beklagten stammen, was ihm oftmals nicht gelingt.[493] Daher erfolgt in den „Bestimmungen des OVG zu zivilrechtlichen Fragen" eine Beweiserleichterung. Insofern kann das Volksgericht nach der Marktstruktur und den Wettbewerbsumständen eine marktbeherrschende Stellung des Beklagten feststellen, soweit der Beklagte nicht das Gegenteil beweist, wenn er ein öffentliches

490 Siehe auch Art. 10 Abs. 6 der Verordnung zum Missbrauch einer marktbeherrschenden Stellung.

491 Eine chinesisch-deutsche Übersetzung findet sich in ZChinR 2012, S. 375 ff. (Übersetzung von Sarah *Wersborg*); nachfolgend abgekürzt als „Bestimmungen des OVG zu zivilrechtlichen Fragen".

492 Siehe Art. 8 der Bestimmungen des OVG zu zivilrechtlichen Fragen.

493 *Wang/Emch*, in: Journal of Antitrust Enforcement, vol. 1, 2013, S. 247 (264), mit zahlreichen Beispielen aus der chinesischen Rechtsprechung.

Unternehmen ist oder ein gesetzliches Monopol hat.[494] Dafür kann es allein die vom Beklagten zur Verfügung gestellten Informationen nutzen,[495] die zudem auch der Kläger als Beweismittel heranziehen darf.[496] Obgleich die Bestimmungen den Klägern insgesamt einen Vorteil verschaffen, ist ihre Anwendung im Gerichtsverfahren unter Umständen problematisch.[497] Sofern jedoch Fragen in Bezug auf den Fall von Relevanz sind und die dahingehenden Informationen in das Gerichtsverfahren eingeführt werden müssen, ist fraglich, ob diese sodann als Beweise verwertbar sind. Diese noch offene Frage hat das Oberste Volksgericht künftig zu klären.

IV. Stellungnahme

Der aktuelle Schwerpunkt der chinesischen Wirtschaftspolitik bezieht sich offiziell auf die Förderung eines *fairen* Wettbewerbs unter gleichzeitigem Abbau wirtschaftlicher Konzentrationen. Nichtsdestotrotz lässt sich kaum verschleiern, dass nach wie vor große Unternehmen durch den Staat erheblich unterstützt werden. Diese Entwicklung auszugleichen, ist unter anderem auch eine Aufgabe des Antimonopolrechts.[498] Die Bemühungen der letzten Jahre auf Seiten der Verwaltung und der Gerichte, eine dahingehende klare Regulierung zu schaffen, haben zwar eine Reihe an Verbesserungen bei der Umsetzung mit sich gebracht, aber ebenso viele weitere Fragen und Probleme aufgeworfen.

1. Weiterer Konkretisierungsbedarf

Die genannten Konkretisierungsansätze seitens der Verwaltung und des Obersten Volksgerichtes zur Durchführung des AMG bei der Bestimmung einer marktbeherrschenden Stellung sind dem Grunde nach positiv zu bewerten, da sie die Rechtsklarheit – wenn auch nicht vollends – fördern. Diese Bestrebungen sind

494 Siehe Art. 9 der Bestimmungen des OVG zu zivilrechtlichen Fragen.

495 *Wersborg*, in: ZChinR, 2012, S. 301 (304).

496 Siehe Art. 10 S. 1 der Bestimmungen des OVG zu zivilrechtlichen Fragen.

497 Vgl. *Zhan, Hao,* The Hot Issues of China Anti-trust Private Litigation. – The Juridical Interpretation Issued by PRC Supreme Court and the Analysis of Anti-Trust Cases Fallanalyse zur Auslegung über Zivilstreitigkeiten im Kartellprozess, Beijing 2012, S. 144 ff.

498 *Wang, Xiaoye*, Ob das Antimonopolrecht die Unternehmensgröße beschränken wird?, in: Liberation Daily, Artikel vom 10.09.2007.

fortzusetzen, da noch nicht alle Fragen zu den eher allgemein konzipierten Regelungen in den §§ 17 f. AMG geklärt sind. Es scheint empfehlenswert zu sein, dass sich künftige Bestimmungen (weiter) am internationalen Standard orientieren, um eine annähernd einheitliche Rechtslage weltweit zu schaffen, zumal sich die Märkte Chinas gerade für multinationale Konzerne immer weiter öffnen. Diese sind dadurch eher in der Lage, das Antimonopolrecht zu verstehen und zu berücksichtigen.

2. Offene Fragen

Es gibt eine Reihe an ungeklärten Fragen, die der chinesische Gesetzgeber, die Verwaltung oder die Gerichte beantworten sollten und die nachfolgend kurz erläutert werden.

a. Unternehmensbeziehung bei der kollektiven Marktbeherrschung

Nach § 19 AMG können zwei oder mehrere Unternehmen zusammen eine marktbeherrschende Stellung einnehmen. Die Ausgestaltung ihres Verhältnisses wird jedoch weder im Gesetz noch in den Durchführungsverordnungen näher geregelt. Deren Beziehung müsste jedenfalls sehr eng sein, um eine marktbeherrschende Stellung im Sinne des § 19 AMG begründen zu können. Nach der Rechtslage auf EU-Ebene ist diese Beziehung enger als im Bereich des chinesischen Kartellverbots[499], wonach die Kollektive selbstständig am Markt agieren. Im Rahmen der §§ 17 ff. AMG müssen sich beide Unternehmen nach außen als Einheit auf dem relevanten Markt verhalten. Um eine solche kollektive Marktbeherrschung fehlerfrei beurteilen zu können, vermag hinsichtlich ihrer Beziehung beispielsweise ein Blick auf die Rechtslage in Deutschland weiterführend zu sein. Nach § 18 Abs. 5 GWB gelten zwei oder mehrere Unternehmen als marktbeherrschend, soweit (1) zwischen ihnen für eine bestimmte Art von Waren oder gewerblichen Leistungen ein wesentlicher Wettbewerb nicht besteht und (2) sie in ihrer Gesamtheit die Voraussetzungen des Absatzes 1 erfüllen. Die Vermutung der „Gesamtmarktbeherrschung" ist dabei widerlegbar, wenn die Unternehmen nachweisen können, dass durch ihr Verhältnis wesentlicher Wettbewerb zu erwarten ist oder sie als eine Gesamtheit keine überragende Marktstellung gegenüber der Konkurrenz inne haben.[500]

499 Siehe § 13 AMG.
500 Siehe § 18 Abs. 7 GWB.

b. Ermittlung des Marktanteils im konkreten Einzelfall

Die Feststellung des genauen Marktanteils zur Bestimmung einer Marktmachtposition ist mitunter äußerst schwierig, was insbesondere zivilrechtliche Streitigkeiten gezeigt haben. Sie ist nicht nur zeitaufwendig, sondern auch kosten- und ressourcenträchtig. Darüber hinaus hat der Kläger den Marktanteil des beklagten Unternehmens zu beweisen, soweit kein öffentliches Unternehmen oder ein gesetzmäßiges Monopol vorliegt. In diesem Fall greift eine Vermutung der marktbeherrschenden Stellung.[501] In den bekannten Fällen *Renren* gegen *Baidu*[502] und *Qihu 360* gegen *Tencent*[503] scheiterte unter anderem der Kläger gerade am Nachweis des Marktanteils des Beklagten mittels wirtschaftlicher Methoden. Eine Berechnungsmethode zu jenem Kriterium findet sich weder im AMG noch in den ergänzenden Durchführungsverordnungen; es finden sich – wie bereits an obiger Stelle ausgeführt – nur generelle Anknüpfungspunkte, die den Anteil der Absatzsumme- und -menge im Rahmen einer Gesamtumsatzmenge auf dem relevanten Markt betreffen. Unklar ist indessen die Beziehung zwischen der Absatzsumme und -menge. Denkbar wäre, die Absatzsumme durch den Gesamtumsatz als Hauptformel und in besonderen Branchen oder Sonderfällen die Absatzmenge durch die Gesamtmenge als Referenz bei der Berechnung heranzuziehen, so wenn es um die Marktanteile im Bereich der Internetwirtschaft geht, da in diesem Sektor die Absatzmenge eine große Rolle spielt.[504] Um das Zeit- und Ressourcenproblem effizient zu umgehen, hilft erneut ein Blick auf die deutsche Rechtslage weiter: § 47 GWB verankert eine Regelung zur Übermittlung statistischer Daten; man kann auf Daten des Bundesamtes, auf Wirtschaftsstatistiken, das Statistikregister und Einzelangaben der Monopolkommission über die größten Unternehmen, Betriebe oder Teile von Unternehmen des jeweiligen Wirtschaftsbereichs zurückgreifen. Eine solche Vorgehensweise bietet sich in China an, zumal sich bereits eine Regelung[505] findet, nach der das Kartellamt Daten über die Marktanteile in Prozentsätzen der zehn größten Unternehmen eines Wirtschaftssektors übermitteln soll. Jene Daten sind für mindestens vier Jahre zu archivieren, damit diese bei einer behördlichen Untersuchung oder einem Gerichtsverfahren als Beweise zur Anwendung gelangen können. Dies dient nicht nur der Bestimmung des

501 Siehe Art. 9 der Bestimmungen des OVG zu zivilrechtlichen Fragen.

502 Zum Sachverhalt siehe bereits in § 2 unter Punkt B.II.2.b.

503 Zum Sachverhalt siehe bereits in § 3 unter Punkt C.III.4.b.

504 *Zhan, G Xiaoqiang,* Kartellrechtliche Kontrolle der Netzwerkswirtschaft, Beijing 2011, S. 122.

505 Siehe § 3 unter Punkt C.III.4.b.

Marktanteils, sondern kommt auch der Beweislast des Klägers und der sozialen Gerechtigkeit zu Gute.[506]

V. Fallanalyse am Beispiel *Qihu 360* gegen *Tencent*

Die Schwierigkeit der Bestimmung der marktbeherrschenden Stellung eines in Frage stehenden Unternehmens soll nunmehr am Fallbeispiel *Qihu 360* gegen *Tencent*[507] aus dem Jahr 2013 näher analysiert werden. In jenem zivilrechtlichen Urteil, dem nach der öffentlichen Meinung ein sehr hoher Stellenwert zukommt,[508] wies das Obere Volksgericht der Provinz Guangdong die Klage mangels ausreichender Beweise, insbesondere für die Annahme der Marktdominanz *Tencents* ab. Der Richter ging sogar noch einen Schritt weiter und stellte fest, dass gerade keine marktbeherrschende Stellung vorlag.[509] Die Entscheidung steht der Öffentlichkeit im Internet zur Verfügung, was aber nicht immer üblich ist. Insofern soll nachfolgend eine Kurzdarstellung der wesentlichen Probleme zur Markmacht erfolgen, inklusive einer diesbezüglichen Stellungnahme.

1. Das Problem der Datenanalyse bei der Marktanteilsbestimmung

Im Mittelpunkt der Auseinandersetzung stand unter anderem die Frage der Ermittlung des korrekten Marktanteils der Firma *Tencent* auf dem relevanten Markt für Online-Nachrichtendienste. Aus Sicht des Klägers, der sich auf eine Untersuchung der Beratungsfirma *Iresearch* berief, besaß *Tencent* ca. 76 % Anteil am relevanten Markt. Der Beklagte ist ein Unternehmen, das mehr als 800 Millionen Nutzer zu verzeichnen hat, während der Kläger mehr als 400 Millionen Nutzer verbucht.[510] Nach dem 28. Bericht über die „Internet-Entwicklung Chinas“ des Unternehmens

506 *Yan, Meilin*, Studien über Missbrauchskontrolle durch marktbeherrschende Unternehmen bei der Rechtsanwendung – mit wirtschaftlichem Index und Fallanalyse in der Universität Qingdao für Landwirtschaft, in: Amtsblatt, vol. 22, Nr. 3, August, 2010, S. 73.

507 Das Obere Volksgericht der Provinz Guangdong, Urteil vom 20.03.2013, [2011] Yue Gao Fa Min San Chu Zi, Fall Nr. 2 [(2011) 粤高法民三初字第2号] – *Beijing Qihoo Technology Co. Ltd. v. Tencent Technonoly (Shenzhen) Co. Ltd. and Shenzhen Tencent Calculation Systems Co. Ltd.* (北京奇虎360有限公司诉深圳腾讯科技有限公司).

508 *Gu/Zhan*, in: Roberton, The Public Competition Enforcement Review, 5th edition, London 2013, S. 77 (84).

509 Siehe *Wang/Emch*, in: Journal of Antitrust Enforcement, vol. 1, 2013, S. 247 (266).

510 *Wang/Emch*, in: Journal of Antitrust Enforcement, vol. 1, 2013, S. 247 (266).

CCNIC (中国互联网络信息中心) aus dem Jahr 2011 gab es in der Volksrepublik China insgesamt 485 Millionen Internetnutzer.[511] Nach dem Jahresfinanzbericht des Beklagten hatte dieser bis zum 30. Juni 2011 bereits 701.900.000 Aktivbenutzer, wobei die höchste Anzahl der Online-Benutzer 136.700.000 betrug.[512] Die Zahlen zeigen, dass der Beklagte ein großes und marktstarkes Unternehmen in jener Zeit war. Aber damit lässt sich nicht der Marktanteil berechnen, zumal viele Personen mehrere Konten im Internet haben. Hinzu kommt, dass die Benutzer und die Absatzmenge nicht gleich sind. Angesichts dessen sei nach Ansicht des Beklagten der seitens des Klägers ermittelte Marktanteil falsch berechnet worden. Zu berücksichtigen ist zunächst, dass der Anteil der Absatzsumme und -menge im Hinblick auf den gesamten Umsatz und die Gesamtmenge des relevanten Marktes als Grundlage fungieren müssen.[513] Dagegen basierte die Analyse des Klägers nur auf der Benutzeranzahl des QQ-Programms durch die Gesamtbenutzeranzahl des *Instant Massaging Service*. Er legte der Analyse demnach falsche Variable zugrunde, was zwangsläufig zu einem verzerrten Rechnungsergebnis im Hinblick auf den Marktanteil führte. Davon abweichend ist die Begründung des Gerichtshofs, der den Hauptnachweis des Klägers im Hinblick auf den Marktanteil von *Tencent*, den der Kläger auf den Report von *Iresearch* stützte, nicht akzeptierte. Der Marktanteil nach dem Report beziehe sich, so das Gericht, nur auf PC-Clienten, ohne die Handy- und „Tablet-PC"-Kunden miteinzubeziehen, was der aktuellen Marktsituation nicht entspreche[514]. Außerdem seien die Programme wie *Wechat* (Instant-Messaging-Programm) dem sachlich relevanten Markt zuzurechnen. Der Marktanteil des Beklagten entspreche demnach nicht der Behauptung des Klägers. Schließlich umfasse der Report von *Iresearch* den Marktanteil auf dem Gebiet von China anstelle des weltweiten Marktes; es sei also mit einer falschen Grundlage gerechnet worden, was zu einem inkorrekten Ergebnis geführt habe. Dies wird unterdessen stark kritisiert.[515]

511 http://tech.qq.com/zt2011/cnnic28/ von 27.11.2013.

512 http://www.tencent.com/zh-cn/content/ir/rp/2011/attachments/201101.pdf (Stand von 09.12.2013), S. 50.

513 Siehe Art. 10 S. 1 der Bestimmungen des OVG zu zivilrechtlichen Fragen.

514 Das Obere Volksgericht der Provinz Guangdong, Urteil vom 20.03.2013, [2011] Yue Gao Fa Min San Chu Zi, Fall Nr. 2 [(2011) 粤高法民三初字第2号] – *Beijing Qihoo Technology Co. Ltd. v. Tencent Technonoly (Shenzhen) Co. Ltd. and Shenzhen Tencent Calculation Systems Co. Ltd.* (北京奇虎360有限公司诉深圳腾讯科技有限公司), S. 35 (nach eigener Zählung).

515 Siehe Das Obere Volksgericht der Provinz Guangdong, Urteil vom 20.03.2013, [2011] Yue Gao Fa Min San Chu Zi, Fall Nr. 2 [(2011) 粤高法民三初字第2号] – *Beijing*

2. Möglichkeit des Markteintritts von Newcomern

Ein weiterer Streitpunkt konzentrierte sich auf den *„Schwierigkeitsgrad des Markteintritts durch andere Unternehmen“*[516]. Der Kläger behauptete in Anlehnung an den Bericht der Beratungsfirma *RBB*, die eine wirtschaftliche Analyse hinsichtlich des Kartellstreits zwischen den Parteien im Auftrag von *Qihu 360* erstellte, dass *Tencent's* Produktpalette Eintritts- und Entwicklungsbarrieren für andere Unternehmen schaffe. Dennoch spricht vieles dafür, dass der Markt für Instant Massaging-Dienstleistungen wettbewerbsfähig und der Zutritt möglich war, wie die später eingetretenen, wirtschaftlich starken Unternehmen *Fetion* (飞信) und *Aliwangwang* (阿里旺旺) belegen. Aus technischer Perspektive bzw. praktischer Erfahrung gelangte der Gerichtshof zur Schlussfolgerung, dass ausreichend Wettbewerb auf dem relevanten Markt existiere und der Beklagte den Markteintritt nicht beschränkt habe und hätte beschränken können.[517]

3. Barrieren aufgrund der Finanzkraft und Softwarefunktionen?

Ein weiterer Vorwurf bezog sich auf die hohe Finanzkraft und den starken technischen Fortschritt des Beklagten. Der Kläger legte zunächst den Nachweis vor, dass jene Aspekte beim Beklagten im Vordergrund standen. Im Jahr 2010 erwirtschaftete *Tencent* einen Gesamtjahresumsatz von 19,6 Milliarden RMB Yuan. Mit einer Eigenkapitalrendite von 53,8 % und einer Nettoprofitabilität von 42,1 %[518] ragte der Beklagte quasi aus der Branche auf dem relevanten Markt heraus. Dies ermöglichte ihm flexible Wettbewerbsstrategien, mittels dessen er die Entwicklung und das Wachstum anderer (potenzieller) Wettbewerber behindern konnte. Die Finanzkraft und die technologischen Bedingungen genügten jedoch nicht, um die Erweiterung der Produktionskapazität auf dem relevanten Markt tatsächlich zu beschränken. Wie oben gezeigt, schafften letztlich Newcomer den Markteintritt.

Qihoo Technology Co. Ltd. v. Tencent Technonoly (Shenzhen) Co. Ltd. and Shenzhen Tencent Calculation Systems Co. Ltd. (北京奇虎360有限公司诉深圳腾讯科技有限公司), S. 35 (36) (nach eigener Zählung).

516 Siehe § 18 Nr. 5 AMG.

517 Das Obere Volksgericht der Provinz Guangdong, Urteil vom 20.03.2013, [2011] Yue Gao Fa Min San Chu Zi, Fall Nr. 2 [(2011) 粤高法民三初字第2号] – *Beijing Qihoo Technology Co. Ltd. v. Tencent Technonoly (Shenzhen) Co. Ltd. and Shenzhen Tencent Calculation Systems Co. Ltd.* (北京奇虎360有限公司诉深圳腾讯科技有限公司), S. 36 (nach eigener Zählung).

518 http://www.tencent.com/zh-cn/content/ir/rp/2010/attachments/201002.pdf (01.12.2013).

Zudem ist die Treue der chinesischen Kunden verhältnismäßig klein, da über die Hälfte aller Nutzer mehrere Instant Messaging-Programme nutzen. Es ist nicht selten ein rascher Wechsel der Softwares zu beobachten, was dem Grunde nach die Flexibilität und Offenheit des Marktes für *Instant Messaging* reflektiert. Es kommen auch fortwährend neue Technikprodukte und Geschäftsmethoden auf den Markt. Dennoch ist dieses Ergebnis letztlich zu relativieren. Der Kläger behauptet insofern, dass die herausragende Finanzkraft der Beklagten auch deren Marktposition reflektiere, was jedoch das Gericht ablehnte. Vielmehr folgte es der Ansicht der Beklagten, dass viele große Unternehmen auf dem Telekommunikationsmarkt Chinas existierten, wie etwa China Telecom, China Unicom, China Mobile bzw. Netzunternehmen (z. B. Alibaba, Baidu), die ebenso eine starke Finanzkraft wie *Tencent* aufweisen und mit diesem im Wettbewerb stünden.[519] Dem kann jedoch nicht gefolgt werden. Es gibt zwar finanzkräftige Unternehmen auf jenem Markt, jedoch folgt hieraus nicht zwingend, dass diese wie das Unternehmen *Tencent* in Instant Messaging-Dienstleistungen investieren, um durch Forschung und Entwicklungsförderung weitere differenzierte Dienste, wozu beispielsweise QQ-Shopping, QQ-Onlinebanking, QQ-Spiele, QQ-Blog oder QQ-Zone gehören, auf den Markt zu bringen. Fernerhin gibt es eine Reihe von Nutzern, denen ein kostenloser Zutritt zum System von *Tencent* möglich ist, denen der Beklagte sodann anhand seiner Präferenzen weitere Onlinedienste anbieten kann, wodurch dessen Marktstärke weiter wächst. So betrug im Jahr 2011 dessen Gesamteinkommen ca. RMB 28.5 Billionen Yuan, wovon ca. RMB 23.0 Billionen Yuan aus Internetdiensten (rund 80, 6 %) und ca. RMB 3.3 Billionen Yuan aus Mobilphone-Dienstleistungen (rund 11.5 %) resultierten.[520] Durch die Unternehmensstrategie von *Tencent* bindet es viele chinesische PC-Kunden an sich, insbesondere wegen der großen Instant Messaging-Palette, die neben QQ auch die ähnliche *Wechats*-Software[521] umfasst, wodurch ihre am Markt existente Dominanz noch weiter verfestigt wird.

---

519 Das Obere Volksgericht der Provinz Guangdong, Urteil vom 20.03.2013, [2011] Yue Gao Fa Min San Chu Zi, Fall Nr. 2 [(2011) 粤高法民三初字第2号] – *Beijing Qihoo Technology Co. Ltd. v. Tencent Technonoly (Shenzhen) Co. Ltd. and Shenzhen Tencent Calculation Systems Co. Ltd.* (北京奇虎360有限公司诉深圳腾讯科技有限公司), S. 38.

520 http://www.tencent.com/zh-cn/content/ir/rp/2011/attachments/201102.pdf (01.12.2013).

521 Es handelt sich hierbei nicht um Kombinationsprodukte des Instant Messaging QQ, obgleich sich ihre Funktionen mit denen von QQ ergänzen können. Auch alle Register

4. Schlussbetrachtung

a. Bewertung der marktbeherrschenden Stellung

Bei der Bewertung der marktbeherrschenden Stellung ist stets zu bedenken, dass die Rechtsprechung zum Antimonopolrecht noch relativ jung ist. Es fehlt an Erfahrung im Umgang mit komplexen, ökonomischen Analysemethoden, vor allem aber oftmals an den dafür erforderlichen Daten und Ressourcen. Es gibt kaum Fallentscheidungen, die den Richtern als Orientierungshilfe zur Verfügung stehen. Vielmehr ist gerade die genannte Entscheidung, die den Rechtsstreit zwischen zwei Leistungsträgern des Internetmarkts erfasste, der erste besonders wegweisende Fall.[522] Es handelt sich um eine Leitentscheidung zur Ermittlung der marktbeherrschenden Stellung eines Unternehmens. Dies gilt im Übrigen ebenso für die Auslegung und Anwendung des AMG im Hinblick auf die Untersuchung monopolistischer Marktverhaltensweisen im Bereich des zivilrechtlichen Kartellrechtsvollzuges.

b. Spezifische Struktur des Marktes

Gleichwohl sind einige Punkte im Detail nach wie vor umstritten, was sowohl die Analyse des relevanten Marktes als auch die Bestimmung der marktbeherrschenden Stellung betrifft. Wenig Berücksichtigung fand unter anderem die spezifische Struktur des Marktes, nämlich die der Netzwerkswirtschaft im Vergleich zu den traditionellen Wirtschaftssektoren. Insofern ist in der Netzwerkswirtschaft der Marktanteil kein herausragendes Indiz. Im Zusammenhang mit der Internetbranche sind des Weiteren die spezifischen Eigenheiten sowie die Rechte am geistigen Eigentum zu berücksichtigen.[523] Jene Markteffekte bedingen unmittelbar die Ausweichkosten, weshalb die Kunden keineswegs automatisch zu neuen Netzwerken wechseln. Hierin zeigt sich die „Spitze des Eisberges" im genannten Fall, denn wenn ein positives Feedback erfolgt, favorisieren die Benutzer gerade jenes Netzwerk, zumal es in der Regel auch die meisten Nutzer und allgemeinen Standards aufweist; es handelt sich um das günstigere oder qualitativere Netzwerk. Dennoch

---

von Instant Messaging QQ können in einer anderen von *Tencent* entwickelten Software automatisch transportiert werden.

522 Vgl. *Wang/Emch*, in: Journal of Antitrust Enforcement, vol. 1, 2013, S. 247 (266).

523 *Zhan, G Xiaoqiang/Zuo, Guangjun*, Bestimmung des relevanten Marktes und marktbeherrschender Stellung im Bereich der Netzwerke-Beurteilung der entsprechenden Regelung im chinesischen Kartellrecht, in: Amtsblatt der Universität Chongqing, Nr. 5, 2009, Nr. 5, S. 95.

ist die Zugangsmöglichkeit zum Instant Massaging-Programm QQ von *Tencent* für andere Software-Produkte ausgeschlossen, wenn es seine Software weiter entwickelt und mit mehreren Funktionen ausstattet. Die Softwarekombination hat im Vergleich zu Programmen der Konkurrenz diverse Vorteile, bildet aber auch Eintritts- und Entwicklungsschranken.[524]

c. *Umfang und die Qualität des geistigen Eigentums*

Der Umfang und die Qualität des geistigen Eigentums sind vor allem dann entscheidend, wenn das fragliche Unternehmen im Wirtschaftsbereich der Netzwerke agiert. Wer die grundlegende infrastrukturelle Technologie zu beherrschen vermag sowie das Know-how für die Installation innehat, der besitzt auch die Vorherrschaft auf dem diesbezüglichen Markt. Auf der Webseite des chinesischen Staatsamtes für geistiges Eigentum waren bis März 2012 insgesamt 2136 Patente von der Firma *Tencent* verzeichnet, was deren herausragende technische Position belegt. Im Ergebnis spricht daher viel dafür, dass *Tencent* – entgegen der gerichtlichen Entscheidung – auf dem Markt für Instant Messaging doch eine marktbeherrschende Stellung inne hat(te).

524 *Wang, Heng/Cao, Jiahua,* Kartellrechtliche Analyse des Falls Qihoo 360 gegen Tencent QQ, in: Amtsblatt der Universität für Wirtschaft Hubei, vol. 10, Nr. 1, 2012, S. 109.

§ 5. Der Marktmachtmissbrauch – Eine Analyse am Beispiel der Kampfpreisunterbietung

Ein weiteres wichtiges, aber oftmals das am schwersten zu begründende Tatbestandsmerkmal bei der Prüfung des Missbrauchsverbots ist der „Missbrauch" der marktbeherrschenden Stellung. Dieser soll nachfolgend im Rahmen einer rechtsvergleichenden Analyse zunächst anhand der Rechtslage auf EU-Ebene untersucht werden, bevor auf die chinesischen Regelungen eingegangen wird. Dabei ist vor der eigentlichen Auseinandersetzung mit der einschlägigen kartellrechtlichen Bestimmung zu klären, was überhaupt unter Marktmachtmissbrauch nach europäischem Rechtsverständnis zu verstehen ist, so dass vorab der rechtliche Hintergrund des dahinterstehenden Konzepts beleuchtet wird.

A. Beurteilung von Kampfpreisen nach dem EU-Kartellrecht

Die Bestimmung der Missbräuchlichkeit eines selektiven Preisverhaltens am Markt im Sinne des Art. 102 AEUV ist eine schwierige Aufgabe, da es um die Abgrenzung zwischen dem gewünschten Preis- und dem unerwünschten Vernichtungswettbewerb geht. Insbesondere fehlt bislang ein universeller, definitiver Beurteilungsmaßstab, der eine klare Unterscheidung zwischen erlaubtem und rechtswidrigem Verhalten ermöglicht.[525] Jedoch wäre ein solcher letztlich auch hinderlich, denn er würde noch unbekannte, künftige Formen des Missbrauchs ausklammern. Bei der kartellrechtlichen Analyse des fraglichen Preisverhaltens ist daher stets im konkreten Einzelfall unter Berücksichtigung sämtlicher relevanter Umstände zu ermitteln, ob das „verdächtige" Verhalten als zumindest potenziell wettbewerbsfeindlich einzuordnen ist.

525 *Fleischer*, S. 101 ff.

I. Inhalt und Bestimmung des Marktmachtmissbrauchs

Der Europäische Gerichtshof nimmt ein missbräuchliches Fehlverhalten dem Grunde nach dann an, wenn das fragliche Unternehmen seine beherrschende Position auf eine Art und Weise verstärkt, die es ihm ermöglicht, den Wettbewerbsprozess wesentlich zu behindern, so dass

> *„[...] nur noch Unternehmen auf dem Markt bleiben, die in ihrem Marktverhalten von dem beherrschenden Unternehmen abhängen.“*[526]

Demnach muss das fragliche Verhalten den Wettbewerb schädigen, was dann anzunehmen ist, wenn es den Markt abzuschotten geeignet ist bzw. zur Verdrängung der Konkurrenz führt.[527] Nach der Rechtsprechung handelt es sich um Praktiken, welche die Struktur des Marktes beeinflussen können, auf dem der Wettbewerb gerade wegen der Existenz des fraglichen Unternehmens geschwächt ist.[528] Ein solches Verhalten behindert den Erhalt des auf dem Markt noch bestehenden Wettbewerbs oder dessen Entwicklung durch die Verwendung von Mitteln, die von jenen des normalen Produkt- und Dienstleistungswettbewerbs abweichen.[529] Die Regelung in Art. 102 AEUV liefert aber einen gewissen Leitfaden, da sie in Satz 1 eine Generalklausel zum „Missbrauch der marktbeherrschenden Stellung“ durch ein oder mehrere Unternehmen zur Verfügung stellt, die viel Spielraum für Wertungen und Interpretationen bietet.[530] Konkretisierend ist zudem der nicht abschließende Katalog an Regelbeispielen in S. 2 der Norm.[531] Eine danach deutlich missbräuchliche Natur haben vor allem Marktpraktiken, die (1) die unmittelbare oder mittelbare Erzwingung von unangemessenen Einkaufs- oder Verkaufspreisen oder sonstige Geschäftsbedingungen zum Gegenstand haben, die (2) die Einschränkung der Erzeugung, des Absatzes oder der technischen Entwicklung zum Schaden der Verbraucher bewirken, die (3) die Anwendung unterschiedlicher Bedingungen bei gleichwertigen Leistungen gegenüber Handelspartnern umfassen, wodurch Letztere im Wettbewerb benachteiligt werden, oder die (4) an den Abschluss von Verträgen geknüpfte Bedingungen beinhalten, so dass die Vertragspartner zusätzliche

526 EuGH, Urteil v. 21.02.1973, Rs. 6/72, Slg. 1973, 215 (Tz. 26) – *Continental Can.*

527 EuG, Urteil v. 17.12.2003, Rs. T-219/99, Slg. 2003, II-5917 (Tz. 293) – *British Airways;* EuG, Urteil v. 01.04.1993, Rs. T-65/89, Slg. 1993, II-389 (LS 9) – *BPB Industries & British Gypsum Ltd.*

528 EuGH, Urteil v. 13.02.1979, Rs. 85/76, Slg. 1979, 461 (Tz. 91) – *Hoffman LaRoche.*

529 Siehe EuGH, Urteil v. 19.04.2012, Rs. C-549/10 P (LS 1) – *Tomra Systems.*

530 *Fleischer*, S. 61 f.

531 *Fleischer*, S. 93, m. w. N.

Leistungen annehmen, die weder sachlich noch nach Handelsbrauch in Beziehung zum Vertragsgegenstand stehen. Die im Gesetz verankerten Beispiele liefern eine erste inhaltliche Konkretisierung für die Rechtsanwendung,[532] lassen aber sowohl der Rechtsprechung als auch der Verwaltung weiterhin ausreichend Freiraum für zusätzliche Interpretationsansätze.

II. Fallgruppenbildung zur Erleichterung der Rechtsanwendung

Angesichts der Tatsache, dass die Regelbeispiele recht allgemein gehalten sind, erfolgte in den letzten Jahrzehnten eine Kategorisierung, welche eine weitere Konkretisierung ermöglichte[533] und dadurch die Rechtsanwendung erleichterte. Insofern teilt die Kommission in ihrem Leitlinienpapier die Missbrauchstatbestände in bestimmte Fallgruppen ein, wie etwa die Ausschließlichkeitsbindungen inklusive bedingter Rabatte, die Koppelung und Bündelung, Kampfpreisstrategien, die Lieferverweigerung und die Kosten-Preis-Schere.[534] Die in Art. 102 S. 2 AEUV genannten Regelbeispiele lassen sich fernerhin in Ausbeutungs-, Behinderungs- und Strukturmissbrauch unterteilen,[535] was aber nicht immer vollends streng zu betrachten ist. Die Kategorie des Behinderungsmissbrauchs erfasst dabei sämtliche Maßnahmen beherrschender Unternehmen auf dem beherrschten Markt oder dritten Märkten außerhalb eines fairen Leistungswettbewerbs, einschließlich Drohungen, die sich unmittelbar gegen aktuelle oder potenzielle Wettbewerber richten und jene in ihren Handlungsmöglichkeiten auf dem beherrschten Markt oder benachbarten Märkten beschränken.[536] Das in der europäischen Judikative und Verwaltung erkannte Erfordernis einer Kategorisierung zeigt im Umkehrschluss, dass das missbräuchliche Verhalten nach Art. 102 AEUV zahlreiche, teils

532 *Heermann, Peter W.*, Anwendung des europäischen Kartellrechts im Bereich des Sports – Rechtfertigen die Besonderheiten des Sports eine Sonderbehandlung? (Teil 2), in: WuW 2009, S. 489 (496).

533 *Fleischer*, S. 93.

534 *Lange, Knut Werner/Pries, Thorsten,* Einführung in das europäische und deutsche Kartellrecht, 2. Auflage, Frankfurt am Main 2011, S. 116.

535 *Wessely*, in: Frankfurter Kommentar zum Kartellrecht, Lfg. 57, Bd. III, Art. 82 A, Rn. 13; *Emmerich*, Kartellrecht, Rn. 3, S. 163.

536 *Jung*, in: *Grabitz/Hilf/Nettesheim,* Recht der Europäischen Union, Bd. II, Art. 102, Rn. 214, m. w. N.; *Kling/Thomas*, Kartellrecht, § 5, Rn. 67, S. 215.

sehr verschiedene Erscheinungsformen annehmen kann, die mitunter schwer zu ermitteln sind.

III. Kampfpreisstrategien nach Maßgabe des Art. 102 AEUV

Im Folgenden soll beispielhaft die preisbezogene Verhaltensstrategie der sog. Kampfpreisunterbietung (engl. *predatory pricing*), die für erhebliche Schwierigkeiten[537] sorgt, näher analysiert werden. Es handelt sich um einen typischen Fall des Behinderungsmissbrauchs,[538] der eine Preissenkung zum Gegenstand hat und daher insbesondere bei der Abgrenzung zum wünschenswerten Preiswettbewerb problematisch ist.[539]

1. Begriff und Definition

Die Strategie der Kampfpreisunterbietung bezeichnet ein Verhalten, bei dem ein marktbeherrschendes Unternehmen bewusst kurzfristige Verluste oder Gewinneinbußen in Kauf nimmt, um dadurch einen oder mehrere seiner bereits vorhandenen oder potenziellen Wettbewerber vom Markt zu verdrängen bzw. auszuschließen.[540] Das Unternehmen verlangt sodann Monopolpreise, um den Schaden auszugleichen,[541] was im Ergebnis für die Verbraucher nachteilig ist.[542] Der Nachweis ist mitunter jedoch schwierig. Lediglich in einigen Fällen stehen Beweise zur Verfügung, die auf die Existenz von unzulässigen Kampfpreisen schließen lassen, wie etwa Schriftstücke aus der Sphäre des Marktbeherrschers in Form

537 *Lange, Knut Werner,* Kampfpreisstrategien (predatory pricing) im europäischen Kartellrecht, in: ZHR 2005, S. 495 (508).

538 *Kommission,* Mitteilung – Erläuterungen zu den Prioritäten der Kommission bei der Anwendung von Artikel 82 des EG-Vertrags auf Fälle von Behinderungsmissbrauch durch marktbeherrschende Unternehmen, ABl. C 45/16 24.2.2009, Rz. 63 ff.

539 *Fleischer*, S. 96.

540 *Kommission,* Mitteilung – Erläuterungen zu den Prioritäten der Kommission bei der Anwendung von Artikel 82 des EG-Vertrags auf Fälle von Behinderungsmissbrauch durch marktbeherrschende Unternehmen für die Fälle von Behinderungsmissbrauch, ABl. 2009 Nr. 45/7, Tz. 63.

541 Siehe *Mestmäcker, Ernst-Joachim/Schweitzer, Heike,* Europäisches Wettbewerbsrecht, 2. Auflage, München 2004, § 18, Rn. 2.

542 Vgl. *Pries, Thorsten Wilhelm,* Kampfpreismissbrauch im ökonomisierten EG-Kartellrecht, Tübingen 2009, S. 10.

präziser Planung, Verluste hinzunehmen, um einen Wettbewerber vom Markt auszuschließen, einen Markteintritt zu verhindern oder dem Entstehen eines Marktes zuvorzukommen.[543] Dabei fordern die Gemeinschafts- bzw. Unionsgerichte das Vorliegen einer Verdrängungsabsicht hinsichtlich aktueller oder potenzieller Handelspartner,[544] während dagegen der Nachweis eines tatsächlichen Ausscheidens der Konkurrenz nicht erforderlich ist.[545]

2. Nachweisanforderungen

Es stellt sich aber die Frage, ob auch der Ausgleich von Verlusten oder Gewinneinbußen nach erfolgreichem Kampf, mithin die nachträgliche Schadloshaltung (engl. *recoupment*) durch Monopolpreise, eine nachzuweisende Voraussetzung für eine unzulässige Kampfpreisstrategie nach Maßgabe des Art. 102 AEUV bildet. Ein internationaler Vergleich zeigt, dass die Kartellrechtswidrigkeit des *predatory pricing* in vielen Ländern, wie etwa den USA, Kanada, Taiwan oder Chile, vom Nachweis des *recoupment* abhängig ist.[546] Aus dem Blickwinkel eines rational agierenden Geschäftsmannes ist der Zusammenhang nachvollziehbar. Dennoch wird im EU-Kartellrecht überwiegend die Aussicht auf Amortisation der Kosten des Preiskampfes nicht als obligatorisch betrachtet.[547] Dies ist vor dem Hintergrund des Schutzobjekts im EU-Kartellrecht zu bewerten, nämlich einen Binnenmarkt zu sichern, auf dem ein Wettbewerb herrscht, der den Interessen der Verbraucher zu Gute kommt. Dagegen zielen Kampfpreise marktbeherrschender Unternehmen darauf ab, ihre Wettbewerber vom Markt zu verdrängen und auszuschließen oder durch Eintrittsbeschränkungen gegenüber potenziellen Mitkonkurrenten ihre

---

543 *Kommission,* Mitteilung – Erläuterungen zu den Prioritäten der Kommission bei der Anwendung von Artikel 82 des EG-Vertrags auf Fälle von Behinderungsmissbrauch durch marktbeherrschende Unternehmen für die Fälle von Behinderungsmissbrauch, ABl. 2009 Nr. 45/7, Tz. 66.

544 EuGH, Urteil v. 03.07.1991, Rs. C-62/86, Slg. 1991, I-3359 (Tz. 148) – *Akzo*; EuG, Urteil v. 14.11.1996, Rs. C-333/94, Slg. 1996, I-5951 (Tz. 41) – *Tetra Pak II.*

545 *Kommission,* Mitteilung – Erläuterungen zu den Prioritäten der Kommission bei der Anwendung von Artikel 82 des EG-Vertrags auf Fälle von Behinderungsmissbrauch durch marktbeherrschende Unternehmen für die Fälle von Behinderungsmissbrauch, ABl. 2009 Nr. 45/7, Tz. 69.

546 Siehe *Glöckner, Jochen,* Kartellrecht: Recht gegen Wettbewerbsbeschränkung, Stuttgart 2012, S. 207 f.

547 *Fuchs/Möschel*, in: Immenga/Mestmäcker, EU-Wettbewerbsrecht, Art. 102, Rn. 244. EuGH, Urteil v. 02.04.2009, Rs. C-202/07 P, Slg. 2009, 1–2369 (Tz. 110 und Tz. 112 f.) – *France Télécom*; *Fleischer*, S. 96.

Marktmacht zu erhalten oder auszubauen. Sie bezwecken gerade, die Struktur auf dem Markt zu beeinträchtigen.[548] Dieses Verhalten verändert die Wettbewerbsstruktur nachteilig, behindert einen florierenden Wettbewerb auf den europäischen Märkten und führt dadurch zu Nachteilen für die Konsumenten. Ein solches Verhalten genügt bereits, um unter Art. 102 AEUV zu fallen, unabhängig davon, ob die Unternehmen schlussendlich die Preise bis zum Monopolpreis erhöhen oder nicht. Auch ist die Kampfpreisstrategie gerade dadurch gekennzeichnet, dass das fragliche marktbeherrschende Unternehmen seine Position für Preisunterbietungen rücksichtslos („koste es, was es wolle") einsetzt, um dadurch wettbewerbswidrige Ziele zu erreichen.[549] Angesichts dieser rationalen Überlegungen, also vor dem Hintergrund der Zielsetzung des europäischen Kartellrechts, kann der Nachweis der Schadloshaltung bei der Beurteilung der Kampfpreisstrategie nach Art. 102 AEUV nicht notwendig sein, da dies bei genauerer Betrachtung die Verwirklichung der Vertragsziele behindert.

3. Die zwei Phasen der Kampfpreisstrategie

Eine erfolgreiche Kampfpreisstrategie durchläuft normalerweise zwei Phasen. Die Besonderheit liegt darin, dass ein dahingehender Missbrauch auf unterschiedlichen Ebenen verschiedenen „Rechtsgütern" schaden kann. Dies bedeutet im konkreten Fall, dass im Rahmen der ersten Phase das marktbeherrschende Unternehmen andere Wettbewerber vom relevanten Markt ausschließt oder potenzielle Konkurrenten vom Markteintritt abschreckt. Dagegen sind die Risiken für den Wettbewerb gering, wenn ein relativ leichter Marktzutritt möglich ist.[550] Es kommt entscheidend darauf an, dass eine Veränderung der Marktstruktur droht, weil die Preissenkung zu Lasten des Wettbewerbs – also dem Schutzgut des Kartellrechts – praktiziert wird. In der zweiten Phase erhöht das marktbeherrschende Unternehmen sodann die Preise, die weit über dem Kampfpreis liegen, um auf diesem Weg die zuvor erlittenen Gewinneinbußen oder Verluste auszugleichen und weitere Monopolprofite zu erlangen. Dies schadet im Ergebnis den Interessen der Verbraucher, da diese Preiserhöhungen ausgesetzt sind.

---

548 Vgl. Bundeskartellamt, Entscheidung v. 18.02.2002, B 9–144/01, S. 17 – *Lufthansa Germania.*

549 *Emmerich*, in: Dauses, Handbuch des EU-Wirtschaftsrechts, H I, § 3 Art. 102, Rn. 123.

550 Siehe *Bloch, Robert E./Kamann, Hans-Georg/Brown, Jay S./Schmidt, Jens Peter*, A Comparative Analysis of Art. 82 of the EC Treaty and Sec. 2 of the Sherman Act, in: ZWeR 2005, S. 325 (343).

4. Kartellrechtliche Kategorisierung

Die rechtliche Einordnung der generell unter Art. 102 AEUV fallenden Kampfpreisstrategie, mithin die Zuordnung unter eine der durch die Rechtsprechung und Kommission entwickelten Kategorien, ist eine weitere nicht unumstrittene Thematik.

a. Ausgangssituation

Es herrscht seit geraumer Zeit Uneinigkeit darüber, ob die Strategie der Kampfpreisunterbietung als eigene Fallgruppe einzustufen ist[551] oder vielmehr unter den Generaltatbestand des Art. 102 S. 1 AEUV fällt bzw. unter den Beispielskatalog des Art. 102 S. 2 AEUV zu subsumieren ist. In der Praxis der Kommission und der Gemeinschafts- bzw. Unionsgerichte lassen sich dahingehend keine klaren Aussagen finden, sondern lediglich Andeutungen, die zeigen, dass die rechtliche Einordnung keineswegs einfach ist.

b. Ausbeutung nach Art. 102 S. 2 lit. a AEUV?

Die in Art. 102 S. 2 lit. a AEUV verankerte Missbrauchsform umfasst die unmittelbare oder mittelbare Erzwingung von unangemessenen Einkaufs- oder Verkaufspreisen (oder sonstigen Geschäftsbedingungen). Aufgrund des Wortlautes der Fallgruppe soll nach einer Mindermeinung die Ahndung der missbräuchlichen Preisstrategie unter Art. 102 S. 2 lit. a AEUV fallen.[552] Dies überzeugt jedoch nicht, weil die in Art. 102 S. 2 lit. a AEUV geregelten unangemessenen hohen Einkaufspreise und niedrigen Verkaufspreise, mithin die Kampfpreise, oftmals herangezogene Mittel in der Hand des Marktbeherrschers zur Behinderung anderer Wettbewerber sind. Angesichts dessen verkörpern solche preisbezogenen Marktpraktiken keinen typischen Fall eines Ausbeutungsmissbrauchs und lassen sich daher auch nicht zweifelsfrei in den Anwendungsbereich des Art. 102 S. 2 lit. a AEUV einordnen.[553] Insbesondere beziehen sich die dahingehenden verbotenen Verhaltensweisen auf Praktiken marktmächtiger Unternehmen gegenüber Handelspartnern. Mittels seiner marktbeherrschenden Stellung kann der fragliche

551 So *Fleischer*, S. 94, mit Verweis auf EuGH, Urteil v. 19.04.2012, Rs. C-549/10 P (Tz. 69 f.) – *Tomra Systems;* EuGH, Urteil v. 15.03.2007, Rs. C-95/04 P, Slg. 2007, I-2331 (Tz. 57 f.) – *British Airways*.

552 *Pries, Thorsten Wilhelm,* Kampfpreismissbrauch im ökonomisierten EG-Kartellrecht, Tübingen 2009, S. 10.

553 *Schröter,* in: von der Groeben/Schwarze, Kommentar EUV/EGV, Art. 82 EGV, Rn. 180.

Akteur den Wettbewerb schädigen, in dem er den relativ schwachen Handelspartner absichtlich ausbeutet. Dagegen beziehen sich Kampfpreisunterbietungen des marktbeherrschenden Unternehmens auf die indirekte Beeinflussung der Konkurrenz, um diese gerade vom Marktwettbewerb auszuschließen. Aus diesem Grund verorten viele den Kampfpreismissbrauch nicht in Art. 102 S. 2 lit. a, sondern vielmehr in der Generalklausel.[554]

c. Diskriminierung nach Art. 102 S. 2 lit. c AEUV?

Die Fallgruppe in Art. 102 S. 2 lit. c AEUV erfasst ein Verhalten, nach dem das marktbeherrschende Unternehmen bei gleichwertigen Leistungen unterschiedliche Bedingungen gegenüber potenziellen oder tatsächlichen Handelspartnern verlangt, was zu deren Benachteiligung im Wettbewerb führt. Die Kampfpreisstrategie lässt sich daher unter Art. 102 S. 2 lit. c AEUV subsumieren, wenn eine selektive, ausgewählte Preissenkung vorliegt, was zur Verfälschung der Wettbewerbsbedingungen zwischen den Abnehmern führt.[555] Die fragliche Preisunterbietung bezweckt in erster Linie aber die Verdrängung der Wettbewerber auf einen *anderen* Markt, so dass weniger der Beispielskatalog, als vielmehr die Generalklausel des Art. 102 S. 1 AEUV in Betracht kommt.[556] So bestand etwa gemäß dem *AKZO*-Leiturteil[557], in dem der Marktbeherrscher gegenüber seinem Wettbewerber *ECS* Preissenkungen für Mehlzusätze unterhalb der Kosten androhte, um diesen vom Wettbewerb der organischen Peroxide für die Kunststoffindustrie abzuschrecken,[558] das Hauptziel darin, den Konkurrenten vom Markt der organischen Peroxide zu verdrängen. Das Instrument war dafür die Preissenkung auf dem Markt für Mehl unter die Kosten. Dennoch fallen nicht sämtliche selektiven Preissenkungen unter lit. c. Zusätzlich erfordert ein dahingehender Verstoß eine Schädigung des diskriminierten Abnehmers zu Lasten des Wettbewerbs. In einigen Fällen zielt das Missbrauchsverhalten jedoch gerade nicht auf die Handelspartner zwecks Verzerrung des Wettbewerbs ab. Letzteres ist oftmals lediglich ein „Nebeneffekt“.

---

554 *Fuchs/Möschel*, in: Immenga/Mestmäcker, EU-Wettbewerbsrecht, 5. Auflage, 2012, Art. 102, Rn. 233.

555 *Eilmanberger*, in: München Kommentar, Bd. 1 Art. 82,, Rn. 503. 504.

556 *Nagel, Sibilla,* Die Beurteilung von Kampfpreisstrategien nach EG-Kartellrecht, Bielefeld 2005, S. 105.

557 EuGH, Urteil v. 03.07.1991, Rs. C- 62/86, Slg. 1991 I-3359 – *AKZO*.

558 Kommission, Entscheidung v. 14.12.1985, ABl. 374 (Tz. 32 ff.) – *ECS/AKZO*.

d. Subsumtion unter die Generalklausel in Art. 102 S. 1 AEUV

Sämtliche nicht unter Art. 102 S. 2 AEUV fallenden missbräuchlichen Marktverhaltensweisen, die mit dem Binnenmarktprinzip unvereinbar und damit verboten sind, lassen sich grundsätzlich unter den Generaltatbestand des Art. 102 S. 1 AEUV subsumieren.[559] Teilweise wird insofern vertreten, dass der Katalog in Art. 102 S. 2 AEUV keine zwingenden Elemente des Missbrauchsbegriffs enthalte, so dass eine Missbräuchlichkeit des Verhaltens unter allgemeinen Erwägungen auf Art. 102 S. 1 AEUV gestützt werden kann, ohne die Beispiele in Satz 2 aufzugreifen.[560] Jener Ansatz scheint jedoch zu absolut, da der Beispielskatalog zumindest einen Leitfaden liefert und geringere Anforderungen an die Feststellung eines Marktmachtmissbrauchs fordert. Eine Leitmaxime ist zudem die effektive Durchsetzung des Kartellrechts im Sinne des *effet utile*-Gedankens,[561] was nicht durch Unstimmigkeiten bei der rechtlichen Zuordnung des Verhaltens untergraben werden darf. Soweit daher eine missbräuchliche Kampfpreisstrategie den Tatbestand des Art. 102 S. 2 AEUV, beispielsweise nach lit. c AEUV, bereits ausfüllt, ist dieser letztlich auch als Maßstab heranzuziehen, weil die Beweisanforderungen an den Missbrauch beim Rückgriff auf die Generalklausel weitaus höher sind.[562]

5. Kartellrechtliche Bestimmung von Kampfpreisen

Die Marktwirtschaft verbietet keine normale Preissenkung, sondern ganz im Gegenteil ist gerade diese das erfolgreiche Ergebnis des Wettbewerbs.[563] Die Aufgabe der kartellrechtlichen Kampfpreiskontrolle besteht vielmehr darin, normale Preisunterbietungen von rechtswidrigen Kampfpreisunterbietungen abzugrenzen, was jedoch im Einzelfall äußerst schwierig sein kann. Um das Verhalten des marktbeherrschenden Unternehmens als unzulässig einordnen zu können, sind für den Fall, dass lediglich Indizien vorliegen, jene Umstände – wie auch in allen anderen

559 Vgl. *Emmerich,* in: Dauses, EU-Wirtschaftsrecht, 31. Lfg. 2012, Art. 102 AEUV, Rn. 122.

560 *Jung*, in: Grabitz/Hilf/Nettesheim, Das Recht der Europäischen Union, 50. Lfg. 2013, Art. 102, Rn. 340 ff.

561 *Fleischer*, S. 144.

562 *Mäger, Thorsten,* Europäisches Kartellrecht, 2. Auflage, Baden-Baden 2011, S. 299; a. A.: *Jung*, in: Grabitz Eberhard/Hilf Meinhard, Das Recht der Europäischen Union, Bd I, Lfg. 40, München 2009, Art. 82, Rn. 242.

563 *Eilmansberger,* in: Münchener Kommentar zum europäischen und deutschen Wettbewerbsrecht, Art. 82, Rn. 502.

Missbrauchsfällen – stets in ihrer Gesamtheit zu würdigen.[564] Die komplizierte Preis-Kosten-Analyse steht dabei im Mittelpunkt der Prüfung und soll aus diesem Grund nachfolgend näher untersucht werden.

a. *Kostenbegriffe*

Die Beziehung zwischen dem Preis und den Kosten haben vor allem US-amerikanische Autoren frühzeitig analysiert. So definierten etwa *Areeda* und *Turner* den kartellrechtswidrigen Kampfpreis dergestalt, dass sie die Preisgrenze mit dem wirtschaftlichen Begriff der Grenzkosten, mithin jenen Kosten, die bei der Herstellung einer zusätzlichen Einheit der Ausbringungsmenge entstehen, in Ansatz brachten. Danach erzeuge ein Preisangebot unterhalb der Grenzkosten einen Verlust und sei daher ein verbotener Kampfpreis, während die Preissetzung oberhalb der Grenzkosten kartellrechtlich unproblematisch sei und demzufolge keiner Kontrolle bedürfe.[565] Angesichts der Tatsache, dass „Grenzkosten" theoretisch sind, da sie sich in der Praxis nicht vollends kalkulieren lassen, muss für die Durchsetzung der Preis-Kosten-Analyse der Grenzkostenfaktor im Zusammenhang mit den durchschnittlichen Gesamt- und variablen Kosten erörtert werden. Insofern setzen sich die durchschnittlichen Gesamtkosten aus den Fixkosten und den variablen Kosten zusammen, die oftmals als ein wichtiges Indiz in kostenorientierten Missbrauchsanalysen fungieren. In Anlehnung an das bereits erwähnte *AKZO*-Urteil[566] aus dem Jahr 1991, in dem die zweistufige Kostenpreisanalyse zur Beurteilung rechtswidriger Kampfreise entwickelt wurde, sind Preise, die unter den durchschnittlichen variablen Kosten liegen, stets missbräuchlicher Natur nach Art. 102 AEUV. Sofern jedoch die geforderten Preise über den durchschnittlichen variablen Kosten, aber unterhalb den durchschnittlichen Gesamtkosten liegen, muss zusätzlich der positive Nachweis der Verdrängungsabsicht erbracht werden.[567]

b. *Verdrängungsabsicht*

Eine kartellrechtswidrige Kampfpreisstrategie ist anzunehmen, wenn das marktbeherrschende Unternehmen seine Produkte zu einem Preis anbietet, der unter

564 Siehe *Fleischer*, S. 102.

565 *Areeda Phillip/Turner Donald F.,* Predatory Pricing and Related Practices under Section 2 of the Scherman Act, in: Harvard Law Review, vol. 88, 1975, S. 697 (709 ff.).

566 EuGH, Urteil v. 03.07.1991, Rs. C- 62/86, Slg. 1991 I-3359 – *AKZO*.

567 *Jung*, in: Grabitz/Hilf/Nettesheim, Das Recht der Europäischen Union, 50. Ergänzungslieferung 2013, Art. 102, Rn. 308, S. 121.

den durchschnittlichen variablen Kosten liegt.[568] Die Preise decken in diesem Fall weder die variablen Kosten noch die Fixkosten. Es liegen insofern keine rational nachvollziehbaren, wirtschaftlichen Gründe für derart niedrige Preise vor, so dass darin nur ein kartellrechtswidriges Verhalten erblickt werden kann, weil das fragliche Unternehmen damit lediglich die Verdrängung der Wettbewerber bezweckt. Demnach ist zu berücksichtigen, dass Preise, die lediglich unter den durchschnittlichen *Gesamt*kosten liegen, nicht absolut verboten sind. Sie sind nur dann als unzulässige „Kampfpreise" einzustufen, wenn (a) der Preis unter den durchschnittlichen variablen Kosten liegt und (b) der Nachweis der Verdrängungsabsicht erbracht ist.[569] Ein solches Verhalten ist deshalb nach Maßgabe des europäischen Kartellrechts untersagt, weil es gerade potenzielle Wettbewerber gefährdet und damit die Funktion des Wettbewerbs selbst. Die Konkurrenz kann gegenüber dem marktbeherrschenden Unternehmen aufgrund ihrer geringeren Finanzstärke vom Wettbewerb ausgeschlossen werden. Die nachzuweisende Absicht der Verdrängung zeigt sich beispielsweise in Form eines gezielten Plans des Marktbeherrschers, in Drohungen führender Angestellter der Konkurrenz oder dem Aufkauf von Wettbewerbsprodukten, um sie aus dem Markt zu nehmen.[570]

c. *Unterscheidung von variablen und fixen Kosten*

Ein wichtiger, aber oftmals problematischer Aspekt der zweigliedrigen Kosten-Preis-Analyse besteht darin, die variablen Kosten des fraglichen marktbeherrschenden Unternehmens von den Fixkosten zu unterscheiden.[571] Es gibt keinen allgemein verbindlichen Standard zur Einordnung beider. Sie sind vielmehr im Einzelnen zu analysieren, was jedoch die Gefahr der Willkür bei der Rechtsanwendung schürt. Beispielsweise lagen dem *AKZO*-Fall enge variable Kosten des Marktbeherrschers zugrunde, da insofern nur Rohmaterial, Energie, Verpackung und Transport als variable Kosten Berücksichtigung fanden. Dagegen sind nach Ansicht der Kommission die Kosten für Arbeitskräfte, Reparaturen und Wartung

---

568 EuGH, Urteil v. 03.07.1991, Rs. C-62/86, Slg. 1991, I-3359, 3455 (Tz. 71) – *AKZO;* EuGH, Urteil v. 14.11.1996, Rs. C-333/94, Slg. 1996 I 5961, 6012 (Tz. 41 und Tz. 43) – *Tetra Pak II.*

569 *Deselaers, Wolfgang*, in: Grabitz/Hilf, Das Recht der Europäischen Union, 40. Auflage, 2009, Art. 82, Rn. 298.

570 EuGH, Urteil v. 03.07.1991, Rs. C- 62/86, Slg. 1991 I 3359, 3455 (Tz. 71) – *AKZO.*

571 *Areeda Phillip/Turner Donald F.,* Antitrust Law. – An Analysis of Antitrust Principles and Their Application, vol. 1, Aspen 1978, S. 172.

den Fixkosten zuzuordnen.[572] Jene Kostenklassifizierung der Arbeitskräfte hat jedoch gerade der EuGH abgelehnt.[573]

d. Verlustorientierter Beurteilungsmaßstab

In der Vergangenheit wurde die kostenorientierte Kampfpreisanalyse bei der Feststellung eines Kampfpreismissbrauchs relativ weit ausgelegt. Der Standard ist wegen der wirtschaftlichen Anwendbarkeit auch äußerst beliebt. Insofern konzentriert sich die Kommission[574] ebenso stark auf die Kosten, favorisiert aber gegenwärtig einen komplexeren Test, nach dem die durchschnittlichen variablen Kosten durch durchschnittliche vermeidbare Kosten *(average avoidable costs)* sowie die durchschnittlichen Gesamtkosten durch langfristige durchschnittliche Grenzkosten (long-run average incremental cost) zu ersetzen sind.[575] Bei langfristigen durchschnittlichen Grenzkosten handelt es sich um das Mittel aller (variablen und fixen) Kosten, die einem Unternehmen bei der Herstellung eines bestimmten Produkts entstehen.[576] Unter die durchschnittlichen vermeidbaren Kosten fallen dagegen sämtliche variablen Kosten und die produktspezifischen, durch den Marktaustritt erstattungsfähigen Fixkosten.[577] Die langfristigen durchschnittlichen Grenzkosten liegen in der Regel über den durchschnittlichen vermeidbaren Kosten, da sie im Gegensatz zu den durchschnittlichen vermeidbaren Kosten auch produktspezifische fixe Kosten beinhalten, die vor der Zeit, in der das mutmaßlich missbräuchliche Verhalten stattfand, angefallen sind.[578] Deckt ein marktbeherrschendes Unternehmen seine durchschnittlichen vermeidbaren Kosten nicht, deutet dies darauf hin, dass es kurzfristig bewusst Gewinneinbußen hinnimmt

572 Kommission, Entscheidung v. 14.12.1985, „ECS/AKZO", ABl. 1985, L374, S. 1, Tz. 54.

573 EuGH, Urteil v. 03.07.1991, Rs. C- 62/86, Slg. 1991 I-3359 (Tz. 91) – *AKZO*.

574 *Kommission*, Mitteilung – Erläuterungen zu den Prioritäten der Kommission bei der Anwendung von Artikel 82 des EG-Vertrags auf Fälle von Behinderungsmissbrauch durch marktbeherrschende Unternehmen, Abl. C 45/16 24.02.2009, Tz. 26 ff.

575 *Bolton, Patrick/Brodley, Joseph F./Riordan, Michael H.*, Predatory Pricing: Strategic Theory and Legal Policy, in: Geo. L. J., vol. 88, 2000, S. 2239 ff.

576 *Kommission*, Mitteilung – Erläuterungen zu den Prioritäten der Kommission bei der Anwendung von Artikel 82 des EG-Vertrags auf Fälle von Behinderungsmissbrauch durch marktbeherrschende Unternehmen, ABl. C 45/16, 24.02.2009, Tz. 26.

577 *Bolton/Brodley/Riordan*, in: Geo. L. J., vol. 88, 2000, S. 2239 (2271 f.).

578 Vgl. *Kommission*, Mitteilung – Erläuterungen zu den Prioritäten der Kommission bei der Anwendung von Artikel 82 des EG-Vertrags auf Fälle von Behinderungsmissbrauch durch marktbeherrschende Unternehmen, ABl. C 45/16, 24.02.2009, Tz. 26.

und dass ein ebenso effizienter Wettbewerber die Zielkunden nur verlustbringend bedienen kann. Deckt das marktbeherrschende Unternehmen seine langfristigen durchschnittlichen Grenzkosten nicht, deutet dies darauf hin, dass das Unternehmen nicht alle (zurechenbaren) fixen Kosten für die Herstellung der Ware bzw. die Erbringung der Dienstleistungen deckt und dass ein ebenso effizienter Wettbewerber vom Markt ausgeschlossen werden könnte.[579] Nach Auffassung der Kommission erbringt ein marktbeherrschendes Unternehmen durch sein Verhalten dann ein „Opfer", wenn es während des relevanten Bezugszeitraums für seine gesamte oder einen Teil seiner Produktion die Preise senkt bzw. seine Produktion erhöht und zu vermeidende Verluste erzielt hat oder erzielt. Zur Beurteilung der Frage, ob das marktbeherrschende Unternehmen vermeidbare Verluste erleidet oder erlitten hat, zieht die Kommission die durchschnittlichen vermeidbaren Kosten heran. Berechnet ein marktbeherrschendes Unternehmen für seine gesamte oder einen Teil seiner Produktion Preise unterhalb der durchschnittlichen vermeidbaren Kosten, decken diese Preise nicht die Kosten, die er hätte vermeiden können, wenn er die betreffende Menge nicht produziert hätte. Es entsteht ihm folglich ein vermeidbarer Verlust. Preise unterhalb der durchschnittlichen vermeidbaren Kosten betrachtet die Kommission daher meistens als klaren Anhaltspunkt für ein „Opfer".[580]

Sowohl die durchschnittlichen vermeidbaren Kosten als auch die langfristigen durchschnittlichen Grenzkosten sind ein Hauptindiz im Rahmen des „Opfertests", der einen Unterfall des fallgruppenspezifischen *equally efficient competitor test* darstellt.[581] Entsprechend den Durchsetzungsprioritäten der Kommission liegt ein wettbewerbswidriger, verbotener Kampfpreis demnach vor, wenn durch die Preiskampfsetzung (1) ein bewusstes „Opfer" (engl. *sacrifice*) erbracht wird, (2) eine wettbewerbswidrige Marktverschließung gegenüber genauso effizienten Wettbewerbern erfolgt und schließlich (3) keine Rechtfertigung durch Effizienzen möglich ist. Sofern demnach ein „Opfer" vorliegt und eine Kampfpreisstrategie nachgewiesen ist, die marktverschließend wirkt, sind solche Preise wettbewerbswidriger

579 Vgl. *Kommission*, Mitteilung – Erläuterungen zu den Prioritäten der Kommission bei der Anwendung von Artikel 82 des EG-Vertrags auf Fälle von Behinderungsmissbrauch durch marktbeherrschende Unternehmen, ABl. C 45/16, 24.02.2009, Tz. 26.

580 Vgl. *Kommission*, Mitteilung – Erläuterungen zu den Prioritäten der Kommission bei der Anwendung von Artikel 82 des EG-Vertrags auf Fälle von Behinderungsmissbrauch durch marktbeherrschende Unternehmen, ABl. C 45/16 24.2.2009, Tz. 64.

581 *Kommission*, Mitteilung – Erläuterungen zu den Prioritäten der Kommission bei der Anwendung von Artikel 82 des EG-Vertrags auf Fälle von Behinderungsmissbrauch durch marktbeherrschende Unternehmen, ABl. C 45/16 24.2.2009, Tz. 63–74.

Natur.[582] Gleichwohl kann das Vorliegen eines Leistungswettbewerbs an sich wettbewerbswidrige Preispraktiken ausnahmsweise rechtfertigen.[583] Obgleich der Art. 102 AEUV nach seinem Wortlaut keine Möglichkeit der Rechtfertigung eines Missbrauchs der marktbeherrschenden Stellung vorsieht, ist dennoch die Option eines *safe harbour* gemessen an der Verhältnismäßigkeit[584] geboten.[585] Die Kommission[586] fordert diesbezüglich bei einem *predatory pricing*-Verhalten in Anlehnung an den favorisierten *more economic approach* erhebliche Effizienzvorteile. Der Rechtfertigungsgrund ist aber nicht unumstritten.[587] Um insoweit eine mehr an der Marktrealität orientierte kartellrechtliche Entscheidung treffen zu können, sollte dem marktbeherrschenden Unternehmen, neben erheblichen Effizienzen, ebenso die Möglichkeit des Nachweises plausibler Abwehrreaktionen, der Abbau von Überkapazitäten, eine drohende Unverkäuflichkeit sowie Produkteinführungen als Einwand gewährt werden.[588]

e. Stellungnahme

Im Ergebnis sind bei der Kosten-Preisanalyse im Rahmen der Bestimmung eines missbräuchlichen Kampfpreisverhaltens durchschnittlich vermeidbare Kosten als Beurteilungsgrundlage dem Grunde nach geeigneter als die durchschnittlichen variablen oder gesamten Kosten, weil insofern mehrere Indikatoren in die

582 *Jung*, in: *Grabitz/Hilf/Nettesheim*, Das Recht der Europäischen Union, 50. Lfg. 2013, Art. 102, Rn. 308, S. 121; *Fuchs/Möschel*, in: Immenga/Mestmäcker, EU-Wettbewerbsrecht, Art. 102, Rn. 245.

583 *Bolton/Brodley/Riordan*, in: Geo. L. J., vol. 88, 2000, S. 2239; *Pries, Thorsten Wilhelm*, Kampfpreismissbrauch im ökonomisierten EG-Kartellrecht, Tübingen 2009, S. 77; vgl. *Lange*, in: ZHR 169, 2005, S. 495 (508).

584 Siehe EuGH, Urteil v. 14.02.1978, Rs. 27/76, Slg. 1978, 207 (Tz. 184/194) – *United Brands*; siehe EuGH, Urteil v. 11.07.1989, Rs. 265/87, Slg. 1989, 2237 (Tz. 21) – *Schräder*. Ferner: *Xiao, Jiangping*, Rechtfertigungsgründe bei Missbrauch der marktbeherrschenden Stellung, in: Forschung über Recht und Wirtschaft, Nr. 5, 2009.

585 *Fleischer*, S. 117.

586 *Kommission*, Mitteilung – Erläuterungen zu den Prioritäten der Kommission bei der Anwendung von Artikel 82 des EG-Vertrags auf Fälle von Behinderungsmissbrauch durch marktbeherrschende Unternehmen, ABl. C 45/16 24.2.2009, Tz. 67.

587 *Jung*, in: *Grabitz/Hilf/Nettesheim*, Das Recht der Europäischen Union, 50. Lfg. 2013, Art. 102, Rn. 313, S. 122; *Fuchs/Möschel*, in: *Immenga/Mestmäcker*, Art. 102, Rn. 146; *Deselaers*, in: *Grabitz/Hilf/Nettesheim*, Das Recht der Europäischen Union, 50. Lfg. 2013, Art. 102, Rn. 419, S. 156.

588 Zu den weiteren Rechtfertigungsgründen siehe *Pries, Thorsten Wilhelm*, Kampfpreismissbrauch im ökonomisierten EG-Kartellrecht, Tübingen 2009, S. 173 ff.

Berechnung einbezogen werden.[589] Die seitens *Areeda* und *Turner* vorgeschlagene ursprüngliche Kosten-Formel umfasst kein praktikables, justiziables Kriterium. Problematisch ist aber generell, die unterschiedlichen Kosten des fraglichen Unternehmens einzuordnen sowie vollends zu berechnen. Es existiert kein einheitlicher Aufteilungsstandard zwischen variablen und fixen Kosten, sodass gleiche Kosten in der Praxis häufig unterschiedlich eingeordnet werden.[590] Bei durchschnittlichen variablen Kosten wird nur eine kurzfristige Analyse vorgenommen, so dass einige Kosten, wie etwa „versunkene" Kosten außer Betracht bleiben.[591] Insofern sind jedoch ebenfalls strategische Aspekte unternehmerischer Marktverhaltensweisen zu berücksichtigen. Dessen Ausblendung kann daher letztlich zu falschen Ergebnissen führen.[592] Darüber hinaus spielen durchschnittliche variable Kosten für eine Branche mit hohen Fixkosten und geringen variablen Kosten nur eine kleine Rolle.[593] Dagegen besteht bei der Anwendung der durchschnittlichen Kosten in der Praxis der Kartellbehörden und Gerichte die Schwierigkeit, die Gesamtkosten auf die einzelnen Produkte aufzuteilen, so dass die Aufschlüsselung letztendlich oftmals willkürlich erfolgt.[594]

Ein großer Vorzug der durchschnittlichen vermeidbaren Kosten sowie der langfristigen durchschnittlichen Grenzkosten liegt aber darin, dass dadurch eine komplizierte Kostenverteilung in fixe und variable Kosten vermieden wird. Die neu eingeführten Indizien sind indessen ebenso wenig optimal. Problematisch ist vor allem, die erstattungsfähigen und nicht erstattungsfähigen Kosten bei einem hypothetischen Marktaustritt aufzuteilen, was im Ergebnis zu nicht unerheblichen Schwierigkeiten und einer Unvereinbarkeit führen kann.[595] Dies ist insbesondere für solche Unternehmen nachteilig, die nur ein Produkt bzw. eine eher kleine

---

589 *Schmidt, André/Voigt, Stefan,* Der »more economic approach« in der Missbrauchsaufsicht. Einige kritische Anmerkungen zu den Vorschlägen der Generaldirektion Wettbewerb, in: WuW 2006, S. 1097.

590 *Jones, Alison/Sufrin, Brenda,* EU Competition Law, 4th edition, Oxford 2010, S. 446; *O'Donoghue Robert/Padilla A. Jorge,* The Law and Economics of Artikel 82 EC, Oxford 2006, S. 242.

591 *Bolton/Brodley/Riordan*, in: Geo. L. J., vol. 88, 2000, S. 2239.

592 Siehe dazu *Williamson, Oliver E.,* Predatory Pricing: A Strategic and Welfare Analysis, in: Yale L. J, vol. 87, 1977, S. 287 (306 ff.).

593 *Eilmansberger*, in: MünchKomm EU-WettbR, Bd. 1, Art. 82 EGV, Rn. 523.

594 Kommission, Entscheidung v. 24.7.1991-IV/31.043, Abl. 1992, L 72, Tz. 49 (Fn. 29) – *Tetra Pak II.*

595 Vgl. *Pries, Thorsten Wilhelm,* Kampfpreismissbrauch im ökonomisierten EG-Kartellrecht, Tübingen 2009, S. 94.

Produktpalette herstellen, während solche, die mehrere verschiedene Waren produzieren, davon profitieren können.[596] Darüber hinaus sind die Analyse der Kostendeckung und -ermittlungen im Allgemeinen zeit- und ressourcenaufwendig[597] sowie letztendlich wenig einheitlich. Zudem sind Kosten auch nicht immer der einzige Preisbildungsfaktor. Um eine wirtschaftliche rationale Preissetzung zu bestimmen, müssen ebenso andere Faktoren, wie beispielsweise die Konkurrenzsituation, die Nachfrage und strategische Überlegungen im Rahmen einer Gesamtbetrachtung in die Prüfung einbezogen werden.[598]

Demnach ist die alleinige Kostenanalyse keine wirklich objektive und justiziable Methode zur Bestimmung einer nach Art. 102 AEUV unzulässigen Kampfpreisstrategie.[599] Insbesondere vor dem Hintergrund des im EU-Kartellrecht aufstrebenden *more economic approach* zeigt sich, dass sich durch die Kosten allein der Missbrauchsbegriff nicht vollends nachvollziehbar und rechtssicher beurteilen lässt, da die Ökonomie eine ausführliche Gesamtbewertung nicht ersetzen kann. Insofern spielen bei der Beurteilung eines Kampfpreises neben der selektiven Preissenkung vor allem auch die objektiv erzielte Wirkung des Verhaltens auf den Wettbewerb sowie die verfolgte wettbewerbsfeindliche Intention des Marktbeherrschers, die zur Erlangung eines überzeugenden Ergebnisses niemals außer Acht bleiben darf,[600] eine nicht zu unterschätzende Rolle.

Eine Kampfpreisunterbietung ist ein äußerst komplexes Verhalten. Der Preis ist ein Wettbewerbsmittel, das von jedem Unternehmen, inklusive marktbeherrschenden Unternehmen, verwendet wird. Die Kontrolle des Preismissbrauchs ist demnach mit Vorsicht anzuwenden, um letztlich nicht den erwünschten Preiswettbewerb zu hemmen. Eine Beschränkung des Wettbewerbs durch die Aufsicht würde ihrem Ziel gerade zuwider laufen.[601] Demnach müssen neben der selektiven Preissenkung auch die Marktposition des Normenadressaten, mithin das marktbeherrschende Unternehmen, dessen subjektive Seite, das heißt die

596 Vgl. *Pries, Thorsten Wilhelm,* Kampfpreismissbrauch im ökonomisierten EG-Kartellrecht, Tübingen 2009, S. 100.

597 *Fleischer*, S. 97.

598 *Nagel, Sibilla,* Die Beurteilung von Kampfpreisstrategien nach EG-Kartellrecht, Bielefeld 2005, S. 53.

599 *Kling/Thomas*, Kartellrecht, § 5, S. 233, Rn. 104, vertreten eine ähnliche Meinung.

600 Zum subjektiven Kriterium siehe *Fuchs/Möschel*, in: Immenga/Mestmäcker, Art. 102, Rn. 242, S. 667; *Pries, Thorsten Wilhelm,* Kampfpreismissbrauch im ökonomisierten EG-Kartellrecht, Tübingen 2009, S. 120 ff.

601 *Emmerich, Volker,* Das Recht des unlauteren Wettbewerbs, 6. Auflage, Neuwied (u.a.) 2002, S. 61 f.

Verdrängungsabsicht, das Schutzobjekt, nämlich der Wettbewerb unter Berücksichtigung objektiver Aspekte wie der Marktstruktur und Barrieren des Markteintritts, als ein Bündel in ihrer Gesamtheit im konkreten Einzelfall geprüft werden.

B. Beurteilung von Kampfpreisen nach dem Wettbewerbsrecht Chinas

I. Allgemeines

Im Nachfolgenden soll zunächst die Entwicklung des Preiswettbewerbs in China und die damit verbundenen Hürden aufgrund tradierter chinesischer Vorstellungen von Staat und Wirtschaft kurz diskutiert werden. Danach erfolgt eine Analyse der dahingehenden Regulierungsansätze, die sich im Laufe der Zeit herausgebildet haben.

1. Entwicklung des Preiswettbewerbs als Ausgangspunkt

Ein Preiskampf existierte vor der politischen Agenda der „Reform und Öffnung" Ende der 1970er Jahre nicht, da der Staat in dieser Zeit die Preise selbst bestimmte.[602] Die Entwicklung eines intensiven Preiswettbewerbs in der Volksrepublik China soll nunmehr – in Abgrenzung zur unzulässigen, den Vernichtungswettbewerb fördernden Kampfpreisstrategie am Beispiel der TV-Branche näher erläutert werden, da es sich hierbei um einen der bekanntesten Industriesektoren handelt, in denen sich der Preiswettbewerb gegenüber tradierten planwirtschaftlichen Ideen als erstes durchsetzen konnte.

a. Durchbruch des Wettbewerbs am Beispiel der TV-Branche

Der Begriff des Preiskampfes wurde vor allem durch den seitens *Chang Hong* geführten Preiskampf in der TV-Branche bekannt. Im September 1989 hatte das in der Produktion von Fernsehgeräten tätige Unternehmen ca. 200.000 Geräte auf Lager. Es war jedoch dem Risiko der Zahlungsunfähigkeit ausgesetzt, so dass es erstmals begann, den Preis zu unterbieten. Dieser Bruch mit dem Konzept der Planwirtschaft kurbelte jedoch die Nachfrage an. Um einen höheren Marktanteil zu erlangen, senkte *Chang Hong* den Preis, so dass nach und nach andere große TV-Hersteller am Preiskampf teilnahmen. Durch den Wettbewerbsdruck gewann

602 *Wang*, in: RIW 2008, S. 417.

die Kostenkontrolle nunmehr auch für die Konkurrenz an Bedeutung; das Gleiche galt für die Option, den Markt zu erweitern. Jene Preisunterbietungen führten zur technischen Entwicklung und der Erhöhung der Wettbewerbsfähigkeit der gesamten Fernseherbranche. Mithin erkannte man die positiven Seiten des Wettbewerbs, insbesondere das damit einhergehende Motivationsziel.[603] Ein negativer Effekt des neu entfachten Wettbewerbs war indessen die Konzentration von Marktanteilen einzelner großer Unternehmen, die dem Grunde nach geeignet waren, soziale Marktstrukturen zu schädigen.[604] Dennoch galt die TV-Branche als Vorbild für die Entwicklung weiterer Bereiche der Haushaltselektrogerätebranche. Durch ein sodann erfolgtes erhebliches Maß an staatlicher Unterstützung investierten viele weitere Unternehmen in den TV-Sektor, was jedoch letztlich zu einem Produktionsüberschuss und Betriebsschwierigkeiten der Unternehmen führte. Dies löste schließlich den – erneut durch *Chang Hong* initiierten – heftigen dritten Preiskampf im Fernsehgerätesektor im Jahr 1999 aus. Die Marktpositionen der Unternehmen änderten sich rasch, da die Marktanteile weiter großen Marktakteuren zuflossen und sich deren Konzentrationsgrad dadurch erheblich erhöhte.[605] Jedoch waren die aus der Preisunterbietung im Fernsehsektor positiv hervorgehenden Effekte ebenso vielfältiger Natur. Sie förderten nicht nur den Wettbewerb, sondern bewirkten auch dadurch eine effiziente Allokation von Ressourcen und verbesserten das Verbraucherwohl durch ein abwechslungsreiches Angebot an Produkten. Die aufgeführten Preiskämpfe waren letztlich auch keine unzulässigen Kampfpreisstrategien, so dass ein wettbewerbsrechtliches Einschreiten nicht erforderlich war. Dies beruht darauf, dass sich *Chang Hong* nicht unabhängig von anderen Herstellern (Konkurrenten) und Kunden (Konsumenten) bezüglich der Produktionsmenge und den Preisen verhalten konnte. *Chang Hong* hatte weder auffällige herausragende Marktanteile noch eine erhebliche Finanzstärke oder dominierende technologische Fähigkeiten. Das Unternehmen besaß demnach keine marktbeherrschende Stellung, so dass bereits aus diesem Grund ein Missbrauch nicht zu

---

603 Vgl. *Liu, Jiaru,* Strafbarkeit der Organmitglieder einer Aktiengesellschaft wegen treuwidrigen Verhaltens in China. – Unter Berücksichtigung des § 266 StGB im deutschen Recht, Diss., Heidelberg 2011, S. 33.

604 Siehe *Shang, Ming,* The Theory of Chinese Antimonopoly-Law and Practice, Peking 1997, S. 16.

605 Vgl. *Yang, Huixin/Liu, Jinghui,* Marktstruktur, technische Innovation und Wettbewerbsfähigkeit der Fernsehgerätehersteller. – Diskussion von Preiskampf in der Fernsehbranche, in: Wirtschaftstudien Nankai, Nr. 1, 2002, S. 45 f.; *Jiang, Xiaojuan,* Wachstum, Effizienz und Organisationsänderung des Industriezweigs in der Systemreform: Fallstudien in einigen Industrie-Branchen in China, Shanghai 1999, S. 91.

prüfen war. Ohnehin bestand der Hauptzweck seiner Preisunterbietungen darin, seine Schwierigkeiten in Bezug auf den Produktrückstand zu überwinden und die drohende Insolvenz zu vermeiden und nicht darin, Wettbewerber vom Markt zu verdrängen. Es lagen vielmehr rational wirtschaftliche Gründe für seine selektive Preissenkung vor.

b. Gründe für die Förderung des Preiswettbewerbs

Für eine lange Zeit bestand in der Fernsehindustrie das Problem darin, dass die Produktstruktur und Produktkosten der meisten Hersteller homogen waren. Dies war auch der wichtigste Grund für die Entstehung des Preiskampfes.[606] Neben den erfolgten Preissenkungen erfolgte auch Wettbewerb im Bereich der Produktionstechnik und im Managementsektor. Sie wandten das Mittel des Preises an, um Marktanteile zu erlangen. Dies ist von der Selbstschädigung und der Verdrängung von Wettbewerbern vom Markt, wie es typischerweise im Bereich des *predatory pricing* der Fall ist, zu unterscheiden. Ein solches, dem Leistungswettbewerb entsprechendes Verhalten entspricht dem Wesen der Marktwirtschaft, zumal es sich um ein erlaubtes, rechtmäßiges Marktverhalten handelte.

Von einem objektiven Standpunkt heraus beleuchtet, war China in den frühen 1980er Jahren noch in der Anfangsphase der Entwicklung preisbezogener Marktverhaltensweisen. Es gab niedrige Eintrittsbarrieren, so dass zu jener Zeit mehr als 120 Fernsehgerätehersteller auf dem chinesischen Markt präsent waren.[607] Hierin zeigt sich, dass der damalige Markt keine Eintrittsbarrieren, keine unternehmerischen Konzentrationen, sondern vielmehr eine offene Marktstruktur aufwies, also Merkmale, die nicht für die Notwendigkeit einer kartellrechtlichen Intervention sprechen. Dennoch warfen bereits im Jahr 1996 einige TV-Hersteller dem Unternehmen *Chang Hong* wegen der Preisunterbietung eine unzulässige Kampfpreisstrategie vor. Wie an obiger Stelle aufgezeigt, handelte es sich bei seinem Verhalten aber nicht um einen Marktmachtmissbrauch, zumal sein Gewinn nach der Preisunterbietung nur 18,22 % erreichte.[608]

---

606 *Duan, Lin,* Analyse der industriellen Organisation der chinesischen Fernseherindustrie, in: Markt Wochenzeitschrift (Forschung Vision), Nr. 9, 2005, S. 28.

607 Die Daten aus den Jahren 1996 und 1997 stammen aus dem Analysereport der Abteilung für Wirtschaftsprognosen des staatlichen Informationszentrums über den Fernsehgerätemarkt.

608 *Xia, Dawei/Chen, Daiyun/Li, Taiyong,* Analyse der industriellen Organisation in der Fernsehgeräteindustrie Chinas, in: Xia, Dawei (Hrsg.), Industrielle Organisation. Wettbewerb und Regulation, Shanghai 2002, S. 68.

c. *Vorteile des Preiswettbewerbs*

Seit 1997 änderte sich jedoch die Situation auf dem TV-Markt, weil sich in der Fernsehgeräteindustrie Skaleneffekte (engl. *economies of scale*) gebildet hatten.[609] Daneben zeigte sich eine hohe Marktkonzentration, eine Abhängigkeit der Verbraucher von großen Produktmarken sowie Technologiebarrieren, die das Resultat von Preisabsprachen und anderen wettbewerbswidrigen Marktverhaltensweisen waren.[610] Die Entwicklung der Fernsehgeräteindustrie als Teilbereich der Industrie der Haushaltsgeräte ist beispielhaft. Eine Überinvestition und -produktion zeigte sich nicht nur in diesem Bereich, sondern auch bei der Herstellung von Kühlschränken, Klimaanlagen, DVD-Playern, etc. In diesen Branchen ist demnach der Preiswettbewerb zu fördern, damit nur jene Unternehmen, die am Bedarf der Verbraucher produzieren, überleben und andere, die daran vorbei produzieren, ausgesondert sowie Konzentrationen auf dem Markt beseitigt werden. Dies stellt eine der wesentlichsten Aufgaben des Wettbewerbs dar[611], denn es handelt sich – wie es einst ein Vertreter der ordoliberalen Lehre der *Freiburger Schule* namens *Franz Böhm*[612] zutreffend feststellte – um das beste Entmachtungsinstrument.

d. *Einfluss des politischen Systems und der Planwirtschaft*

Die Entwicklung der (sozialistischen) Marktwirtschaft als Ausgangspunkt für den Durchbruch des Wettbewerbsprinzips in China begann mit der „Reform und Öffnung“ vor über 30 Jahren, was zum Ende der planwirtschaftlichen Monopolpreise

---

609 Darunter versteht man in der Produktionstheorie der Betriebswirtschaftslehre und in der Mikroökonomie die Abhängigkeit der Produktionsmenge von der Menge der eingesetzten Produktionsfaktoren. Der Skalenertrag zeigt an, um welchen Betrag sich die Produktionsmenge verändert, wenn der Einsatz aller Produktionsfaktoren (marginal) um einen bestimmten Faktor erhöht wird.

610 Abteilung für Preispolitik im Regulationsamt der Wirtschaftspolitik der staatlichen Kommission für Entwicklung und Reform, Preiskartell von neun Fernsehgeräteherstellern im Widerspruch zum Preisgesetz, in: Preistheorie und Praxis, S. 13 f., 2000, Nr. 7; *Jiang, Xiaojuan,* Wachstum, Effizienz und Organisationsänderung des Industriezweigs in der Systemreform: Fallstudien in einigen Industrie-Branchen in China, Shanghai 1999, S. 49 ff.

611 Eingehend dazu *Fleischer*, S. 13 f.

612 *Böhm, Franz*, Demokratie und ökonomische Macht, in: Institut für ausländisches und internationales Wirtschaftsrecht (Hrsg.), Kartelle und Monopole im modernen Recht. Beiträge zum übernationalen und nationalen europäischen und amerikanischen Recht, erstattet für die internationale Kartellrechts-Konferenz in Frankfurt am Main, Juni 1960, Karlsruhe 1961, S. 22.

führte.[613] Obgleich die Geschichte der Marktwirtschaft in China bisher eher kurz ist, war schon im Jahr 2005 ein Marktpreis in über 90 % aller Branchen zu verzeichnen.[614] Da jedoch die Schaffung und Entwicklung eines Wettbewerbs stets ein Prozess ist, der dauert, gab es auch lange Zeit keine marktbeherrschenden Unternehmen auf dem chinesischen Binnenmarkt.

aa. Ausgangssituation

Die meisten Großunternehmen, die einen sehr hohen Marktanteil besitzen, sind heute nach wie vor in staatlicher Hand. Um das Problem der Passivität der Staatsunternehmen zu lösen, etablierte die chinesische Regierung seit der Agenda der „Reform und Öffnung" eine Reihe von Maßnahmen, wie die Trennung zwischen Staat und Unternehmen, die Umstrukturierung der Industrie und den *corporation process*. Dies bedingte zwar einen gewissen Fortschritt, jedoch ließen sich damit nicht alle vom alten System geerbten Probleme lösen. Es bestehen immer noch Schwierigkeiten im Bereich der Entwicklung der Marktwirtschaft, die sich in verschiedenen Formen zeigen.

bb. Privilegierung von Staatsunternehmen

Problematisch ist zunächst der Umstand, dass der Staat als Eigentümer und Betreiber von Unternehmen am Wirtschaftsleben teilnimmt und sich zugleich gewisse Privilegien von Gesetzes wegen einräumt (siehe etwa die Regelung in § 7 AMG). Wie bereits im Rahmen der Problematik der administrativen Monopole in § 2 der Arbeit ausgeführt, kann dies dazu führen, dass Unternehmen zwar Gewinn erzielen, nicht aber für den Verlust verantwortlich sind. Dies führt zu einer Verzerrung des angestrebten fairen Wettbewerbs und der damit gewollten Effizienz- und Verbrauchervorteile. So kommt etwa im Falle finanzieller Verluste eines Staatsbetriebes der Staat auf, während diese Option den privaten Marktakteuren nicht zur Verfügung steht. Zur Erlangung von Gewinnen strebt ein Marktteilnehmer einen kontinuierlichen Größenzuwachs und gute finanzielle Ausstattung sowie hohe Marktanteile an. Um dieses – grundsätzlich erlaubte – wirtschaftliche Ziel zu erreichen, ist er mitunter auch gewillt, finanzielle Verluste in Kauf zu nehmen und

613 *Wang*, in: RIW 2008, S. 417 (418).

614 *Zheng, Wentong,* Transplanting Antitrust in China: Economic Transition, Market Structure, and State Control, in: University of Pennsylvania Journal of International Law, vol. 32, 2010, S. 643 (654).

Kampfpreisstrategien durchzuführen.[615] Durch diverse Privilegien und staatliche Investitionen kommt indessen diesbezüglich den Staatsunternehmen gewissermaßen ein Schutzschirm seitens der chinesischen Regierung zugute.

cc. Staatliche Fluggesellschaften als Beispiel

Ein Beispiel für die Verzerrung des Marktwettbewerbs durch staatliche Privilegierungen lässt sich bei den Preisschwankungen der Flugtickets in den Jahren 1997 bis 2000 ausmachen. Die Flugticketpreise bewegten sich in dieser Zeit in einem ungewöhnlichen, nicht natürlichen Zyklus. Bei freien Marktpreisen besteht zwar die Möglichkeit der Kampfpreisstrategien, so dass eine staatliche Preiskontrolle erforderlich ist, jedoch fehlt es bei zentral regulierten Preisen gerade an der Leistungskraft, da die Unternehmen mangels eines Wettbewerbs keine Motivation für technologischen oder innovativen Fortschritt verspüren, was letztlich den Verbrauchern und der Effizienzsteigerung schadet. Die chinesische zivile Luftfahrtbehörde (中国民航总局) bemühte sich im Bereich der zivilen Luftfahrtbranche zwar besonders um eine Ausweitung der Unternehmensautonomie und erlaubte staatseigenen Fluggesellschaften eine selbstständige Preisbestimmung für Flugtickets. Dies hatte aber zur Folge, dass jene Fluggesellschaften begannen, um Marktanteile unter Inkaufnahme von Verlusten zu kämpfen. Sie verkauften die Flugtickets zu einem 20 % bis 30 % günstigeren Preis als dies normalerweise der Fall war, um dadurch andere Wettbewerber vom Markt zu verdrängen. Dies führte im Ergebnis zur Verdrängung der schwachen lokalen Fluggesellschaften[616], da diese nicht zu den staatlichen Gesellschaften gehörten und nicht getrennt behandelt wurden. Die staatlichen Schlüsselgesellschaften waren nicht für die Verluste verantwortlich, sondern vielmehr war es die überwachende, übergeordnete Luftfahrtbehörde als deren Verwalter und Eigentümer, welche die Verantwortung traf. An diese floss zudem der Hauptgewinn der ihnen direkt unterstellten Fluggesellschaften, während sie als staatliche Institution im Gegenzug alle möglichen Verluste

615 *Zhan, G Weiying/MA Jie,* Eigentum als Grundlage für den ruinösen Wettbewerb, in: Wirtschaftsforschung, Nr. 6, 1999, Nr. 6, S. 18.

616 Von 1987 bis 2002 gab es nur staatliche und lokal kontrollierte Fluggesellschaften. Die sechs größten Fluggesellschaften waren 1987 China International Airlines, China Eastern Airlines, China Southern Airlines, China Southwest Airlines, China Northwest Airlines, China Northern Airlines. Diese waren die zentralen Unternehmen, während die lokalen Fluggesellschaften von den Regionen unterhalten wurden. Nach 2005 durfte erstmals eine private Fluggesellschaft in Chinas Zivilluftfahrt operieren.

übernahm. Anhand der beschriebenen Situation wird dokumentiert, dass staatlich geführte Schlüsselgesellschaften aus eigenen Interessen heraus und zur Erlangung von Marktanteilen eine Kampfpreisstrategie führen, welche den Wettbewerb zu verzerren geeignet ist. Sie können die Gewinne teilen, aber müssen für Verluste nicht bezahlen,[617] da sie bei potenziellen Einbußen stets auf die schützende Hand des Staates zurückgreifen können.

2. Älterer Regulierungsansatz

Kampfpreisstrategien existieren – wie oben gezeigt – seit dem Beginn der Entwicklung des Preiswettbewerbs in China. Eine seit dieser Zeit häufig gestellte Frage ist indessen die Definition und Regulierung von Kampfpreisstrategien. Da das AMG jedoch erst 2007 konzipiert wurde und erst 2008 in Kraft trat, griffen die Behörden zur rechtlichen Beurteilung solcher Marktpraktiken auf Regelungen zurück, die bereits existierten, wie etwa auf das Preisgesetz im Fall *Quan Jia* gegen *Guang Ming* aus dem Jahr 1998.

a. Quan Jia *gegen* Guang Ming

aa. Sachverhalt

Die vor Inkrafttreten des AMG diskutierten Beurteilungskriterien sind bis heute nicht vollends bekannt. Dennoch erfolgte – insofern unstreitig – die Überwachung von Kampfpreisen durch die Verwaltung, was nachfolgend am Beispiel der Frischmilchpreise in der Entscheidung *Quan Jia* gegen *Guang Ming* der Preisregulierungsbehörde Shanghais erläutert werden soll. Das Unternehmen *Quan Jia*, das in der Produktion und dem Vertrieb von Frischmilch agiert, wollte in den Molkereimarkt Shanghai's eintreten, auf dem bereits die Firma *Guang Ming* eine Monopolstellung einnahm. Als Newcomer verkaufte *Quan Jia* seine Produkte zu einem relativ niedrigen Preis, die nicht unter seinen Kosten lagen, aber 30 Cent günstiger als jene des Monopolisten waren. Die Firma Guang Ming, die darin eine Gefahr für den Absatz ihrer eigenen Produkte sah, senkte daraufhin seine Preise auf dasselbe Niveau, was im Ergebnis zu einem Preiskampf zwischen beiden Unternehmen führte. Nach sechsmaliger Preissenkung kostete eine Packung Milch (980

617 *Zhan, G Xin,* Gesetzgebung gegen Kampfpreisstrategien und chinesischer Wettbewerbskampf, in: Aktuelle Wirtschaftswissenschaft, vol. 22, Nr. 5, 2000, S. 11; *Zhan, G Xinzhu/Zhan, G Xianggan,* Trennung zwischen Regierung und Unternehmen sowie Multiwettbewerb in der zivilen Luftfahrtsindustrie, in: Kartellrechtliche Fallanalyse Chinas, Shanghai 2003, S. 218.

ml) unter RMB 3 Yuan (ca. 0,37 Euro). Die Preisregulierungsbehörde in Shanghai stufte das Verhalten beider Unternehmen als wettbewerbswidrigen „Verkauf unter den Kosten" nach dem chinesischen Preisgesetz[618] ein. Nach ihrer Ansicht sollten nach dem durchschnittlichen Produktions- und Verkaufskosten[619] der Branche[620] die Preise für eine Milchpackung (ca. 950 bzw. 980 ml) nicht unter RMB 4,47 Yuan für den Großhandel und RMB 4,94 Yuan für den Einzelhandel liegen.

bb. Bewertung

Der Fall befasst sich mit der ersten staatlichen Intervention in Sachen Preisbestimmungen unterhalb der Kosten. Dennoch ist die staatliche Intervention letztlich als gescheitert zu bewerten. Die Preisregulierungsbehörde orientierte sich bei der Entscheidungsfindung nicht an der eigentlichen Stellung und dem Verhalten der Akteure auf dem relevanten Markt. Angesichts der Marktanteile von *Guang Ming*, die sich auf 80 % beliefen, seiner Finanzkraft, den technischen Bedingungen und der Abhängigkeit der Verbraucher besaß die Firma eine marktbeherrschende Position auf dem Markt für Frischmilch in Shanghai. Sie dominierte diesen für eine lange Zeit, so dass andere Marken für Frischmilch mangels eines Wettbewerbs kaum existierten. Der Monopolist war aufgrund seiner Stellung in der Lage, Preisunterbietungen durchzuführen, um dadurch der Konkurrenz entgegen zu wirken. Dagegen bot der *Quan Jia* seine Erzeugnisse nur deshalb zu sehr niedrigen Preisen an, weil er für sich werben wollte, um in den sachlich und räumlich relevanten Markt Shanghais überhaupt eintreten zu können. Beide Unternehmen beeinflussten durch ihr Verhalten den Markt, jedoch letztlich aufgrund einer unterschiedlichen Motivation. Zudem war lediglich das Preisverhalten des marktbeherrschenden Unternehmens geeignet, die Marktstruktur direkt zu beeinflussen und auf diesem Weg die Wettbewerbsverhältnisse negativ zu bestimmen. Dies scheint indessen außer Betracht geblieben zu sein.

b. Untersuchung aus kartellrechtlicher Perspektive

Beleuchtet man den obigen Fall aus heutiger kartellrechtlicher Sicht, finden sich viele Aspekte, die für die sehr unausgereifte damalige Regulierung von

---

618 Art. 14 Preisgesetz der Volksrepublik China.

619 Nach der Preisregulierungsbehörde betragen die Produktionskosten RMB 4.70 Yuan und die Verkaufskosten RMB 5,20 Yuan. Sie erfassen die Kosten für Rohstoffe, Transport, Verpackung sowie die Produktions- und Zirkulationskosten.

620 Dies beträgt meistens 5 % unter den durchschnittlichen Produktions- und Verkaufskosten.

Kampfpreisunterbietungen sprechen. Dabei ist insbesondere von Bedeutung, dass die Gesetze gegen Wettbewerbsbeschränkungen in vielen westlichen Staaten an marktbeherrschende Unternehmen aufgrund ihrer besonderen Stellung auf dem Markt hohe Anforderungen an deren Verhalten stellen, die gewissermaßen eine zwingende Selbstdisziplin vorschreiben. Sie haben eine besondere Verantwortung für den Marktwettbewerb.[621] Wegen der von einem marktbeherrschenden Akteur postulierten Selbstdisziplin sind seine Preispolitik und deren Auswirkungen auf den Wettbewerb besonders zu beobachten. Ein wettbewerbsfeindliches Preisverhalten liegt insbesondere vor, wenn das marktbeherrschende Unternehmen ohne rechtfertigende Gründe seine Produkte unter den Kosten mit der Absicht, die Konkurrenz dadurch zu verdrängen, verkauft. Dies führt nicht nur zur Stagnation der Effizienz- und Technologieförderung, sondern schadet auch den Verbrauchern. Dagegen ist eine kartellrechtliche Aufsicht über die Preise der Wettbewerber, die keine Marktdominanz aufweisen, dem Grunde nach nicht erforderlich, weil deren Preisverhalten – im Gegensatz zu jenem des Marktbeherrschers – den Wettbewerb nicht zu gefährden geeignet ist. Dessen Preisgestaltung hat keine signifikanten negativen Effekte auf den (Rest-)Wettbewerb, zumal der Preis ein sehr wichtiges Mittel für die Ressourcenallokation in der Marktwirtschaft bildet. Demnach war im oben erläuterten *Frischmilch*-Fall lediglich das Unternehmen *Guang Ming* und dessen Niedrigpreisstrategie kartellrechtlich bedenklich, nicht aber das Preisverhalten des Wettbewerbers *Quan Jia*, der die günstigen Milchpreise lediglich für den Eintritt in den relevanten Markt und die Gewinnung von Kunden anstrebte. Doch selbst für den Fall, dass seine Preise unter den Kosten gelegen hätten, wäre kein Missbrauch im Sinne des Antimonopolrechts begründbar gewesen, weil eine potenzielle Rechtfertigung, die in § 17 Abs. 1 S. 2 AMG in der Passage „ohne angemessenen Grund" eröffnet wird, in Betracht gekommen wäre. Eine solche lässt sich beispielsweise darauf stützen, dass Sonderangebote für neue Produkte erlaubt sind oder aber die Preispolitik schlicht eine Gegenmaßnahme zum Missbrauchsverhalten[622] von *Guang Ming*, also zwecks Durchsetzung legitimer ökonomischer Geschäftsinteressen, darstellte. Letztlich lässt sich das Verhalten von *Quan Jia* allenfalls unter dem Blickwinkel eines unlauteren

621 In Bezug auf das EU-Kartellrecht, siehe EuGH, Urteil v. 16.03.2000, verb. Rs. C-395/96 P u. a, Slg. 2000, I-1365 (Tz. 37) – *Compagnie Maritime Belge*; EuGH, Urteil v. 09.11.1983, Rs. 322/81, Slg. 1983, 3461 (Tz. 57) – *Michelin I*; EuG, Urteil v. 23.10.2003, Rs. T-65/98, Slg. 2003, II-4653 (Tz. 158) – *Van den Bergh Foods*.

622 Siehe Art. 12 Abs. 3 und Abs. 4 der Verordnung über Preiskartelle.

Marktverhaltens untersuchen, weil es durch seine Preispraxis ebenso Werbung für sich selbst vornahm. Bedauerlicherweise hat die Preisregulierungsbehörde in Shanghai die verschiedenen Positionen der Unternehmen am Markt völlig außer Betracht gelassen. Beide wurden schlicht als gleiche Gegner behandelt, was jedoch nicht der Marktrealität entsprach.

c. Plausible Anwendung des Preisregulierungsrechts?

Das gefundene Ergebnis entspricht der heutigen Rechtslage. Dennoch ist zu berücksichtigen, dass das Antimonopolrecht Ende der 1990er Jahre, als der Fall in Shanghai untersucht wurde, nicht existierte und das angewandte Preisgesetz der Volksrepublik China bei der Analyse einer vermeintlich unzulässigen Kampfpreisunterbietung gerade keine marktbeherrschende Stellung eines der beiden Kontrahenten voraussetzte. Angesichts dessen ist die Vernachlässigung der oben genannten Aspekte zumindest als konsequent zu bezeichnen. Dennoch vermag dies nicht darüber hinwegzutäuschen, dass *Guang Ming* 80 % der Marktanteile besaß, die Frischmilch unter den Kosten verkaufte und dabei in der Absicht handelte, den Wettbewerber vom Markt zu verdrängen. Dies begründet einen Verstoß gegen das damals bereits existente und immer noch geltende Gesetz gegen den unlauteren Wettbewerb und letztlich auch das Preisgesetz.

Des Weiteren ist anzumerken, dass sich der Ansatz der Kostenermittlung kaum eignete, das verfolgte Ziel zu erreichen. Die Preisregulierungsbehörde von Shanghai zog die durchschnittlichen Branchenkosten als Bezugspunkt heran. Um jedoch die Kampfpreisstrategie bzw. den „Verkauf unter den Kosten" nach § 14 Preisgesetz rechtssicher bestimmen zu können, müssen die Kosten einzeln ermittelt werden. Erfolgt dagegen die Beurteilung auf der Basis der sog. durchschnittlichen Branchekosten, wird im Ergebnis sowohl das eigentlich missbräuchliche, für den Wettbewerb schädliche Verhalten als auch das erwünschte erlaubte Marktverhalten gänzlich undifferenziert verneint. Ein sachliches, am Ziel des Gesetzes orientiertes Ergebnis lässt sich auf eine solche pauschale Kostenanalyse nicht nachvollziehbar stützen. Es führt vielmehr zur Beschränkung der Effizienzsteigerung der gesamten Branche, wenn im Rahmen der Analyse vernachlässigt wird, dass die Produktionskosten eines effizient wirtschaftenden Marktteilnehmers auch unter den durchschnittlichen Branchekosten liegen können. Eine solche Methodik schützt allenfalls rückständige Unternehmen und behindert vor allem fortschrittliche Marktakteure, was dem Prinzip des Wettbewerbs auch kaum entspricht.

3. Zweifelhafte Überwindungsmethoden bei „Kampfpreisproblemen“

In China weist die (kartell-)rechtliche Auseinandersetzung mit vermeintlich unzulässigen Kampfpreisstrategien recht zweifelhafte Besonderheiten auf. Zunächst untersucht die Industrie- und Handelskammer problematische Preiskämpfe nur teilweise. Die weitaus größeren Ermittlungen erfolgen durch die Regierung oder Verbände. Beispielsweise löste den Fall des Preiskampfes zwischen der *Yeshu*-Firmengruppe und der *Yefeng*-Firma die verantwortliche Behörde der Provinz *Hai Nan* durch Vermittlungsarbeiten. Bei einem starken Preiswettbewerb, unabhängig davon, ob es sich um eine Kampfpreisstrategie handelt oder nicht, wenden sich die betroffenen Unternehmen oftmals an die Regierung und hoffen darauf, dass diese das Problem durch einen staatlichen Eingriff lösen kann, weil dies nicht nur einfacher, sondern auch effektiver sei.[623] Dies verhindert indessen eine sachliche Auseinandersetzung mit der Problematik durch die Gerichte; die Kontroverse zwischen den Parteien wird dadurch nicht gelöst, sondern vielmehr nur durch die staatliche Hand „auf Eis gelegt“. Mangels einer rechtsverbindlichen Entscheidung bleibt zudem unklar, wie ein ähnlicher Fall in Zukunft zu entscheiden ist. Auch lässt sich das Problem nicht durch inoffizielle Mittel *wirksam* lösen, wenn man die damit einhergehenden negativen Aspekte berücksichtigt: So gehört etwa ein intensiver Preiswettbewerb zum erlaubten und vor allem erwünschten Marktverhalten, in den die Regierung nicht ohne Vorliegen rechtlicher Gründe eingreifen darf. Es verschafft wenig Rechtssicherheit, wenn sich der Staat nach freiem Belieben in den Betrieb einzelner privater Unternehmen einmischen kann, zumal gerade dies eine Verzerrung des angestrebten fairen Wettbewerbs bewirkt. Ein solches Vorgehen stellt zudem eine Verletzung privater Eigentumsrechte[624] dar, mithin eine klassische planwirtschaftliche Lösung, die wenig an das System einer Marktwirtschaft erinnert. Von der Zentralverwaltungswirtschaft versucht sich China aber gerade in den letzten 30 Jahren zu lösen, indem der Staat sukzessiv eine marktwirtschaftliche Struktur einführt, jene sogar in der Verfassung[625]

623 *You, Yu,* Über die Regulierung der Kampfpreisstrategie im Kartellrecht, in: Jura Kommentar Nr. 6, 2004, S. 52.

624 Die Eigentumsfreiheit wurde 2004 in Art. 13 der Verfassung der Volksrepublik China verankert: “The state protects the right of citizens to own lawfully earned income, savings, houses and other lawful property. The state protects by law the right of citizens to inherit private property.”

625 Siehe Art. 15 der Verfassung der Volksrepublik China (中华人民共和国宪法), in der Fassung von 2004.

verankerte und stetig durch Reformen zur Öffnung der Märkte und den Abbau der Monopole fördert, wie die Erklärungen des Zentralkomitees Mitte November 2013 erneut verdeutlichten. Des Weiteren lässt sich ein staatlicher Eingriff nicht auf eine rechtliche Grundlage stützen; es existiert keine Vorschrift, die eine solche Vermittlungspraxis der Regierung legitimiert, so dass die Gefahr der Willkür besteht. Obgleich nicht nachgewiesen ist, dass eine beliebige Praxis tatsächlich existiert, kann dennoch nicht in Abrede gestellt werden, dass mit dem Fehlen einer Rechtsgrundlage unvermeidbar die Möglichkeit der Korruption einhergeht.

II. Verstreute Regelungen zur Kontrolle von Kampfpreisstrategien

1. Bestimmungen zum „Verkauf unter den Kosten“

In China gibt es keinen konkreten Begriff der Kampfpreisstrategie oder -unterbietung im Gesetz oder den dazugehörigen Verordnungen. Darin unterscheidet sich das chinesische Wettbewerbsrecht aber *nicht* vom deutschen GWB oder dem Europäischen Kartellrecht. Vor der Einführung des Antimonopolrechts verwendete der chinesische Gesetzgeber die Formulierung des „Verkaufs unter den Kosten“.[626] Diesbezügliche Regelungen finden sich in China in verschiedenen Regelungswerken und Verordnungen verstreut, wie dem Gesetz gegen den unlauteren Wettbewerb aus dem Jahr 1993, dem Preisgesetz aus dem Jahr 1997, der Verordnung über die Kontrolle vom Verkauf zu niedrigen Dumping[627]-Preisen von 1999 und der vorläufigen Verordnung gegen Preismonopol aus dem Jahr 2003. Die genannten Vorschriften beinhalten sowohl objektive als auch subjektive Voraussetzungen für das Vorliegen kartellrechtsfeindlicher, preisbezogener

626 Siehe § 14 Preisgesetz der Volksrepublik China.

627 Das „Dumping“ bezieht sich auf einen Fehler in der Begriffsanwendung bei der Gesetzgebung. Nach dem Erlass der Verordnung über die Kontrolle von Verkauf zu Dumpingpreisen erschien das Wort „Dumping“ oftmals in Lehrbüchern. Der „Verkauf unter den Kosten“ oder Kampfpreisstrategien haben zwar große Ähnlichkeit mit dem Verhalten des Dumpings, sind aber in rechtlicher Hinsicht unterschiedlich. Da sie verschiedene Rechtsobjekte und Rechtsfolgen haben, dürfen sie nicht vermischt werden; vgl. auch *Shi, Jichun/Wu Jiong,* Rechtliche Analyse des Preiswettbewerbs und der zielgerichteten Preissenkung, in: Shi, Jichun (Hrsg.), Kommentar zum Wirtschaftsrecht, vol. 1, Beijing 2000, S. 70 (71); *Ni, Zhenfeng,* Wettbewerbsregelung und -strategie – flexible Anwendung des Gesetzes gegen unlauteren Wettbewerb, Shanghai September 1996, S. 187.

Marktverhaltensweisen, die den Wettbewerb zu behindern geeignet sind. Die Regelung in § 11 des chinesischen Lauterkeitsrechts verbietet etwa den Verkauf von Waren unter den Kosten zum Zweck der Verdrängung anderer Mitbewerber. Nach § 14 Abs. 2 des chinesischen Preisgesetzes ist – mit Ausnahme der Reduzierung frischer und saisonaler Waren oder Überbestandserzeugnisse – ein Preisverhalten dann als unzulässig einzustufen, wenn (1) der Verkaufspreis unter den Kosten der Ware liegt, (2) damit die Absicht der Verdrängung oder Marktbeherrschung verfolgt wird und (3) dadurch die Betriebsordnung beeinträchtigt und die Interessen des Staates oder anderer Wettbewerber geschädigt werden. Gemäß Art. 2 der „Verordnung über die Kontrolle des Verkaufs von Produkten zu niedrigen Dumpingpreisen " sind getätigte Verkäufe unter den Kosten mit dem Zweck der Verdrängung oder dem Erhalt der Marktdominanz rechtswidrig, weil diese zur Beeinträchtigung der Betriebsordnung oder zum Schaden der Interessen des Staates oder der berechtigten Interessen anderer Wettbewerber erfolgen. Ein Verstoß liegt demzufolge nicht vor, wenn das fragliche Unternehmen die Produktpreise rechtmäßig reduziert.

2. Das Problem der tatbestandlichen Unvollständigkeit

Die Beurteilung eines Kampfpreisverhaltens setzt in Anlehnung an die dargestellten Bestimmungen auf Tatbestandsebene jeweils ein objektives Merkmal, nämlich „den Verkauf unter den Kosten" sowie ein subjektives Element in Form einer „Absicht zur Verdrängung oder Marktbeherrschung" voraus.[628] Trotz der Vernachlässigung der tatsächlichen Marktstellung des Normenadressaten, ist diese mit einzubeziehen, um ein an der Marktrealität näher orientiertes Ergebnis zu erhalten. Die Vernachlässigung jenes Aspekts führt vielmehr dazu, dass die zuständigen Behörden und Gerichte aufgrund dessen im Zweifelsfall eine eher fragwürdige Entscheidung treffen. Die oben genannten Regelungen umfassen generell „Unternehmen", wobei keine Unterscheidung im Hinblick auf deren Eigenschaften, Struktur und Verhalten am Markt erfolgt. Dieser Gesichtspunkt ermöglicht aber gerade eine plausiblere Abgrenzung der den Vernichtungswettbewerb kennzeichnenden Kampfpreisstrategien von einem intensiven, erwünschten Preiswettbewerb, weshalb die Regelungen auch letztlich nicht mit dem Ziel des Erhalts und der Förderung eines fairen Wettbewerbs in Einklang zu bringen sind,

628 *Wang, Sufen/Cui, Li,* Über die Bestimmung und rechtliche Regulierung der Kampfpreisstrategie, in: Amtsblatt der Hochschule für Verwaltung Liao Ning, Nr. 4, 2005, S. 40.

wie der bereits vorgestellte Fall *Quan Jia* gegen *Guang Ming* im Hinblick auf den „Molkereimarkt" in Shanghai Ende der 1990er Jahre anschaulich gezeigt hat.

Nur marktbeherrschende Unternehmen sind dazu fähig, ihre Produkte oder Dienstleistungen unter Inkaufnahme von Verlusten für eine gewisse Dauer zu verkaufen, um dadurch Wettbewerber vom Markt zu verdrängen oder potenzielle Konkurrenten vom Markteintritt zu Lasten des Wettbewerbs abzuschrecken. Nur diese können den Zweck der Konkurrenzverdrängung und eine Marktbeherrschung verwirklichen. Dagegen senken mittelgroße oder kleinere Marktakteure in der Regel ihre Preise nur, um dadurch Kunden zu gewinnen. Deren Ziel ist nicht die Beeinträchtigung des Wettbewerbs, sondern vielmehr eine Teilnahme an diesem, was sowohl der Effizienz als auch den Konsumenten im Ergebnis nutzt. Obgleich sie mitunter weniger Gewinne erlangen, verbleiben ihnen dennoch Gewinne, wenn sie dem Bedarf der Kunden entsprechen. Doch selbst wenn sie ihre Waren unter den Kosten verkaufen würden, um damit bewusst den Wettbewerb zu schädigen, kann dieses Verhalten mangels der erforderlichen Finanzen nicht andauern, um andere Akteure vom Markt zu verdrängen.[629] Eine solche kurze Preissenkung bringt im Zweifel den Verbrauchern Vorteile und wird vom Markt schließlich selbst reguliert. Einer kartellrechtlichen Kontrolle bedarf es in diesem Fall daher nicht. Eine solche wäre vielmehr eine Verschwendung der Ressourcen der Verwaltung, die ohnehin dahingehende Engpässe hat. Folglich sind letztlich nur marktbeherrschende Unternehmen auf einen „Verkauf unter den Kosten" hin von den Behörden zu untersuchen. Zu begrüßen ist vor diesem Hintergrund die Novellierung im Jahr 2003, im Rahmen dessen das staatliche Entwicklungs- und Reformkomitee die vorläufige Verordnung gegen Preismonopole[630] erließ, die in Art. 7 bestimmt, dass ein Unternehmen in marktbeherrschender Stellung seine Produkte *nicht* unter den Kosten zum Zweck der Verdrängung der Konkurrenz verkaufen darf.

3. Beurteilungskriterien

Im Hinblick auf die kartellrechtlich orientierte Analyse eines *predatory pricing* zur Abgrenzung des wertvollen Preiswettbewerbs vom unzulässigen Vernichtungswettbewerb durch wettbewerbsfeindliche Kampfpreise ist der Kostenansatz

629 Siehe *Lü, Mingyu,* Rechtliche Analyse zum Verkauf zu rechtwidrig niedrigen Preisen, in: Sozialwissenschaft Gan Su Provinz, Nr. 2, 2003, S. 97.

630 Verordnung gegen Preismonopole von NDRC (国家发展和改革委员会关于制止低价倾销行为的规定), 2003年6月18日.

– wie im Bereich des EU-Kartellrechts bereits an obiger Stelle der Arbeit gezeigt – ein weit verbreiteter Standard bei der Beurteilung der Kampfpreisstrategien. Dies gilt auch für China.

a. Durchschnittliche Branchenkosten als Ergänzungskriterium

Die Bestimmung der maßgeblichen Kosten bei der Kosten-Preis-Analyse ist äußerst kompliziert. Dies reflektieren nicht zuletzt auch die chinesischen Vorschriften, da sie dahingehend kaum eine Aussage treffen.[631]

aa. Legislative Verankerung

Weder das Gesetz gegen den unlauteren Wettbewerb noch das Preisgesetz liefern Informationen darüber, nach welchen Kosten die Kampfpreisstrategie zu beurteilen ist. Auch bleibt unklar, woraus sich die Kosten ergeben. Dies erschwert die Praxis der untersuchenden Behörden und Richter bei der Beurteilung von Kampfpreisunterbietungen erheblich. Zudem schürt es das Risiko der Willkürlichkeit des Gesetzesvollzuges und schadet der Sicherheit und Stabilität, welche die Regelungen etablieren sollten. Dennoch enthielt erstmals – aber bislang auch einzig – die Verordnung über die Kontrolle des Verkaufs von Produkten zu niedrigen Dumpingpreisen eine Regelung zu den Kosten. Trotz jener fortschrittlichen Norm schwellt die Kritik an der Beurteilung der Kosten und den dahingehenden Kriterien nicht ab; sie sind bis heute umstritten. Die Bestimmung in Art. 5 der Verordnung betrifft die privaten Kosten des Unternehmens. Sofern sich diese nicht ermitteln lassen, bestimmt sie die Preisregulierungsbehörde im konkreten Einzelfall unter Berücksichtigung der durchschnittlichen Branchenkosten. Letztere fungieren als ergänzendes Kriterium, da die Feststellung der privaten Kosten in der Praxis schwierig und höchst komplex ist. Erschwerend kommt der Umstand hinzu, dass Unternehmen nicht selten wichtige Informationen verbergen oder schlicht nicht mit den Behörden kooperieren. Gleichwohl ist wohl nachvollziehbar, dass ein unter der Aufsicht der Kontrollbehörden stehender Marktakteur, dem ein hohes Bußgeld droht, nicht an seiner eigenen Verfolgung teilnimmt, wenn ihm daraus nicht zumindest ein Vorteil erwächst.

631 Vgl. Kommission der Volksrepublik China für die Politik und das Recht des chinesischen Forschungszentrums der Handelsorganisation, Forschungsreport über Wettbewerbsrecht und Politik 2011, S. 219, 220.

bb. Nachteile durchschnittlicher Branchenkosten

Ungeachtet dessen ist das Kriterium der durchschnittlichen Branchenkosten Ausdruck eines Kompromisses. Es ist zwar durchaus praktisch, aber nicht geeignet, das angestrebte Ziel effektiv zu erreichen. Weder ermöglicht die Methode eine wirksame Durchsetzung des Rechts, noch ein faires Verfahren, da mittels der durchschnittlichen Kosten gerechtfertigte Verhaltensweisen mit rechtwidrigen Marktpraktiken gleichsam verneint werden, ohne eine Differenzierung vorzunehmen. Dies verhindert die Verwirklichung des Ziels des Wettbewerbs, da eher ineffektive Unternehmen geschützt und effektive Akteure unterdrückt werden.[632]

cc. Zusammensetzung der Kosten

Nach Art. 4 der Verordnung über die Kontrolle des Verkaufs von Produkten zu niedrigen Dumpingpreisen beziehen sich die maßgeblichen Kosten auf die Herstellungs- und Betriebskosten. Die Herstellungskosten umfassen dabei die Kosten für die Rohstoffe und Zwischenkosten, die sich aus der Verwaltungs-, Finanz- und Betriebsgebühr zusammensetzen. Dagegen erfassen die Betriebskosten den Erwerbspreis und die aus der Verwaltungs-, Finanz- und Betriebsgebühr entstehenden Verbreitungskosten.

b. Zusätzlicher Rückgriff auf den internationalen Standard de lege ferenda

Die vorgestellte Methode zur Kostenanalyse im Rahmen der Beurteilung einer Kampfpreisunterbietung ist im Hinblick auf die Kriterien zwar nicht perfekt. Dennoch ist die dahingehende gesetzliche Verankerung in der einschlägigen Verordnung ein sinnvoller und praktikabler Ansatz zur Erleichterung der Rechtsanwendung. Die seitens der EU-Kommission bevorzugte Analyse nach den durchschnittlichen vermeidbaren Kosten und den langfristigen durchschnittlichen Grenzkosten, deren genaue Ermittlung bei privaten Unternehmen zwar schwierig

---

632 *Wen, Xueguo,* Missbrauch und Regulierung, Beijing 2003, S. 288; *Zhan, G Lin,* Bestimmung des rechtwidrigen Verkaufs unter den Kosten, in: Wissenschafts- und Ausbildungssammlung, Nr. 8, 2008, S. 210; *Xie, Qian,* Über die Bestimmung des rechtwidrigen Verkaufs unter den Kosten, in: Einführung der Wissenschaft, Nr. 1, 2010, S. 74; *Zhang*, in: Aktuelle Wirtschaftswissenschaft, September 2000, Heft 22, Nr. 5, S. 8; *Zhan, G Mujuan,* Forschung über die rechtliche Regulierung der Kampfpreisstrategie, in: Amtsblatt der Universität Chifeng, vol. 31, Nr. 6, S. 34; *Wang, Xiaoye,* Wettbewerb als Basis. Rechtliche Überlegungen zu Kampfpreisstrategien, in: Internationaler Handel, Nr. 11, 1999, S. 48.

ist,[633] erweist sich in ihrer Anwendung dennoch insgesamt als einfacher, was der aktuellen Lage Chinas entsprechen würde. Durchschnittliche Branchenkosten sind dagegen als Kriterium zur Ermittlung privater Kosten grundsätzlich ungeeignet. Gleichwohl können sie zumindest als Referenzgrößen fungieren. Soweit demnach die ermittelbaren Kosten nach dem Geschäftsbuch des privaten Unternehmens von diesen erheblich abweichen bzw. dahingehende Unstimmigkeiten zwischen den Beteiligten bestehen, ist die zuständige Preisbehörde oder das angerufene Gericht daran gehalten, einen Wirtschaftsprüfer zu bestellen, um den Sachverhalt zu prüfen, wobei das betroffene Unternehmen verpflichtet ist, zu kooperieren, mithin sämtliche Daten und Informationen zur Verfügung zu stellen. Daneben scheint es geboten, wenn sich die Praxis der chinesischen Behörden und Gerichte *ergänzend* am internationalen Standard – insbesondere den fortschrittlicheren Kriterien zur Kostenanalyse auf EU-Ebene – orientiert. Es ermöglicht zugleich eine stetige Annäherung und Anpassung, was einen sachgerechten Umgang mit jenen Sachverhalten gewährleistet, die multinationale Marktakteure involvieren. Aus diesem Grund erscheint es empfehlenswert zu sein, wenn den Unternehmen künftig auch der Einwand der durchschnittlichen vermeidbaren und der langfristigen durchschnittlichen Grenzkosten gewährt wird, da diese ebenso als Referenzwerte bei der Entscheidungsfindung der Behörden und Gerichte tauglich sind. Dabei sollten zudem die Eigenschaft der Produkte und die Kostenkriterien flexibel angewendet werden,[634] um den besonderen Umständen des konkreten Einzelfalls hinreichend Rechnung tragen zu können.

c. Berücksichtigung subjektiver Elemente

Die Beurteilung einer Kampfpreisstrategie setzt nach den bereits genannten Regelungen stets ein subjektives Element, nämlich eine den Wettbewerb schädigende Absicht voraus. Unklar bleibt indessen, wie diese zu beweisen ist. In Anlehnung an die Rechtslage auf EU-Ebene könnte man auf direkte Nachweise zurückgreifen, wie etwa Schriftstücke aus der Sphäre des marktbeherrschenden Unternehmens, die zu erkennen geben, dass es Verluste hinnimmt, um Wettbewerber vom Markt zu verdrängen, den Markteintritt zu verhindern oder dem Entstehen eines Marktes vorzubeugen. Es kommen dahingehend auch konkrete Beweise für eine drohende Kampfpreishandlung in Betracht. Allerdings liegen diese nicht immer vor. Auf die Absicht der Verdrängung lässt sich jedoch auch durch das Vorliegen

633 *Wen, Xueguo,* Missbrauch und Regulierung, Beijing 2003, S. 287.

634 *Sun, Wei,* Überlegung zur Bestimmung des Kostenstandards bei Kampfpreisstrategien, in: Preistheorie und -praxis, Nr. 12, 2010, S. 49.

objektiver Kriterien schließen, das zwar nicht einen tatsächlichen Beweis ersetzt, wohl aber als *ein* Indiz fungieren kann. Beispielsweise erfolgt ein Ausschluss gleich effizienter Konkurrenz in der Regel nur bei Preisen unterhalb der langfristigen durchschnittlichen Grenzkosten. Es ist daher stets zu prüfen, ob und wie das mutmaßliche Preisverhalten die Wahrscheinlichkeit vermindert, dass Wettbewerber miteinander konkurrieren können.[635] Obgleich jene Methode dem Grunde nach geeignet ist, der Willkürlichkeit von Entscheidungen entgegen zu wirken, was für China lehrreich ist, erweist sich die Ableitung der Verdrängungsabsicht aus dem Verhalten oftmals als schwierig. Ein allein aus der Sphäre des Unternehmens kommendes Kriterium ist daher sinnvoller auch von diesem zu beweisen. Es sollte also die Beweislast dem beklagten Unternehmen auferlegt werden, um die Effektivität der Rechtsdurchsetzung zu fördern. Dies ist vor dem Hintergrund zu bewerten, dass es wirtschaftlich irrational ist, Preise unter den Kosten anzubieten, was das betroffene Unternehmen aber durch sachliche Gründe widerlegen kann. Sofern der Beklagte sein Verhalten aber nicht zu legitimieren vermag, ist ein wettbewerbswidriges Verhalten mit Verdrängungsabsicht zu vermuten.[636]

4. Ausnahmen und Rechtfertigungsgründe

Ausnahmeregelungen im Hinblick auf den Preis unter Kosten finden sich erstmals im chinesischen Gesetz gegen unlauteren Wettbewerb aus dem Jahr 1993. Danach gelten beispielsweise Angebote in Bezug auf frische, saisonale und Überbestandswaren sowie Angebote, die auf Schulden, einer Umstellung der Produktion und einer Betriebseinstellung beruhen, so dass Waren unter den Kosten verkauft werden, als gerechtfertigt. Es handelt sich ersichtlich um legitime Geschäftsinteressen. Im Preisgesetz und der Verordnung über die Kontrolle des Verkaufs von Produkten zu niedrigen Dumpingpreisen finden sich ähnliche Regelungen. Dies beruht auf der Überlegung, dass damit gerade etwaige Verluste bestimmter Betriebe minimiert werden sollen. Sinn und Zweck jener Marktpraktiken ist nicht die Verdrängung anderer Marktakteure oder der Aufbau von Markteintrittsschranken zu Lasten des Wettbewerbs, sondern vielmehr das wirtschaftliche Überleben. Es handelt sich um ein nachvollziehbares, rationales Marktverhalten und sollte daher nicht zu

---

635 *Kommission,* Mitteilung – Erläuterungen zu den Prioritäten der Kommission bei der Anwendung von Artikel 82 des EG-Vertrags auf Fälle von Behinderungsmissbrauch durch marktbeherrschende Unternehmen, ABl. C 45/16, 24.02.2009, Tz. 66 ff.

636 *Du, Chenyan/Liu, Yan,* Über die Begrenzung und Regulierung der Kampfpreisstrategien, in: Amtsblatt der pädagogischen Hochschule Nordosten, Nr. 3, 2006, S. 45.

einer verwaltungsrechtlichen Sanktionierung, beispielsweise in Form eines hohen Bußgeldes[637], führen. Die Rechtfertigungsoption entspricht der wirtschaftlichen Lage Chinas, da sie zu Einsparungen der Justizressourcen und der Prozesskosten führt. Dennoch sollte der Katalog an Rechtfertigungsgründen der ökonomischen Lage des Landes angepasst und daher – vorzugswürdig durch den Gesetzgeber – ergänzt werden,[638] wobei ein nicht abschließender Beispielskatalog geboten erscheint, der weitere Rechtfertigungsgründe erlaubt, um auf diesem Weg ebenso den betroffenen Unternehmen entgegen zu kommen.

5. Zwischenergebnis

Bei der Feststellung unzulässiger Kampfpreisstrategien ist Vorsicht geboten, um nicht den erwünschten Preiswettbewerb auszuhebeln. Den rationalen Preis schlicht als Kampfpreis einzustufen, wäre fehlerhaft, da dies im Ergebnis den Wettbewerb zwischen den Unternehmen behindert und zugleich die Entwicklung und Effizienz der gesamten Industriebranche hemmt.[639] Es ist daher stets zu prüfen, ob sich aus den besonderen Umständen im konkreten Einzelfall der Schluss rechtfertigen lässt, dass es sich um eine missbräuchliche Kampfpreisunterbietung handelt.

III. Regelungen zur Kampfpreisunterbietung im Antimonopolrecht

Das Verhalten der Kampfpreisunterbietung bzw. das im Chinesischen als „Verkauf unter den Kosten“ bezeichnete Preisverhalten fällt unter den Missbrauch einer marktbeherrschenden Stellung, der in § 17 AMG geregelt ist. Eine Legaldefinition findet sich hingegen weder in jener Regelung noch an anderer Stelle des AMG.

---

637 Zu den verwaltungsrechtlichen Sanktionen, siehe *Masseli*, in: ZChinR 2007, S. 259 (273).

638 *Jin, Longxin,* Über die Bestimmung und rechtliche Kontrolle des Verkaufs zu niedrigen Preisen – im Hinblick auf die Änderung und Verbesserung des chinesischen Gesetzes gegen unlauteren Wettbewerb, in: Zeitschrift Tianzhong, vol. 19, Nr. 3, 2004, S. 48. vgl. Kommission für Politik und Recht im chinesischen Forschungszentrum der Handelsorganisation, Forschungsreport über Wettbewerbsrecht und –politik 2010, S. 348.

639 *Wang, Xiaoye,* Wettbewerbsrecht, Beijing 2007, S. 306.

1. Verankerung in § 17 Abs. 1 Nr. 2 AMG

Nach § 17 Abs. 1 Nr. 2 AMG ist der Verkauf unter dem Einstandspreis bzw. der Verkauf von Waren unter den Selbstkosten eines marktbeherrschenden Unternehmens ohne einen sachlichen Grund, mithin ohne das Vorliegen von Rechtfertigungsgründen, verboten. Die Aufnahme jener Bestimmung in das AMG ist ein Fortschritt des chinesischen Rechtssystems, weil Kampfpreise unstreitig wettbewerbsfeindlich und damit einen Marktmachtmissbrauch zu begründen geeignet sind. Eine dahingehende Regulierung ist vor dem Hintergrund der an obiger Stelle dargestellten anderen Gesetze, die ein solches Preisverhalten normieren, aber teils abweichende Voraussetzungen für einen Verbotsverstoß verlangen[640], zu begrüßen. Dies führt aber dazu, dass die verschiedenen Regelungen teilweise *unvereinbar* sind, was zu Problemen bei der Rechtsanwendung führt. Beispielsweise vernachlässigen sie oftmals die tatsächliche Position der betroffenen Unternehmen am Markt, während diese nach dem AMG maßgeblich ist. Obgleich das AMG selbst keine Regelung zum Verhältnis liefert, gilt in China das ungeschriebene Prinzip, dass jüngere Gesetze gegenüber älteren Regelungswerken stets Vorrang genießen. Dies vermeidet potenzielle Konflikte aufgrund der fehlenden Rangfolgennormierung und überwindet dahingehende Unsicherheiten bei der Durchsetzung des Rechts. Gleichwohl hat die Analyse in § 2 (Teil B) der Arbeit gezeigt, dass das AMG keineswegs perfekt ist, da es viele Fragen offen lässt. Insofern fehlt auch zu den Kampfpreisstrategien ein klarer, der Konkretisierung dienender Ansatz; die Regelung zu den Beurteilungskriterien ist allgemein und einfach gehalten, was dennoch letztlich dem chinesischen Gesetzgebungstrend[641] entspricht. Für einen effektiven Vollzug des AMG genügt dies indessen nicht, weshalb die Bestimmung bis dato auch für die Rechtsanwendung als unzureichend bewertet werden müssen.

640 Siehe § 14 Abs. 1 Preisgesetz der Volksrepublik China.

641 Kritisch dahingehend *Lin, Xing,* Über das Prinzip der Gesetzgebung. Eher breit als ausführlich, in: Amtsblatt der Hochschule für Pädagogik Zhen Jiang, Nr. 2, 1999, S. 63; *Qu, Yuping/Liu Mingfei,* Das Prinzip der Gesetzgebung „Eher breit als ausführlich" muss korrigiert werden, in: Amtsblatt der Hochschule für Pädagogik Changchun, Nr. 5, 2006, S. 39; *Zhu, Guangxin,* Kritik am Gedanken der Gesetzgebung im Eigentumsgesetz, in: Modernes Gesetz, vol. 28, Nr. 4, 2006, S. 150 ff.; *Zhao, Bingzhi,* Diskussion über die makroskopische Frage in der Nachbesserung des Strafrechts, in: Rechtsforschung, Nr. 3, 1996, S. 113 ff.

2. Rückgriff auf die Verordnung über Preiskartelle

Um eine effektive Anwendung des AMG, insbesondere im Hinblick auf unzulässige Kampfpreisunterbietungen dennoch zu gewährleisten, erließ das Staatliche Entwicklungs- und Reformkomitee im Dezember 2010 die Verordnung über Preiskartelle und verfeinerte auf diesem Weg die dahingehende Regulierung. Auf diese lässt sich bei einem missbräuchlichen Verkauf unter den Selbstkosten zurückgreifen. Art. 12 der Verordnung normiert zudem diverse Rechtfertigungsgründe. Die Regelung erweitert die in Betracht kommenden sachlichen Gründe im Hinblick auf die Marketing- und Verkaufsförderung neuer Produkte und listet weitere rationale Gründe auf. Danach können bestimmte Angebote neuer Produkte unter den Kosten liegen, ohne dass damit eine Rechtsverfolgung verbunden wäre. Die Schere zwischen Angebotspreis und Produktkosten in kurzer Zeit lässt sich dabei als Werbungsgebühr einstufen. (Sonder-)Angebote im Hinblick auf neue Erzeugnisse gelten dabei als Werbung. Dies bewirkt, dass Kunden angezogen werden, was einen Masseneffekt bildet und zugleich die Produktionseffekte des Unternehmens fördert.[642] Die Verordnung enthält des Weiteren *ergänzend* eine sog. „Taschenklausel", nach der eine Kampfpreisstrategie durch andere nachgewiesene Gründe gerechtfertigt werden kann.[643] Die offene Klausel verkörpert dem Grunde nach eine Ergänzung zu den Rechtfertigungsgründen im Preisgesetz, dem UWG und der Verordnung über die Kontrolle des Verkaufs von Produkten zu niedrigen Dumpingpreisen. Sie eröffnet dem betroffenen Unternehmen die Option, sein Verhalten sachlich zu rechtfertigen, ohne dass damit eine Begrenzung der in Betracht kommenden Gründe erfolgt ist. Das in Frage stehende marktbeherrschende Unternehmen hat zu beweisen, dass sein Preisverhalten keine unzulässige Kampfpreisstrategie darstellt, mithin nicht den Wettbewerb erheblich schädigt. Diese sog. *meeting competition defence* ist ebenso im Rahmen der Durchsetzung des Art. 102 AEUV im Falle selektiver Preisverhaltensweisen anerkannt.[644] Dennoch ist geboten, die Beweiskriterien im Bereich der chinesischen Rechtfertigungsoption künftig weiter einzugrenzen und zu konkretisieren. Insofern ist vor dem Hintergrund der Zielsetzung des Antimonopolrechts Chinas, das den Schutz eines fairen Wettbewerbs anstrebt[645], und in Anlehnung an die Rechtslage auf EU-Ebene eine Abwägung mit der Gefahr und dem Schaden für den Wettbewerb zu empfehlen. Dabei sollte der Umfang der Gefährdung des Wettbewerbs als Maßstab für die

642 Siehe Art. 12 Abs. 3 der Verordnung über Preiskartelle.
643 Siehe Art. 12 Abs. 4 der Verordnung über Preiskartelle.
644 *Fleischer*, S. 119, m. w. N.
645 Siehe § 1 Var. 2 AMG.

Anforderungen an die Rechtfertigung bzw. die Höhe der dahingehend erforderlichen Beweise herangezogen werden, das heißt das Nachweiserfordernis ist umso höher, desto umfassender die tatsächliche oder potenzielle Wettbewerbsbeeinträchtigung ausfällt.

IV. Schlussbetrachtung

Das chinesische Wettbewerbsrecht, inklusive das Antimonopolrecht wird im Bereich der Beurteilung selektiver Preisverhaltensweisen, insbesondere der Kampfpreisunterbietungen, stetig ergänzt und damit verbessert. Dadurch schafft der Gesetzgeber einen immer stärker ausdifferenzierten Leitfaden für die Rechtsuchenden, die Gerichte und die Verwaltung bei der Analyse problematischer Kartellrechtssachverhalte, die preisbezogene Missbräuche marktbeherrschender Unternehmen zum Gegenstand haben. Hervorzuheben ist, dass vor allem das AMG aus dem Jahr 2007, aber auch die Verordnung über Preiskartelle aus dem Jahr 2010 Kampfpreisstrategien eindeutiger regeln, als die vorherigen Gesetzeswerke, wie etwa das chinesische Preisgesetz. So finden sich in der genannten Verordnung umfangreiche Rechtfertigungsgründe für den Bereich der Kampfpreise. Dies hat zu einer gewissen Korrektur der Mängel früherer Normen geführt, was angesichts der wünschenswerten Rechtsklarheit zu begrüßen ist. Gleichwohl sind die jüngeren, konkreteren Regelungen ebenso kritikwürdig, da es ihnen teilweise immer noch an Bestimmtheit fehlt. Das Hauptproblem liegt darin, dass die genauen Beurteilungskriterien in beiden Vorschriften an den Kosten ansetzen, die jedoch ihrerseits nicht vollends ermittelbar sind. Insbesondere das Branchenkostenkriterium der älteren Verordnung über die Kontrolle des Verkaufs von Produkten zu Dumpingpreisen ist allein für eine Kostenanalyse bei der Beurteilung eines Kampfpreisverhaltens ungeeignet. Die maßgeblichen, einzelnen Kosten privater Unternehmen lassen sich insgesamt nicht eindeutig bestimmen. Das Gleiche gilt für das subjektive Kriterium der Absicht der Verdrängung von Wettbewerbern oder der Marktbeherrschung, was zwar nicht explizit in § 17 Abs. 1 Nr. 2 AMG oder der Verordnung zu Preiskartellen genannt ist, sich aber letztlich – wie oben gezeigt – aus der Verordnung über die Kontrolle des Verkaufs von Produkten zu Dumpingpreisen, dem Preisgesetz und dem UWG Chinas ableiten lässt. Dahingehend ist künftig ein konkretisierender Ansatz seitens der Gesetzgebung geboten.

§ 6. Zusammenfassung der wesentlichen Ergebnisse

Der ökonomische Wettbewerb ist die Grundlage und der Motor einer „gesunden Volkswirtschaft“ und zugleich eines der wichtigsten Elemente der Marktwirtschaft, da dessen Förderung die ökonomische Effizienz, das heißt eine effektive Ressourcenallokation auf den Märkten Chinas und Europas zu Gunsten der Wohlfahrt steigert. Hierbei bilden das Kartellrecht auf europäischer Ebene aus dem Jahr 1957 bzw. das weitaus jüngere Antimonopolrecht Chinas aus dem Jahr 2008 gewissermaßen eine „wirtschaftliche Verfassung“, da beide Regelungswerke vor Verzerrungen des Wettbewerbs durch private und staatliche Marktakteure schützen sollen, wenngleich auch die Durchsetzung durch Verwaltung und Rechtsprechung aufgrund kultureller, wirtschaftlicher und politischer Gegebenheiten beider Rechtskreise teilweise voneinander abweicht. Die Missbrauchsaufsicht, die neben dem Kartellverbot und der Fusionskontrolle eine der drei klassischen Säulen des Rechts gegen Wettbewerbsbeschränkungen bildet, die vor einseitigen Behinderungen marktbeherrschender Unternehmen schützt, spielt hierbei eine wichtige Rolle. Die relativen und präventiven Verbotstatbestände schützen nicht die Wettbewerber, sondern vielmehr den Wettbewerb als solchen durch ein einheitliches System, ohne sich dabei gegenseitig auszuschließen. Dabei lassen sich Gemeinsamkeiten auf europäischer und chinesischer Ebene bei der generellen Schutzausrichtung, was den Wettbewerb als Institution, die Wettbewerbsfreiheit und das Binnenmarktprinzip angeht, und den Gründen einer Rechtfertigung ausmachen. Erhebliche Unterschiede gibt es bei den Regelungen und der Ausgestaltung der einzelnen Tatbestandselemente, wie etwa bei der erforderlichen Marktmacht oder dem erforderlichen Verhalten; so erfassen die im Primärrecht normierten Art. 101 f. AEUV sowohl zweiseitige Maßnahmen in Verbindung mit einer einfachen Marktmacht (Kartellverbot) als auch einseitige Marktpraktiken in Verknüpfung mit einer auffälligen, besonders starken Marktposition (Missbrauchskontrolle), wobei diese den Restwettbewerb vor einer weiteren Schwächung durch das in Frage stehende Unternehmen schützt, deren negative Folgen für die Marktstruktur die im europäischen Sekundärrecht verankerte Fusionskontrolle im Vorfeld zu vermeiden sucht. Im Vergleich dazu ist das „junge“ AMG Chinas, dessen Bearbeitung über 13 Jahre andauerte, ein Regelungswerk, das sowohl den internationalen Standard aufgreift als auch starke Ähnlichkeiten in seiner Struktur und Konzeption mit dem europäischen Kartellrecht aufweist, ohne dabei chinesische Besonderheiten in der Wirtschaft, Rechtskultur und Politik zu vernachlässigen. Gemeinsamkeiten finden sich insbesondere bei der Missbrauchskontrollregelung in den §§ 19 ff. AMG, obgleich sich dahingehend noch stärkere Parallelen zum deutschen Regelungspendant im GWB aufzeigen. Das Verhältnis der Verbotstatbestände im AMG ähnelt dem auf EU-Ebene, obgleich eine Besonderheit des Antimonopolrechts in der Kontrolle sog. administrativer Monopole besteht, denen ein selbstständiges Kapitel gewidmet wurde, um deren negative Einflüsse auf den Wettbewerb – wenngleich auch derzeit mit mäßigem Erfolg – zu begrenzen. Neben den planwirtschaftlichen Erbstücken erweist sich außerdem die Dreiteilung der Vollzugsbehörden bei der Durchsetzung des AMG als wenig effizient, weil dadurch nicht nur Kompetenzüberschneidungen, sondern auch Interessenkonflikte drohen, mithin keine einheitliche Wettbewerbspolitik garantiert ist. Gleichwohl ist zu berücksichtigen, dass es kein „perfektes" Kartellrecht gibt, zumal ohnehin keines der genannten Systeme einen idealen Wettbewerbsschutz anstrebt. Allerdings entstehen mit der Entwicklung und dadurch bedingten Änderung der Wirtschaftslage stets neue Probleme, die eine effektive Durchsetzung des Wettbewerbsrechts, insbesondere der Missbrauchskontrolle, erfordern und damit auch eine dahingehende klare Rechtslage. Die Unklarheit einiger Tatbestandselemente im Rahmen der Prüfung des Art. 102 AEUV (z. B. die Missbrauchsanalyse zur trennscharfen Abgrenzung unzulässiger Marktpraktiken von erlaubten Verhaltensweisen) bereiten aber weiterhin Schwierigkeiten und schüren Rechtsunsicherheit. Die Modernisierungsbestrebungen der Europäischen Kommission, die besonders rechtsökonomische Ansätze favorisiert (sog. *more economic approach*), sind jedoch in ihrer derzeitigen Form kaum praktikabel, da sich deren Kriterien und Analysemaßstäbe nicht in das System und vor allem nicht in die Konzeption des Art. 102 AEUV plausibel einbetten lassen, so dass damit auch kaum der Effektivität der Rechtsdurchsetzung oder dem Gebot der Rechtsklarheit hinreichend Rechnung getragen wird, ganz im Gegenteil. Ein vergleichbares Problem zeigt sich bei der chinesischen Missbrauchskontrolle, deren grundlegende Konzeption zwar ein zu gutes Fundament für die Bekämpfung einseitiger wettbewerbsbeschränkender Marktverhaltensweisen liefert. Dennoch bestehen im Detail noch viele Unklarheiten, die sich auf die Umsetzung des AMG auswirken, zumal es die Aufgabe der Justiz ist, diese Lücken zu schließen, was bisher aber nur in Ansätzen erfolgt ist. Es finden sich nach wie vor noch viele offene Fragen, die zu Lasten der Rechtssicherheit und des Wettbewerbsschutzes gehen, insbesondere im Bereich der Sanktionierung administrativer Monopole. Aufgrund der oftmals noch fehlenden Erfahrung der Gerichte und Behörden, aber auch der geringen Ressourcen und Kapazitäten erfolgt im Ergebnis auch oftmals keine ausführliche Analyse der Marktrealität. Darüber hinaus bringt die kürzlich im November 2013 angekündigte Wirtschaftsreform neue Herausforderungen, die sich vor allem auf die Umsetzung des AMG auswirken werden. Dennoch haben die letzten beiden Jahre gezeigt, dass die Verfahren der Antimonopolvollzugsbehörden, zumindest jene des MOFCOM, zunehmend an Transparenz gewinnen und zudem eine verschärfte Durchsetzung angestrebt wird, welche selbst große, einflussreiche staatliche Unternehmen (siehe Untersuchung *China Telecom & China Unicom*) einbezieht, was ein zu begrüßender Fortschritt zu Gunsten der Effektivität des AMG ist. In diesem Zusammenhang steht auch die gegenwärtig in der chinesischen Lehre stark diskutierte Problematik der Bestimmung der marktbeherrschenden Stellung im Bereich der chinesischen Missbrauchskontrolle, die sich in vielen Zivilrechtsstreitigkeiten (z. B. *Renren* gegen *Baidu* oder *Qihu 360* gegen *Tencent*) zeigte. Vor allem die Definition des relevanten Marktes erweist sich als schwierig. Während auf EU-Ebene über Jahrzehnte hinweg eine ausdifferenzierte Jurisprudenz überwiegend Klarheit schaffte, befindet sich die chinesische Justiz und Judikative noch am Anfang. Diese blickt jedoch zur Auffindung von Lösungen nicht selten nach Europa oder auch in die USA, um von deren Erfahrungen, insbesondere den etablierten ökonomischen Methoden, zu lernen. Ein Beispiel ist etwa die von der Europäischen Kommission veröffentlichte „Bekanntmachung über die Definition des relevanten Marktes“. Vor diesem Hintergrund findet sich heute eine ähnliche, aus dem Jahr 2009 stammende Leitlinie zur Marktabgrenzung im chinesischen Wettbewerbsrecht, die zwar keine Kopie des europäischen Modells darstellt, wohl aber kaum zu verschleiernde, erhebliche Ähnlichkeiten aufweist. Danach sind etwa die funktionale Austauschbarkeit der Produkte und Leistungen aus Sicht der Nachfrager, die Kreuzpreiselastizität oder der hypothetische Monopolisten-Test wesentliche Elemente der Beurteilungsmethodik zur Abgrenzung des relevanten Marktes in sachlicher und räumlicher Hinsicht. Dagegen spielt die zeitliche Komponente der Marktdefinition ähnlich der Rechtslage in Europa in der Regel eine eher untergeordnete Rolle. Trotz jener Leitlinie ist die Marktdefinition in China weiterhin umstritten, da einige Märkte besonders schwer abzugrenzen sind, wie etwa im Bereich der Internettechnik. Eindeutig ist lediglich, dass stets eine Gesamtbetrachtung aller Indizien im konkreten Einzelfall vorzunehmen ist. Auch hierin zeigt sich eine Parallele zur Rechtslage auf EU-Ebene im Bereich des Art. 102 AEUV. Nach der Praxis der Kommission und dem Gerichtshof sind unter anderem die Markt- und

Unternehmensstruktur zu berücksichtigen, obgleich letztlich der Marktanteil den wichtigsten Indikator für die Bestimmung einer Marktmacht auf Angebotsseite bildet. Daneben können der Marktzutritt, Finanz- und Technikbedingung, die Kontrolle des Rohstoff- und Betriebsmarktes eine Rolle spielen. Nichtsdestotrotz ist ebenso eine Marktbeherrschung auf Nachfrageseite möglich, was in der Regel sog. öffentliche Anbietermonopole betrifft, die sowohl auf europäischen als auch und chinesischen Märkten existieren. Art. 102 AEUV erfasst zudem die kollektive Marktbeherrschung, obgleich die Kommission und vor allem der EuGH strenge Anforderungen an deren Bestimmung knüpft und dabei insbesondere auf die Reaktionsverbundenheit im Innen- und Außenverhältnis der Kollektive abstellt. Im Gegenteil kommt in China neben der Normierung der marktbeherrschenden Stellung in § 18 AMG eine Reihe weiterer der Konkretisierung dienende Durchsetzungsregelungen zur Anwendung, wie etwa die Bestimmungen gegen Preiskartelle und Verfahrensvorschriften des MOFCOM (Art. 17 f.), die Verordnung gegen den Missbrauch einer marktbeherrschenden Stellung sowie weitere Verfahrensregelungen der SAIC (Art. 10 f.) neben den jüngeren Bestimmungen des OVG zu Zivilrechtsstreitigkeiten im Falle monopolistischen Verhaltens und den relevanten Kriterien zur Beurteilung der marktbeherrschenden Stellung. Im Gegensatz zur europäischen Rechtslage normiert das AMG in Art. 19 Vermutungsregeln zur Marktbeherrschung einzelner und mehrerer Unternehmen, die beim Vorliegen eines bestimmten Marktanteils, den es wie die Rechtsprechung in Europa in Prozentsätzen vorgibt, greifen und durch die Vorschriften der Behörden ergänzt werden. Dies ähnelt der Regelung des deutschen GWB, wodurch deutlich wird, dass auf Erfahrungen und Lösungsansätze europäischer Systeme zurückgegriffen wurde, ohne dabei die besonderen wirtschaftlichen Verhältnisse Chinas zu vernachlässigen. Bislang ungeklärt ist indessen das erforderliche Innenverhältnis mehrerer Unternehmen bei einer oligopolistischen Marktbeherrschung. Zusätzlicher Klärungsbedarf besteht zudem bei der Ausfüllung der Kriterien des Art. 18 AMG, da dessen weite Formulierung letztlich der Ausgangspunkt der zahlreichen Debatten um die Bestimmung der Marktbeherrschung ist. Dies geht mit dem Erfordernis nach einer weiteren Liberalisierung der chinesischen Märkte einher, die teilweise immer noch durch planwirtschaftliche Elemente, wie etwa der Sonderstellung von Monopolen seitens des Staates in Schlüsselindustrien, beeinflusst werden und so die Entwicklung eines florierenden Wettbewerbs zu Lasten der Wohlfahrt und der Volkswirtschaft behindern. Der Abbau solcher Monopolunternehmen und die damit einhergehende gleichzeitige Einführung und Förderung des Wettbewerbs auf Märkten, die sich nur durch Monopole auszeichnen, ist nicht nur geboten, sondern auch zwingend erforderlich, um die Wirtschaft Chinas weiter anzukurbeln. Daher ist zu begrüßen, dass insofern das Zentralkomitee Chinas im November 2013 dies als eine Aufgabe der nächsten Jahre betrachtet, obgleich die Durchsetzung und Effektivität dieser politischen Agenda noch abzuwarten bleibt. Die Justiz sollte allerdings künftig nicht die Augen davor verschließen, dass gerade staatlich privilegierte Staatsunternehmen nicht selten ihre marktbeherrschende Position missbrauchen. Bei der Frage des Missbrauchs handelt es sich sowohl auf EU-Ebene als auch in China um eine weitere schwierige Aufgabe. Das Tatbestandsmerkmal des Art. 102 AEUV und auch des § 17 AMG ist mangels eines klaren Beurteilungsmaßstabes schwer zu handhaben, was insbesondere im Bereich der Kampfpreisunterbietungen der Fall ist, da die Grenze zwischen dem erlaubten, vor allem erwünschten Preiswettbewerb und dem rechtswidrigen Vernichtungswettbewerb oftmals verschwimmt. Bei der Feststellung eines *predatory pricing* stellen die Gerichte und die Kommission auf EU-Ebene vor allem auf Kostenbegriffe und die Verdrängungsabsicht ab, obgleich beide Aspekte sich nur schwer ermitteln lassen. Zwar erweist sich der Rückgriff auf die durchschnittlich vermeidbaren Kosten als praktikable Lösung, da dies eine komplizierte Kostenverteilung in fixe und variable Kosten vermeidet. Dennoch lassen sich Kampfpreise nicht allein durch eine Kostenanalyse vollends bestimmen. Um ein komplexes wettbewerbswidriges Preisverhalten zu ermitteln, müssen weitere Faktoren, wie etwa die subjektive Absicht zur Verdrängung der Konkurrenz und der Einfluss des betroffenen Unternehmens auf den Markt in Ansatz gebracht werden. Ein teilweise abweichender, aber ebenso auf Kosten abstellender Regulierungsansatz findet sich im chinesischen Wettbewerbsrecht, welches das Problem der Kampfpreise seit dem Entstehen des Preiswettbewerbs Ende der 1980er Jahre in der TV-Branche zwar kennt, jedoch eine Einstufung als rechtswidrig zur damaligen Zeit aufgrund der Umstände auf dem Markt und der Motivationslage der Preisunterbietenden nicht geboten war. Das Problem zeigte sich vornehmlich erst im Zusammenhang mit Kampfpreisstrategien staatlicher Unternehmen, im Rahmen dessen der Staat die Verluste ineffektiver Marktpraktiken kompensiert(e), das heißt ineffizient wirtschaftende Unternehmen künstlich fördert(e), dadurch aber private Wettbewerber vom Markt verdrängt und letztlich der Entwicklung des Wettbewerbs und der Volkswirtschaft schadet. Eine Lösung ergibt sich nicht über eine Vermittlung durch die Regierung, da diese keinen Einfluss auf die Unternehmen und deren Verhalten am Markt nehmen sollte, zumal es die Gefahr der Korruption schürt und letztlich das Problem auch nicht an der Wurzel packt, sondern vielmehr nur auf Eis legt. Wenig förderlich ist zudem die verstreute Regulierung des

Kampfpreisproblems, da nicht nur das AMG, sondern auch das UWG von 1993, das Preisgesetz von 1997 und die Verordnung gegen den Verkauf zu niedrigen Dumpingpreisen von 1999 jenes unzulässiges Preisverhalten regelt, dabei aber unterschiedlich strenge Anforderungen an einen Verstoß normiert. So sind etwa nach dem Preisgesetz die durchschnittlichen Branchenkosten maßgeblich, obgleich die Kostenbildung äußerst schwierig ist und subjektive Elemente überhaupt keine Berücksichtigung finden. Die Schwierigkeit der Kostenanalyse könnte in Anlehnung an die Erfahrungen aus Europa aber behoben werden, da das europäische Kartellrecht dahingehend derzeit die praktikablere Lösung darstellt, welche sich auch für das chinesische Recht eignet. Dabei können die durchschnittlichen Branchekosten weiter als Referenzgrößen fungieren. Zudem ist die Verdrängungsabsicht zu berücksichtigen, die zu beweisen ist, obwohl es sich hierbei unzweifelhaft um eine schwere Aufgabe handelt. Dennoch dürften auch Indizien genügen, die sich aus den Kosten ableiten lassen. Ein anderer Ansatz wäre, die diesbezügliche Beweislast dem betroffenen Unternehmen aufzuerlegen, mithin eine Verdrängungsabsicht zu vermuten, die das Kollektiv sodann widerlegen kann. Vor diesem Hintergrund ist die erfolgte Konkretisierung der Rechtfertigungsgründe lobenswert, da dies auch den Unternehmen entgegen kommt. Eine weitere Systematisierung und Ausdifferenzierung der Kostenanalyse erübrigt dies aber nicht. Erstrebenswert ist weiterhin, den Rechtfertigungsgrad an den Umfang des Schadens für den Wettbewerb zu knüpfen.

Es bleibt demnach festzuhalten, dass sowohl das europäische Kartellrecht als auch das AMG zwar keineswegs perfekt sind, aber sehr wohl eine gute Basis für den Schutz eines fairen Wettbewerbs vor Verzerrungen bieten, das heißt sofern – zumindest in China – auch die Justiz gewillt ist, dieses Recht effektiv und ohne politische Einflüsse oder Privilegierungen von Staatsunternehmen umzusetzen. Das Problem im „Reich der Mitte" ist gegenwärtig weniger das Regelungswerk selbst, als vielmehr dessen Durchsetzung durch die Antimonopolvollzugsbehörden. Dadurch wird verdeutlicht, dass es sich letztlich um ein rechtspolitisches Thema handelt. Zudem kann die Verwirklichung eines Rechtsstaates, der nicht unwesentlich von dem Willen politischer Kreise abhängt, nicht durch die Schaffung immer neuer Gesetze realisiert werden, wenn sich die derzeitigen Regelungen als ineffektiv erweisen, was jedoch in den letzten Jahren in China häufig zu beobachten war. Sinnvoller ist stattdessen die Durchsetzungspraxis der Behörden und Gerichte zu reformieren und vor allem zu vereinheitlichen, mithin das eigentliche Problem zu beheben.

Literaturverzeichnis

Abteilung für Preispolitik im Regulationsamt der Wirtschaftspolitik der staatlichen Kommission für Entwicklung und Reform, Preiskartell von neun Fernsehgeräteherstellern im Widerspruch zum Preisgesetz, in: Preistheorie und Praxis, Nr. 7 2000 (国家计委经济政策协调司价格政策法规处:《九家彩电企业实行价格联盟违反〈价格法〉》，《价格理论与实践》2000年第7期).

Ahrens, Börries/Behrens, Peter/Dietze, Philipp, Marktmacht und Missbrauch: Forum Wissenschaft und Praxis zum Internationalen Wirtschaftsrecht; Hamburger Forum Kartellrecht, Baden-Baden 2007 (zitiert: Bearbeiter, in:).

Alese, Femi, Federal Antitrust and EC Competition Law Analysis, Hampshire 2008.

Areeda Phillip/Turner Donald F., Antitrust Law. – An Analysis of Antitrust Principles and Their Application, vol. 1, Aspen 1978.

Areeda Phillip/Turner Donald F., Predatory Pricing and Related Practices under Section 2 of the Scherman Act, in: Harvard Law Review, vol. 88, 1975, S. 697 ff.

Au, Hans, Das Wettbewerbsrecht der VR China – Wirtschaftspolitische Ziele und Gesetzesvollzug, Diss. Hamburg, 2004.

Bechthold, Rainer, Abgrenzung des relevanten Marktes, in: Erdmann, Willi/Mees, Hans-Kurt/Piper, Henning/Teplitzky, Otto/Hefermehl, Wolfgang/Ulner, Peter (Hrsg.), Festschrift für Otto-Friedrich Freiherr von Gamm, Köln 1990, S. 537 ff.

Bechtold, Rainer/Bosch, Wolfgang/Brinker, Ingo/Hirsbrunner, Simon, EG-Kartellrecht, Kommentar, 2. Auflage, Stuttgart 2008.

Bloch, Robert E./Kamann, Hans-Georg/Brown, Jay S./Schmidt, Jens Peter, A Comparative Analysis of Art. 82 of the EC Treaty and Sec. 2 of the Sherman Act, in: ZWeR 2005, S. 325 ff.

Böhm, Franz, Demokratie und ökonomische Macht, in: Institut für ausländisches und internationales Wirtschaftsrecht (Hrsg.), Kartelle und Monopole im modernen Recht. Beiträge zum übernationalen und nationalen europäischen und amerikanischen Recht, erstattet für die internationale Kartellrechts-Konferenz in Frankfurt am Main, Juni 1960, Karlsruhe 1961.

Bolton Patrick/Brodley Joseph F./Riordan Michael H., Predatory Pricing: Strategic Theory and Legal Policy, in: Geo. L. J., vol. 88, 2000, S. 2239 ff.

Bork, Robert H., The Antitrust Paradox: A Policy at War with Itself, 1978, und 2d edition, New York 1993.

Bu, Yuanshi, Einführung in das Recht Chinas, München 2009.

Bunte, Hermann Josef, Kartellrecht, 2. Auflage, München 2008.

Brook, Thomas, China's Anti-Monopoly Law: History, Application, and Enforcement, in: Appeal: Review of Current Law and Law Reform, vol. 16, 2011, S. 31 ff.

Chalmers, Damian/Monti, Giorgio, European Union Law, Updating Supplement, Cambridge 2008.

Chen, Hong, Antimonopolrecht – Wirtschaftsverfassung in China: Dogmatische Diskussion, Nr. 6, 2008 (陈宏，《<反垄断法>-中国特色的“经济宪法”》，载《理论探讨》2008年第6期).

Dauses, Manfred A. (Hrsg.), Handbuch des EU-Wirtschaftsrechts, 34. Auflage, München 2013 (zitiert: Bearbeiter, in:).

Dietze, Philipp von/Janssen, Helmut, Kartellrecht in der anwaltlichen Praxis, 4 Auflage, München 2011.

Ding, Maozhong, Studien zur Marktabgrenzung bei der Durchsetzung des chinesischen Antimonopolgesetzes, Shanghai 2011 (丁茂中，《反垄断法实施中的相关市场界定研究》，复旦大学出版社2011年6月).

Dong, Huijuan, Überlegungen zum ersten Kartellrechtsfall im Internetbereich, in: Rechtliche Wissenschaft Heibei, vol. 29, Nr. 1, 2011（董慧娟，《对我国网络领域反垄断第一案的再思考》载《河北法学》2011年1月第29卷第1期).

Dreher, Meinrad, Die Zukunft der Missbrauchsaufsicht in einem ökonomisierten Kartellrecht, in: WuW 2008, S. 23 ff.

Dreher, Meinrad/Adams, Michael, The More Economic Approach to Art. 82 EC and the Legal Process, in: ZWeR 2006, S. 259 ff.

Du, Chenyan/Liu, Yan, Über die Begrenzung und Regulierung der Kampfpreisstrategien, in: Amtsblatt der pädagogischen Hochschule Nordosten, Nr. 3, 2006 (杜晨妍 刘　岩,《论掠夺性定价的界定及法律规制》载《东北师大学报》2006年第3期).

Duan, Lin, Analyse der industriellen Organisation der chinesischen Fernseherindustrie, in: Markt Wochenzeitschrift (Forschung Vision), Nr. 9, 2005 (段琳，《中国彩电业的产业组织分析》载《市场周刊(研究版）》，2005年第9期).

Eichner, Andrew W., Battling Cartels in the New Era of Chinese Antitrust Enforcement, in: Texas International Law Journal, vol. 47, Issue 3, 2012, S. 587 ff.

Eilmansberger, Thomas, in: Münchener Kommentar zum europäischen und deutschen Wettbewerbsrecht, Bd. 1, München 2007.

Emmerich, Volker, Das Recht des unlauteren Wettbewerbs, 6. Auflage, Neuwied (u.a.) 2002.

Emmerich, Volker, Kartellrecht, 12. Auflage, München 2012.

Fang, Xiaomin, Zur Gesetzgebung des chinesischen Antimonopolrechts – rechtsvergleichende Analyse, Beijing 2006 (方小敏，《中国反垄断立法若干问题研究—比较法视角》，德国阿登纳基金会系列丛书 2006年).

Fang, Yuxia, Fall-Analyse Baidu – Rechtliche Methode zur Marktabgrenzung, in: Amtsblatt der Universität des Verkehrs Beijing, Nr. 2, 2013（方玉霞，《论"百度竞价排名案"相关市场的法律界定》载《北京交通大学学报(社会科学版)》2013年第2期）.

Fleischer, Romy, Die Dynamik des Wettbewerbsschutzes im US-amerikanischen, europäischen und australischen Kartellrecht – eine rechtsvergleichende Untersuchung zu Sec. 2 Sherman Act, Art. 102 AEUV und Sec. 46 CCA 2010, Köln 2013.

Frenz, Walter, Handbuch Europarecht: Band 2: Europäisches Kartellrecht, 2006.

Geppert, Martin (Hrsg.), Beck'scher TKG-Kommentar, München 2013 (zitiert; Bearbeiter, in:).

Glöckner, Jochen, Kartellrecht: Recht gegen Wettbewerbsbeschränkung, Stuttgart 2012.

Goyder, J./Goyder, D.G./Albors-Llorens, A., EC Competition Law, 5th edition, Oxford 2009.

Grabitz, Eberhard/Hilf, Meinhard (Hrsg.), Das Recht der Europäischen Union, Bd I, Lfg. 40, München 2009 (zitiert: Bearbeiter, in:).

Grabitz, Eberhard/Hilf, *Meinhard*/Nettesheim, *Martin* (Hrsg.), Das Recht der Europäischen Union, Bd. II, Lfg. 50, München 2013 (zitiert: Bearbeiter, in:).

Groeben, Hans von der/Schwarze, Jürgen, Kommentar zum Vertrag über die Europäische Union und zur Gründung der Europäischen Gemeinschaft, Bd. II, 6. Auflage, Baden-Baden 2003 (zitiert: Bearbeiter, in:).

Gu, Michael/Zhan, Hao, Chapter 7 – China, in: Roberton, Gideon (Hrsg.), The Public Competition Enforcement Review, 5th edition, London 2013, S. 77 ff.

Han, Michael/Su, Jessica, China's Antimonopoly Law: Status quo and Outlook, in: Global Competition Policy, Heft 1, August 2008, https://www.competitionpolicyinternational.com/chinas-antimonopoly-law-status-quo-and-outlook.

Handelsministerium, Bericht der Kartellabteilung, Wettbewerbsbeschränkendes Verhalten multinationaler Unternehmen und Gegenmaßnahmen in Industrie- und Handelsverwaltung, in: Faires Handelsamt der staatlichen Industrie- und Geschäftsbehörde, Heft 5, 2004 (国家工商总局公平交易局反垄断处，《在华跨国公司限制竞争行为表现及对策》，《工商行政管理》2004年第5期).

Hayek, Friedrich August von, Der Wettbewerb als Entdeckungsverfahren, Kiel 1968.

Heermann, Peter W., Aktuelle kartellrechtliche Probleme im Zusammenhang mit Spielertransfers, Bern 2007.

Heermann, Peter W., Anwendung des europäischen Kartellrechts im Bereich des Sports. – Rechtfertigen die Besonderheiten des Sports eine Sonderbehandlung?, in: Wirtschaft und Wettbewerb 2009, S. 362 ff.

Heße, Manfred, Wettbewerbsrecht „Recht Schnell erfasst", Berlin 2006.

Hirsbrunner, Simon/Schädle, Anne, Sicherer Hafen oder Bermudadreieck?, in: EuZW, Bd. 17, 2006, S. 583 ff.

Hou, Jiangxiao Athena/Yi, Jane, A Progress on the Implementation of China's Anti-Monopoly Law, in: The Journal of Antitrust and Unfair Competition Law Section of the State Bar of California, vol. 20, Heft 1, 2011.

Hu, Runtian, Einige Überlegungen über Wettbewerbsregelungen im Internet – Kommentierung zum Fall Qihu v. Tencent, in: Produktivitätsforschung, Nr. 6, 2013 (胡润田，《中国互联网行业竞争法规制的若干思考——兼评奇虎诉腾讯垄断案》，《生产力研究》2013年06期).

Huang, Liang, Zustand und Gegenmaßnahme zu administrativen Monopolen in China, in: Soziale Wissenschaftszeitschrift, Nr. 8, 2010 (黄亮，《中国行政垄断之现状与对策简析》载《社会纵横》2010年第8期).

Huang, Yong, Pursuing the Second Best the History, Momentum, and Remaining Issues of Chinas Anti-Monopoly Law, in: Antitrust Law Journal, vol. 75, Heft 1, 2008, S. 117 ff.

Huo, Zhengxin, A Tiger without Teeth: The Antitrust Law of the People's Republic of China, in: Asian Pacific Law & Policy Journal, vol. 10, Issue 1, 2008, S. 1 ff.

Immenga, Ulrich/Mestmäcker, Ernst-Joachim, Wettbewerbsrecht, Band 1. EG/Teil 1 und EG/Teil 2: Kommentar zum Europäischen Kartellrecht, 5. Auflage, München 2012 (zitiert: Bearbeiter, in:).

Jiang, Xiaojuan, Wachstum, Effizienz und Organisationsänderung des Industriezweigs in der Systemreform: Fallstudien in einigen Industrie-Branchen in China, Shanghai 1999 (江小涓，《体制转轨时期的增长、绩效与

产业组织的变化：对中国若干行业的实证研究》，上海人民出版社、上海三联出版社1999年版).

Jiang, Yanbo/Zhang, Junqi, Die Marktbegrenzung in der Netzwerkswirtschaft – Auf der Grundlage der Gewinnquelle, in: Chaoyang Law Review, Nr. 1, 2012 （蒋岩波，章俊琪，《互联网产业中相关市场的界定——以企业利润来源为视角》载《朝阳法律评论》2012年第1期）.

Jin, Longxin, Über die Bestimmung und rechtliche Kontrolle des Verkaufs zu niedrigen Preisen – im Hinblick auf die Änderung und Verbesserung des chinesischen Gesetzes gegen unlauteren Wettbewerb, in: Zeitschrift Tianzhong, vol. 19, Nr. 3, 2004 (金龙鑫，《论对低价销售行为的认定和约束——兼论对《反不正当竞争法》的修改与补充》，载《天中学刊》第19卷第3期，2004年6月).

Jones, Alison/Sufrin, Brenda, EU Competition Law, 4th edition, Oxford 2010.

Jungermann, Frank, Kollektive Marktbeherrschung durch interdependentes Parallelverhalten und deren Missbrauch, Köln 2007.

Karenfort, Jörg/Koppenfels, Ulrich von/Siebert Stefan, „Tariftreueregelungen" bei der Vergabe öffentlicher Aufträge – vereinbar mit deutschem Kartellrecht und Europarecht?, in: Betriebsberater, Heft 36, 1999, S. 1825 ff.

Kartellbehörde gegen unlauteren Wettbewerb des staatlichen Industrie- und Handelsamtes, Erscheinungen und Gegenmaßnahmen über die Wettbewerbsbeschränkung multinationaler Konzerne in China, in: Industrie- und Handelsverwaltung, Nr. 5, 2004 (国家工商总局公平交易局反垄断处,《在华跨国公司限制竞争行为表现及对策》,《工商行政管理》2004年05期).

Kessen, Holger, Nachfragemacht der Automobilindustrie, Frankfurt 1996.

Klees, Andreas/Hauser, Sebastian Max, Oligopolistische Reaktionsverbundenheit im Anwendungsbereich des Art. 82 EG, in: EWS 2008, S. 7.

Kling, Michael/Fleischer, Romy Nicole, Zur Leitidee des Wettbewerbsschutzes in den Kartellrechtsordnungen – eine rechtsvergleichende Analyse, Nihon University Comparative Law (Tokyo), Nr. 27, 2010, S. 137 ff.

Kling Michael/Thomas Stefan, Kartellrecht, München 2007.

Kommission für Politik und Recht im chinesischen Forschungszentrum der Handelsorganisation 2010, Forschungsreport über Wettbewerbsrecht und -politik, September 2010 Beijing (中国贸易组织研究会政策与法律专业委员会编著的，2010年《中国竞争法律与政策研究报告》，法律出版社 2010年9月).

Kommission der VR China für die Politik und Recht des chinesischen Forschungszentrums der Handelsorganisation 2011, Forschungsreport über

Wettbewerbsrecht und Politik, 2012 Beijing(中国贸易组织研究会政策与法律专业委员会编著的, 2011年《中国竞争法律与政策研究报告, 法律出版社 2012年3月).

Langen, Eugen/Bunte, Herman-Josef, Kommentar zum deutschen und europäischen Kartellrecht, Bd. 2, 11. Auflage, Neuwied 2010 (zitiert: Bearbeiter, in:).

Lange, Knut Werner, Europäisches und deutsches Kartellrecht, Frankfurt am Main 2006.

Lange, Knut Werner, Kampfpreisstrategien (predatory pricing) im europäischen Kartellrecht, in: ZHR 2005, S. 495 ff.

Lange, Knut Werner/Pries, Thorsten, Einführung in das europäische und deutsche Kartellrecht, 2. Auflage, Frankfurt am Main 2011.

Lettl, Tobias, Kartellrecht, 2 Auflage, München 2007.

Li, Hong, Theorie und Praxis der Marktabgrenzung – wirtschaftliche Analyse der Marktabgrenzung im Sinne des Kartellrechts, Beijing 2011 (李虹，《相关市场理论与实践：反垄断中相关市场界定的经济学分析》商务印书馆).

Li, Jian, Marktabgrenzung im Antimonopolrecht im beiderseitigem Markt – Rechts- und Wirtschaftswissenschaft im Fall Baidu, in: Studien in Recht und Wirtschaft, Nr. 5, 2010（李剑，《双边市场下的反垄断法相关市场界定———"百度案"中的法与经济学》载《法商研究》2010年第5期）.

Li, Jian, Reihenfolge nach der Preiskonkurrenz ist kein Missbrauch der marktbeherrschenden Stellung, in: Jura Wissenschaft, Nr. 3, 2009（李剑，百度"竞价排名"非滥用市场支配地位行为，载《法学》2009年第3期）.

Li, Rongrong, Großartiges Projekt und wertvolle Erfahrung, in: Qiushi, Nr. 16, 2008 (李荣融，《宏大的工程 宝贵的经验》载《求是》2008年第16期).

Li, Xiaorong, Studie zur Marktabgrenzung und Wettbewerbspolitik im Hinblick auf das Antimonopolrecht, Nanjing 2010 (李晓蓉，《市场界定与反托拉斯政策研究》南京大学出版社2010年3月).

Li, Zhichun, Rechtliche Kontrolle gegen Missbrauch der marktbeherrschenden Stellung von Multinationale Konzerne, in: Amtsblatt des Kaili Instituts, vol. 25. Nr. 4, August 2007 (李志春，《在华跨国公司滥用市场支配地位的法律规制》，载《凯里学院学报》2007年04期).

Li, Zhichun, Rechtliche Regulierung des Marktmachtmissbrauchs multinationaler Konzerne in China, in: Amtsblatt der Universität Hunan für Finanzen und Wirtschaft, Nr. 4, 2006 (李志春，《在华跨国公司市场支配地位的对策研究》，载《湖南财经高等专科学校学报》2006年第4期).

Liao, Xiaoli, Die Feststellung und Rechtsanwendung der marktbeherrschenden Stellung der multinationalen Unternehmen in China – Rechtliche Überlegung zum Fall Xiande v. Sony, Masterarbeit Chengdu 2005 (廖晓丽，《跨国公司在中国滥用市场支配地位的认定和法律适用- 一Dx电子有限公司诉日本索尼电子株式会社垄断纠纷一案的法律思考》，硕士论文2005年, 成都).

Lin, Xing, Über das Prinzip der Gesetzgebung. Eher breit als ausführlich, in: Amtsblatt der Hochschule für Pädagogik Zhen Jiang, Nr. 2, 1999 (林兴，《论"宜粗不宜细"的立法思想》载《湛江师范学院学报》，1999年02期）.

Liu, Jiaru, Strafbarkeit der Organmitglieder einer Aktiengesellschaft wegen treuwidrigen Verhaltens in China. – Unter Berücksichtigung des § 266 StGB im deutschen Recht, Diss., Heidelberg 2011.

Liu, Xu, Missbrauchskontrolle – Fallanalyse, in: Electronics Intellectual Property, Nr. 4, 2013 (刘旭，《奇虎诉腾讯滥用市场支配地位案中的市场支配地位认定参考德国和欧盟经验简析广东省高级法院一审判决》，载《电子知识产权》2013年04期).

Liu, Yejing, Zur Menge und Optimierung des chinesischen Antimonopolrechts seit dem Inkrafttreten, in: Ware und Qualität, Nr. 1, 2011 (刘晔婧，《浅析我国<反垄断法>实施以来的不足与完善》载《商品与质量》2011年第1期).

Loewenheim, Ulrich/Meessen, Karl M./Riesenkampff, Alexander (Hrsg.), Kartellrecht, Kommentar, 2. Auflage, München 2009 (zitiert: Bearbeiter, in:).

Lü, *Mingyu*, Rechtliche Analyse zum Verkauf zu rechtwidrig niedrigen Preisen, in: Sozialwissenschaft Gan Su Provinz, Nr. 2, 2003 (吕明喻，《不正当低价销售的法律分析》载《甘肃社会科学》2003年第2期).

Mäger, Thorsten, Europäisches Kartellrecht, 2. Auflage, Baden-Baden 2011.

Mao, Xiaofei/Glass Tobias, Das chinesische Antimonopolgesetz im Lichte des deutschen Kartellrechts, in: ZWeR, Heft 1, 2008, S. 88 ff.

Masseli, Markus, Das Antimonopolgesetz der VR China, in: Zeitschrift für Chinesisches Recht 3/2007, S. 259 ff.

Masseli, Markus, Handbuch chinesische Fusionskontrolle, Berlin 2011.

Meng, Dongmei, Zu Mängeln und zur Optimierung des chinesischen Antimonopolgesetzes, in: Amtsblatt der Pädagogikuniversität Guangxi, Nr. 3, 2009 (蒙冬梅，《关于我国，<反垄断法>缺陷及完善的理性思考》，载《广西师范学院学报》2009年7月第30卷第3期).

Mesenbrink. Lars, Das Antimonopolgesetz der VR China im Spannungsverhältnis zwischen Politik und Wettbewerbsrecht, Baden- Baden 2010.

Mestmäcker, Ernst-Joachim/Schweitzer, Heike, Europäisches Wettbewerbsrecht, 2. Auflage, München 2004.

Nagel, Sibilla, Die Beurteilung von Kampfpreisstrategien nach EG-Kartellrecht, Bielefeld 2005.

Ni, Zhenfeng, Wettbewerbsregelung und -strategie – flexible Anwendung des Gesetzes gegen unlauteren Wettbewerb, Shanghai September 1996 (倪振峰，《竞争的规则与策略—反不正当竞争法活用》，复旦大学出版1996年9月社).

Ning, Wanglu, Rechtliche Regulierung des Missbrauchs der marktbeherrschenden Stellung und verwaltungsrechtliche Praxis der Industrie- und Handelsbehörde in der VR China, in: Verwaltung der Industrie und des Handels, Nr. 18, 2011 (宁望鲁，《中国规制滥用市场支配地位行为的法律制度与工商机关的执法实践》，载《工商行政管理》2011年第18期).

Oberender, Peter, Effizienz und Wettbewerb, Berlin 2005.

O'Donoghue Robert/Padilla A.Jorge, The Law and Economics of Artikel 82 EC, Oxford 2006.

OECD, Glossary of Industrial Organization Economics and Competition Law, 1993.

Peng, Zhenyu, Studien zur Kontrolle des Missbrauchs einer marktbeherrschenden Stellung staatlicher Unternehmen, Masterarbeit Beijing 2012 (彭振宇，《国有企业滥用市场支配地位行为法律规制研究》，硕士论文2012年).

Pries, Thorsten Wilhelm, Kampfpreismissbrauch im ökonomisierten EG-Kartellrecht, Tübingen 2009.

Qi, Yudong/Fan, Hejun, Hauptrichtung der Reform in der Monopolbranche – wettwerbliche Umgestaltung, in: Academic Monthly, Nr. 9, 2011 (戚聿东，范合君，《"十二五"时期垄断行业改革的主攻方向—竞争化改造》载《学术月刊》，2011年第9期).

Qu, Yuping/Liu Mingfei, Das Prinzip der Gesetzgebung Eher breit als ausführlich muss korrigiert werden, in: Amtsblatt der Hochschule für Pädagogik Changchun, Nr. 5, 2006 (曲玉萍，刘明飞，《反思"宜粗不宜细"的立法观念》，长春师范学院2006年05期).

Ratliff, James D./Rubinfeld, Daniel L., Online Advertising: Defining Relevant Markets, in: Journal of Competition Law and Economics, Nr. 3, June 2010, S. 653 ff.

Rechtsanwaltsverein Beijing, Rechtsanalyse der Praxis zum Kartellrecht und des Gesetzes gegen unlauteren Wettbewerb, Beijing April 2012 (北京市律

师协会，《反垄断与反不正当竞争法律实务精解》北京大学出版社2012年4月).

Reinstadler, Armin, Staatliche Wirtschaftsregulierung und europäisches Kartellrecht: Eine Kritik an der Akzessorietätsthese des EuGH, in: ZEuS 2005, S. 479 ff.

Rittner, Fritz/Kulka, Michael, Wettbewerbs- und Kartellrecht: eine systematische Darstellung des deutschen und europäischen Rechts, 7. Auflage 2008.

Roth, Wulf-Henning/Ackermann, Thomas, in: Frankfurter Kommentar zum EU-Kartellrecht, Bd. II, 2013.

Ruppelt, Hans-Jürgen, Die Marktabgrenzung im Lebensmittelhandel, in: WuW, Heft 1, 2012, S. 27 ff.

Schmidt, André/Voigt, Stefan, Der »more economic approach« in der Missbrauchsaufsicht. Einige kritische Anmerkungen zu den Vorschlägen der Generaldirektion Wettbewerb, in: WuW 2006, S. 1097 ff.

Schröter, Helmuth/Jakob, Thinam/Mederer, Wolfgang, Kommentar zum Europäischen Wettbewerbsrecht, Baden-Baden 2003.

Schwalbe, Ulrich, Die Berücksichtigung von Effizienzgewinnen in der Fusionskontrolle – Ökonomische Aspekte, in: Oberender, Peter (Hrsg.), Effizienz und Wettbewerb, Berlin 2005, S. 63 ff.

Shang, Ming, Missbrauchskontrolle einer marktbeherrschenden Stellung im Antimonopolgesetz, Beijing 2007 (尚明，《对企业滥用市场支配地位的反垄断法规制》法律出版社2007年4月).

Shang, Ming, Theorie des Antimonopolrechts und Inlands- und Auslandsfallanalyse, Beijing 2008 (尚明，《反垄断法理论与中外案例评析》北京大学出版社2008年4月).

Shang, Ming, The Theory of Chinese Antimonopoly-Law and Practice, Peking 1997.

Shi, Jianzhong, Kommentar und theoretische Untersuchung des Antimonopolgesetzes, Beijing 2008 (时建中，《反垄断法—法典释评与学理探源》，中国人民大学出版社2008年2月).

Shi, Jianzhong, Vorteile und Inhalt des chinesischen Anti-Monopolgesetzes, in: Juristen Nr. 1, 2008 (时建中，《我国<反垄断法>的特色制度、亮点制度及重大不足》,载《法学家》2008年第1期).

Shi, Jichun, Analyse und Rechtsanwendung des Antimonopolrechts, Beijing 2007 (史际春，《反垄断法理解与适用》，中国法制出版社 2007年10月).

Shi, Jichun/Wu Jiong, Rechtliche Analyse des Preiswettbewerbs und der zielgerichteten Preissenkung, in: Shi, Jichun (Hrsg.), Kommentar zum

Wirtschaftsrecht, vol. 1, Beijing 2000 (参见史际春、吴炯：《关于减价竞争和人为限价的法律思考》，载史际春主编：《经济法评论》第1卷，中国法制出版社 2000年).

Sun, Wei, Überlegung zur Bestimmung des Kostenstandards bei Kampfpreisstrategien, in: Preistheorie und -praxis, Nr. 12, 2010 (孙 威，《对建立我国掠夺性定价成本标准问题的思考》载《价格理论与实践》2010年第12期).

Tong, Shu, Überlegungen zum Hintergrund des Falles Baidu – Fallanalyse Renren v. Baidu, in: Urheberrecht Chinas, Nr. 1, 2010 (佟姝《百度被诉垄断案背后的思考 唐山市人人信息服务有限公司诉北京百度网讯科技有限公司垄断纠纷案评析》载《中国专利与商标》2010年01期).

Wallenberg, Gabriela von, Kartellrecht, 3. Auflage, Köln 2007.

Wang, Heng/Cao, Jiahua, Kartellrechtliche Analyse des Falls Qihoo 360 gegen Tencent QQ, in: Amtsblatt der Universität für Wirtschaft Hubei, vol. 10, Nr. 1, 2012 (王恒，曹家华，《腾讯QQ"与"360"之争的反垄断法分析》载《湖北经济学院学报》2012年第10卷第1期).

Wang, Hui, Über Missbrauch der marktbeherrschenden Unternehmen und die Missbrauchskontrolle im Sinne des Antimonopolrechts. – Kartellrechtliche Untersuchung gegen China Unicom und China Telecom, in: Recht und Gesellschaft, Nr. 36, Dezember 2011 (王慧，《浅析〈反垄断法〉中的滥用市场支配地位行为及规制——从对中国电信和中国联通进行反垄断调查说起》，载《法制与社会》2011年36期).

Wang, Lei, Vorzüge des Antimonopolrechts Chinas. – Herausforderungen und Gegenmaßnahmen, in: Studie zu chinesischen Industrien und Geschäften, Nr. 4, 2008 (王磊，《中国反垄断法的亮点、挑战与对策》，载《中国工商管理研究》2008年第4期).

Wang, Sufen/Cui, Li, Über die Bestimmung und rechtliche Regulierung der Kampfpreisstrategie, in: Amtsblatt der Hochschule für Verwaltung Liao Ning, Nr. 4, 2005 (王素芬、崔丽，《试论掠夺性定价的认定与立法规制》载《辽宁行政学院学报》2005年第4期).

Wang, Xianlin, Antimonopoly Law Analysis on Dispute of Intellectual Property Rights between Cisco Co. and Huawei Co., in: Journal of Central South University, vol. 9, Nr. 4, 2003 (王先林，《对思科、华为知识产权之争中的"私有协议"垄断问题的思考》，载《中南大学学报(社会科学版)》2003年04期).

Wang, Xianlin, Über die Marktabgrenzung auf dem relevanten Markt bei der Durchsetzung des Kartellrechts, in: Amtsblatt der Universität Nordwesten für Rechtswissenschaft, Nr. 1, 2008 (王先林，《论反垄断法实施中的相关市场界定》载《法律科学》(西北政法学院学报) 2008年01期).

Wang, Xianlin, Rechtliche Kontrolle gegen wettbewerbsbeschränkendes Verhalten multinationaler Unternehmen mit marktbeherrschender Stellung, Exekutive Verwaltung der Industrie und Geschäft, Nr. 23, 2003 (王先林，《跨国公司利用优势地位限制竞争行为的法律规制，载《工商行政管理》2003年23期).

Wang, Xianlin, Rechtliche Regulierung gegen Wettbewerbsbeschränkungen multinationaler Konzerne, in: Industrie- und Handelsverwaltung, Nr. 23, 2003 (王先林, 跨国公司利用优势地位限制竞争行为的法律规制, 工商行政管理, 2003年23).

Wang, Xiaoye, Erklärung zum Antimonopolgesetz der Volksrepublik China, Beijing 2008 (王晓晔，《中华人民共和国反垄断法详解》知识产权出版社2008年2月).

Wang, Xiaoye, Erlass und Ausführung des Chinesischen Kartellgesetzes, in: RiW 2008, S. 417 ff.

Wang, Xiaoye, Highlights of China's New Antimonopoly Law, in: Antitrust Law Journal, Nr. 1, 2008, S. 133 ff.

Wang, Xiaoye, Missbrauch der marktbeherrschenden Unternehmen. – Erläuterung des AMG III, in: Wirtschaft China, Nr. 1, 2008 (王晓晔，《禁止滥用市场支配地位——<反垄断法>释义之三》，载《中国商界》2008年第1期).

Wang, Xiaoye, Monopole und Wettbewerb in der chinesischen Wirtschaft. Eine kartellrechtliche Untersuchung unter Berücksichtigung der US-amerikanischen und deutschen Erfahrungen bei der Fusionskontrolle, 1993.

Wang, Xiaoye, Wettbewerbsrecht, Beijing 2007 (王晓晔，《竞争法学》，社会科学文献出版社2007年版).

Wang, Xiaoye, Wettbewerb als Basis. Rechtliche Überlegungen zu Kampfpreisstrategien, in: Internationaler Handel, Nr. 11, 1999 (王晓晔，《保护竞争应为本-关于低价倾销行为的法律思考》，载《国际贸易》1999年第11期).

Wang, Xiaoye/Emch, Adrian, Five Years of Implementation of China's Anti-Monopoly Law. – Achievements and Challenges, in: Journal of Antitrust Enforcement, vol. 1, Nr. 2/2013, S. 247 ff.

Wang, Xueqing, Schwerpunkt und Gegenmaßnahme der Preismonopole, in: China Preis, Nr. 2, 2013 (王学庆,《价格反垄断的重点、难点及对策》，载《中国物价》2013年第2期).

Weitbrecht, Andreas/Mühle, Jan, Europäisches Kartellrecht 2003–2008, in: EuZW 2008, S. 551 ff.

Wen, Xueguo, Missbrauch und Regulierung, Beijing 2003 (文学国，《滥用与规制》，法律出版社2003年).

Wersborg，*Sarah,* Die private Kartellrechtsdurchsetzung in China. – Die Bestimmungen des Obersten Volksgerichts zur Anwendung des Rechts bei monopolbezogenen Zivilstreitigkeiten, in: ZChinR, vol. 19, Heft 4, 2012, S. 301 ff.

Wessely, Thomas, in: Frankfurter Kommentar zum Kartellrecht, Lfg. 57, Bd. 3, Art. 82: A. (Anwendungsgrundsatz und Regelungsgründe des Art. 82 EGV) sowie Art. 82: B. (Normadressaten) 2005.

Wiedermann, Gerhard, Handbuch des Kartellrechts, 2. Auflage, München 2008 (zitiert: Bearbeiter, in:).

Williams Mark, Adoption of the EC Competition Law Model. – Is it a Trojan Horse for China?, in: *Cheng* (Hrsg.), An Exploration of China's Legislation on Competition, Beijing 2006 (Williams Mark,《采纳欧共体竞争法模式-对中国而言会不会是一匹特洛伊木马》，载程卫东主编《中国竞争法立法探索-欧盟对我国的启示》 北京社会科学文献出版社2006年4月).

Williamson, Oliver E., Predatory Pricing: A Strategic and Welfare Analysis, in: Yale L. J., vol. 87, 1977, S. 284 ff.

Wolf, Dieter, Die Erfahrung des deutschen Gesetzes gegen Wettbewerbsbeschränkung, in: *Wang, Xiaoye (Hrsg.)*, Antimonopolgesetz und Marktwirtschaft, Beijing 1998 (沃尔夫，德国竞争法的经验，载王晓晔《反垄断法与市场经济》法律出版社1998年9月).

Wu, Houyong, Über den Status multinationaler Investitionen in China und die Auswirkungen, in: Recht und Gesellschaft, Nr. 7, 2007（吴厚勇，《浅谈跨国公司在华投资的现状及影响》，载《法制与社会》2007年第7期).

Wu, Yiping, Bestimmung des Missbrauchs der marktbeherrschenden Unternehmen. – Fallanalyse: kartellrechtliche Untersuchung gegen China Unicom und China Telecom, in: Recht und Gesellschaft, Heft 20, 2012 (吴奕萍，《反垄断法中滥用市场支配地位行为之认定——以中国电信、中国联通涉嫌垄断案为视角,载《法制与社会》2012年第20期).

Wu, Zhengou, Erläuterung des chinesischen Anti-Monopolgesetzes, Beijing 2007 (吴振国，<《中华人民共和国反垄断法》解读>， 人民法院出版社2007年9月).

Wu, Zheng Ou, Perspective on the Chinese Anti-Monopoly Law, in: Antitrust Law Journal, vol. 75, Nr. 1, 2008, S. 73 ff.

Xi, Weiming, Vollzug des chinesischen Anti-Monopolgesetzes auf der Grundlage der wirtschaftlichen Globalisierung, Beijing 2010 (郗伟明，《经济全球下中国反垄断执法专题研究》，法律出版社北京2010年6月).

Xia, Dawei/Chen, Daiyun/Li, Taiyong, Analyse der industriellen Organisation in der Fernsehgeräteindustrie Chinas, in: Xia, Dawei (Hrsg.), Industrielle Organisation. Wettbewerb und Regulation, Shanghai 2002 (夏大慰、

陈代云、李太勇:《我国彩电工业的产业组织分析》,载夏大慰主编:《产业组织:竞争与规制》,上海财经大学出版社2002年版).

Xiao, Jiangping, Rechtfertigungsgründe bei Missbrauch der marktbeherrschenden Stellung, in: Forschung über Recht und Wirtschaft, Nr. 5, 2009 (肖江平,《滥用市场支配地位行为认定中的"正当理由"》载《法商研究》2009年第5期).

Xiao, Xingzhi, Studien zur Reform der natürlichen Monopole Chinas, in: Chinesische Industriewirtschaft, Nr. 4, 2002 (肖兴志,《中国自然垄断产业规制改革模式研究中国工业经济》,载《中国工业经济》2002年04期).

Xie, Qian, Über die Bestimmung des rechtwidrigen Verkaufs unter den Kosten, in: Einführung der Wissenschaft, Nr. 1, 2010 (谢茜,《试论不当低价销售行为的认定》,载《科学导刊》2010年第1期).

Xu, Bo, Rechtsanwendung in kartellrechtlichen Urteilen. – Fallanalyse zu Renren gegen Baidu und kartellrechtliche Untersuchung zu China Netcom, in: Elektronisches Geistiges Eigentum, Nr. 5, 2010(许波,《论滥用市场支配地位反垄断司法审判中的法律适用——以"百度案"和"网通案"为视角》,载《电子知识产权》2010年05期).

Yan, Meilin, Studien über Missbrauchskontrolle durch marktbeherrschende Unternehmen bei der Rechtsanwendung – mit wirtschaftlichem Index und Fallanalyse in der Universität Qingdao für Landwirtschaft, in: Amtsblatt, vol. 22 Nr. 3, August, 2010 (颜梅林,《从法律适用层面解析滥用市场支配地位——采用经济指标与案例分析法》,载《青岛农业大学学报》2010年第3期).

Yang, Deming, Zum Missbrauch des Patentrechts multinationaler Unternehmen und antimonopole Regulierung, in: You, Quanrong (Hrsg.), Rechtsvergleich des Antimonopolgesetzes, Beijing 2006 (杨德明,《论跨国公司知识产权滥用与反垄断法律规制》载游劝荣主编,《反垄断法比较研究》人民法院出版社2006年版).

Yang, Di/Hou, Yunli, Schuld und Strafe des Suchens unter konkurrierenden Preisen von *Baidu* aus kartellrechtlicher Perspektive, Aufsatzsammlung, in: Achtes China Wirtschaftsrecht Symposium 2010(杨药、侯云丽,《<反垄断法>视涌下百度竞价排名行为的"罪与罚"》载《2010年度(第八届)中国法经济学论坛论文集》.

Yang, Huixin/Liu, Jinghui, Marktstruktur, technische Innovation und Wettbewerbsfähigkeit der Fernsehgerätehersteller. – Diskussion von Preiskampf in der Fernsehbranche, in: Wirtschaftstudien Nankai, Nr. 1, 2002 (杨慧馨、刘敬慧,《市场结构、技术创新与彩电企业竞争力 ——从国内彩电价格战谈起》载《南开经济研究》2002年第1期).

You, Yu, Über die Regulierung der Kampfpreisstrategie im Kartellrecht, in: Jura Kommentar Nr. 6, 2004 (游钰，《论反垄断法对掠夺性定价的规制》载《法学评论》2004年第6期).

Yu, Donghua, Studie zum Umfang und zu Verbesserungen des SSNIP-Tests bei der Abgrenzung des relevanten Marktes bei der Durchsetzung des Kartellrechts, in: Wirtschaftskommentar, Nr. 2, 2010 (余东华，《反垄断法实施中相关市场界定的SSNIP方法研究——局限性其及改进》，载《经济评论》2010年02期).

Yu, Xinmiao, Suchmaschine und Missbrauch der marktbeherrschenden Stellung, in: China Legal Science, Nr. 3, 2012（于馨淼，《搜索引擎与滥用市场支配地位》载《中国法学》，2012年第3期）.

Zhan, Hao, The Hot Issues of China Anti-trust Private Litigation. – The Juridical Interpretation Issued by PRC Supreme Court and the Analysis of Anti-Trust Cases Fallanalyse zur Auslegung über Zivilstreitigkeiten im Kartellprozess, Beijing 2012（中国反垄断民事诉讼热点详解《关于审理因垄断行为引发的民事纠纷案件应用法律若干问题的规定》解读及案例评析，法律出版社2012年）.

Zhan, Hao, Kommentar zum Urteil Qihu 360 v. Tencent QQ – erster Versuch eines Zivilprozesses in einem Kartellrechtsstreit in China, in: Electronics Intellectual Property, Nr. 4, 2013 (詹昊，《评360诉腾讯垄断行为侵权纠纷一审判决： 中国反垄断民事诉讼制度构建的首次真实尝试》，载《电子知识产权》2013年第4期).

Zhan, G Lin, Bestimmung des rechtwidrigen Verkaufs unter den Kosten, in: Wissenschafts- und Ausbildungssammlung, Nr. 8, 2008 (张琳，《不当低价销售行为之界定》载《科教文汇》2008年8月).

Zhan, G Mujuan, Forschung über die rechtliche Regulierung der Kampfpreisstrategie, in: Amtsblatt der Universität Chifeng, vol. 31, Nr. 6, 2010 (张木娟，《掠夺性定价行为的法律规制研究》载《赤峰学院学报》，2010年6月 31卷第6期).

Zhan, G Weiying/MA Jie, Eigentum als Grundlage für den ruinösen Wettbewerb, in: Wirtschaftsforschung, Nr. 6, 1999 (张维迎、马捷,《恶性竞争的产权基础》，《经济研究》 1999年第6期).

Zhan, G Xiaoqiang, Kartellrechtliche Kontrolle der Netzwerkswirtschaft, Beijing 2011 (张小强，《网络经济的反垄断法规制》法律出版社2011年7月).

Zhan, G Xiaoqiang/Zuo, Guangjun, Bestimmung des relevanten Marktes und marktbeherrschender Stellung im Bereich der Netzwerke-Beurteilung der entsprechenden Regelung im chinesischen Kartellrecht, in: Amtsblatt der

Universität Chongqing, Nr. 5, 2009（张小强、卓光俊，《论网络经济中相关市场及市场支配地位的界定》载《重庆大学学报》2009年第5期）.

Zhan, G Xin, Gesetzgebung gegen Kampfpreisstrategien und chinesischer Wettbewerbskampf, in: Aktuelle Wirtschaftswissenschaft, vol. 22, Nr. 5, 2000 (张昕,《反"掠夺性定价"立法与我国的价格战现象》，载《当代经济科学》2000年9月，第22卷第5期).

Zhan, G Xinzhu/Zhan, G Xianggan, Trennung zwischen Regierung und Unternehmen sowie Multiwettbewerb in der zivilen Luftfahrtsindustrie, in: Kartellrechtliche Fallanalyse Chinas, Shanghai 2003 (张昕竹，张湘赣：《民航业：政企分开，多元竞争》载在《中国反垄断案例研究》2003年上海远东出版社).

Zhao, Bingzhi, Diskussion über die makroskopische Frage in der Nachbesserung des Strafrechts, in: Rechtsforschung, Nr. 3, 1996 (赵秉志，《刑法修改中的宏观问题研讨》，《法学研究》1996年第3期).

Zhao, Shuwen, Analyse des monopolistischen Verhaltens multinationaler Unternehmen und kartellrechtlicher Kontrolle, in: Politik und Recht, Nr. 1, 2007, S. 22 (赵树文，《跨国公司垄断（限制竞争）行为及反垄断法规制分析》，载《政治与法律》2007年第1期).

Zheng, Chengpeng, Forschung zur rechtlichen Kontrolle administrativer Monopole, Diss. Chong Qing, 2002 (郑程鹏，《行政垄断的法律控制研究》，2002年重庆).

Zheng, Wentong, Transplanting Antitrust in China: Economic Transition, Market Structure, and State Control, in: University of Pennsylvania Journal of International Law, vol. 32, 2010, S. 643 ff.

Zheng, Yanxin, Rechtliche Kontrolle gegen Missbrauch des öffentlichen Unternehmens in China, Beijing 2012 (郑艳馨，《我国公用企业垄断力滥用之法律规制》，法律出版社2012年10月).

Zhong, Lizhao, Wettbewerbsrecht, Beijing 2005（种明钊主编,《竞争法》，法律出版社2005年版）.

Zhu, Guangxin, Kritik am Gedanken der Gesetzgebung im Eigentumsgesetz, in: Modernes Gesetz, vol. 28, Nr. 4, 2006 (朱广新，《物权法立法思维之批判》，载《现代法学》第28卷2006年07月第4期).

Zimmer, Daniel/Werner, Jens, Marktabgrenzung und Verhältnis von Eigentums- und Kartellrecht. Entscheidung des BGH, 4.3.2008 – KVR 21/07, in: JZ 2008, S. 897 ff.

*

Schriften zum internationalen und zum öffentlichen Recht

Herausgegeben von Gilbert Gornig

Band 1 Michael Waldstein: Das Asylgrundrecht im europäischen Kontext. Wege einer europäischen Harmonisierung des Asyl- und Flüchtlingsrechts. 1993.

Band 2 Axel Linneweber: Einführung in das US-amerikanische Verwaltungsrecht. Kompetenzen, Funktionen und Strukturen der „Agencies" im US-amerikanischen Verwaltungsrecht. 1994.

Band 3 Tai-Nam Chi: Das Herrschaftssystem Nordkoreas unter besonderer Berücksichtigung der Wiedervereinigungsproblematik. 1994.

Band 4 Jörg Rösing: Beamtenstatut und Europäische Gemeinschaften. Eine Untersuchung zu den gemeinschaftsrechtlichen Anforderungen an die Freizügigkeit der Arbeitnehmer im Bereich des öffentlichen Dienstes. 1994.

Band 5 Wolfgang Wegel: Presse und Rundfunk im Datenschutzrecht. Zur Regelung des journalistischen Umgangs mit personenbezogenen Daten. 1994.

Band 6 Sven Brandt: Eigentumsschutz in europäischen Völkerrechtsvereinbarungen. EMRK, Europäisches Gemeinschaftsrecht, KSZE – unter Berücksichtigung der historischen Entwicklung. 1995.

Band 7 Alejandro Alvarez: Die verfassunggebende Gewalt des Volkes unter besonderer Berücksichtigung des deutschen und chilenischen Grundgesetzes. 1995.

Band 8 Martin Thies: Zur Situation der gemeindlichen Selbstverwaltung im europäischen Einigungsprozeß. Unter besonderer Berücksichtigung der Vorschriften des EG-Vertrages über staatliche Beihilfen und der EG-Umweltpolitik. 1995.

Band 9 Rolf-Oliver Schwemer: Die Bindung des Gemeinschaftsgesetzgebers an die Grundfreiheiten. 1995.

Band 10 Holger Kremser: „Soft Law" der UNESCO und Grundgesetz. Dargestellt am Beispiel der Mediendeklaration. 1996.

Band 11 Michael Silagi: Staatsuntergang und Staatennachfolge: mit besonderer Berücksichtigung des Endes der DDR. 1996.

Band 12 Reinhard Franke: Der gerichtliche Vergleich im Verwaltungsprozeß. Auch ein Beitrag zum verwaltungsrechtlichen Vertrag. 1996.

Band 13 Christoph Eichhorn: Altlasten im Konkurs. 1996.

Band 14 Dietrich Ostertun: Gewohnheitsrecht in der Europäischen Union. Eine Untersuchung der normativen Geltung und der Funktion von Gewohnheitsrecht im Recht der Europäischen Union. 1996.

Band 15 Ulrike Pieper: Neutralität von Staaten. 1997.

Band 16 Harald Endemann: Kollektive Zwangsmaßnahmen zur Durchsetzung humanitärer Normen. Ein Beitrag zum Recht der humanitären Intervention. 1997.

Band 17 Jochen Anweiler: Die Auslegungsmethoden des Gerichtshofs der Europäischen Gemeinschaften. 1997.

Band 18 Henrik Ahlers: Grenzbereich zwischen Gefahrenabwehr und Strafverfolgung. 1998.

Band 19 Heinrich Hahn: Der italienische Verwaltungsakt im Lichte des Verwaltungsverfahrensgesetzes vom 7. August 1990 (Nr. 241/90). Eine rechtsvergleichende Darstellung. 1998.

Band 20 Christoph Deutsch: Elektromagnetische Strahlung und Öffentliches Recht. 1998.

Band 21 Cordula Fitzpatrick: Künstliche Inseln und Anlagen auf See. Der völkerrechtliche Rahmen für die Errichtung und den Betrieb künstlicher Inseln und Anlagen. 1998.

Band 22 Hans-Tjabert Conring: Korporative Religionsfreiheit in Europa. Eine rechtsvergleichende Betrachtung. Zugleich ein Beitrag zu Art. 9 EMRK. 1998.

Band 23 Jörg Karenfort: Die Hilfsorganisation im bewaffneten Konflikt. Rolle und Status unparteiischer humanitärer Organisationen im humanitären Völkerrecht. 1999.

Band 24 Matthias Schote: Die Rundfunkkompetenz des Bundes als Beispiel bundesstaatlicher Kulturkompetenz in der Bundesrepublik Deutschland. Eine Untersuchung unter besonderer Berücksichtigung natürlicher Kompetenzen und der neueren Entwicklung im Recht der Europäischen Union. 1999.

Band 25 Hermann Rothfuchs: Die traditionellen Personenverkehrsfreiheiten des EG-Vertrages und das Aufenthaltsrecht der Unionsbürger. Eine Gegenüberstellung der vertraglichen Gewährleistungen. 1999.

Band 26 Frank Alpert: Zur Beteiligung am Verwaltungsverfahren nach dem Verwaltungsverfahrensgesetz des Bundes. Die Beteiligtenstellung des § 13 Abs. 1 VwVfG. 1999.

Band 27 Matthias Reichart: Umweltschutz durch völkerrechtliches Strafrecht. 1999.

Band 28 Nikolas von Wrangell: Globalisierungstendenzen im internationalen Luftverkehr. Entwicklung der Regulierung und Liberalisierung unter Berücksichtigung strategischer Allianzen und des Code-Sharing. 1999.

Band 29 Marietta Hovehne: Ein demokratisches Verfahren für die Wahlen zum Europäischen Parlament. Legitimation gemeinschaftlicher Entscheidungsstrukturen im europäischen Integrationsprozeß. 1999.

Band 30 Nina Kaden: Der amerikanische Clean Air Act und das deutsche Luftreinhalterecht. Eine rechtsvergleichende Untersuchung. 1999.

Band 31 Brigitte Daum: Grenzverletzungen und Völkerrecht. Eine Untersuchung der Rechtsfolgen von Grenzverletzungen in der Staatenpraxis und Folgerungen für das Projekt der International Law Commission zur Kodifizierung des Rechts der Staatenverantwortlichkeit. 1999.

Band 32 Andreas Fürst: Die bildungspolitischen Kompetenzen der Europäischen Gemeinschaft. Umfang und Entwicklungsmöglichkeiten. 1999.

Band 33 Gilles Despeux: Die Anwendung des völkerrechtlichen Minderheitenrechts in Frankreich. 1999.

Band 34 Michael Reckhard: Die rechtlichen Rahmenbedingungen der Sanktionierung von Beitragsverweigerung im System der Vereinten Nationen. 1999.

Band 35 Carsten Pagels: Schutz- und förderpflichtrechtliche Aspekte der Religionsfreiheit. Zugleich ein Beitrag zur Auslegung eines speziellen Freiheitsrechts. 1999.

Band 36 Bernhard Mehner: Die grenzüberschreitende Wirkung direktempfangbaren Satellitenfernsehens aus völkerrechtlicher Sicht. 2000.

Band 37 Karl-Josef Ulmen: Pharmakologische Manipulationen (Doping) im Leistungssport der DDR. Eine juristische Untersuchung. 2000.

Band 38 Jochen Starke: Die verfassungsgerichtliche Normenkontrolle durch den Conseil constitutionnel. Zum Kompetenztitel des Art. 61 der französischen Verfassung. 2000.

Band 39 Marco Herzog: Rechtliche Probleme einer Inhaltsbeschränkung im Internet. 2000.

Band 40 Gilles Despeux: Droit de la délimitation maritime. Commentaire de quelques décisions plutoniennes. 2000.

Band 41 Christina Hackel: Der Untergang des Landes Braunschweig und der Anspruch auf Restitution nach der Wiedervereinigung Deutschlands. 2000.

Band 62 Heiko Bertelmann: Die Europäisierung des Staatshaftungsrechts. Eine Untersuchung zum Einfluss des Europäischen Gemeinschaftsrechts auf das deutsche Staatshaftungsrecht unter besonderer Berücksichtigung der Haftung für judikatives Unrecht. 2005.

Band 63 Cedric Christian Meyer: Konkretisierung unbestimmter Rechtsbegriffe im deutschen und französischen Anlagenzulassungsrecht. 2005.

Band 64 Philippe Gréciano: Die Gerichtsbarkeit der Europäischen Gemeinschaften. Rechtsprechung und Rechtssprache Europas aus französischer Perspektive. Mit einem Vorwort von Theodor Öhlinger. 2007.

Band 65 Anne-Louise Schümer: Die Stellung des Ministerpräsidenten in den Bundesländern im Vergleich. 2006.

Band 66 Helen Ghebrewebet: Identifying Units of Statehood and Determining International Boundaries. A Revised Look at the Doctrine of *Uti Possidetis* and the Principle of Self-Determination. 2006.

Band 67 Arne Hertel: Beihilfen an kleine und mittlere Unternehmen. 2006.

Band 68 Markus Günther: Europol. Rechtsschutzmöglichkeiten und deren Vereinbarkeit mit nationalen und internationalen Anforderungen. 2006.

Band 69 Christian Wicker: The Concepts of Proportionality and State Crimes in International Law. An Analysis of the Scope of Proportionality in the Right of Self-Defence and in the Regime of International Countermeasures and an Evaluation of the Concept of State Crimes. 2006.

Band 70 Hauke Stöwsand: Zyperns Beitritt zur Europäischen Union. Vom Antrag auf Mitgliedschaft bis zum Protokoll der Beitrittsakte. 2007.

Band 71 Natalie Rowohl: Weltbank und Internationaler Währungsfonds: Ihre Mandate und deren Abgrenzung. Stand und Reformvorschläge. 2007.

Band 72 Ru-Huei Liu: Europäisierung des deutschen Umweltrechts. 2008.

Band 73 Katja Lange: Der Status der Aufständischen im modernen humanitären Völkerrecht. 2007.

Band 74 Tarik El-Shabassy: Die Durchsetzung finanzieller Sanktionen der Europäischen Gemeinschaften gegen ihre Mitgliedstaaten. 2008.

Band 75 Karsten Seifert: Das interamerikanische System zum Schutz der Menschenrechte und seine Reformierung. 2008.

Band 76 Nora Graaff: Staatenverantwortlichkeit. Vom „völkerrechtlichen Verbrechen" zur „schwerwiegenden Verletzung einer zwingenden Völkerrechtsnorm" anhand der ILC-Kodifikationsarbeit. 2008.

Band 77 Aldona Szczeponek: Die Umsetzung des Völkerrechts und des europäischen Gemeinschaftsrechts in Polen. Unter Berücksichtigung verfassungsrechtlicher Lösungen anderer europäischer Staaten. 2008.

Band 78 Christian Friedrich Fonk: Europäische Luftqualitätsziele und nationale Erfüllungsverantwortung. 2009.

Band 79 Christina Prinzhorn: Der Grundsatz des öffentlichen Zugangs zu amtlichen Dokumenten aus der Perspektive des internationalen Rechts. Materiell-rechtliche Vorgaben durch das internationale Recht für Informationszugangsrechte in den nationalen Rechtsordnungen Europas. 2009.

Band 80 Steffen Eicker: Der Deutsch-Herero-Krieg und das Völkerrecht. Die völkerrechtliche Haftung der Bundesrepublik Deutschland für das Vorgehen des Deutschen Reiches gegen die Herero in Deutsch-Südwestafrika im Jahre 1904 und ihre Durchsetzung vor einem nationalen Gericht. 2009.

Band 81 Niels Beisinghoff: Corporations and Human Rights. An Analysis of ATCA Litigation against Corporations. 2009.

Band 82 Gesine Wolf-Zimper: Zielgerichtete Sanktionen des Sicherheitsrates der Vereinten Nationen und effektiver Rechtsschutz. 2009.

Band 83 David Bergius: Die offene Frage des Privateigentums der Vertriebenen im deutsch-polnischen Verhältnis. 2009.

Band 84 Axel Rolf Schneider: Petitionen zum Europäischen Parlament mit Berücksichtigung des Bürgerbeauftragten. 2009.

Band 85 Tobias Nord: Rechtsnachfolge bei zwischenstaatlichen Organisationen. 2010.

Band 86 Marcel Bongard: Emissionshandel und effektiver Rechtsschutz: Ein unvereinbarer Gegensatz? Eine Untersuchung zu den Auswirkungen marktwirtschaftlicher Umweltschutzinstrumente auf den Individualrechtsschutz am Beispiel des Emissionshandelssystems. 2010.

Band 87 Armin Huhn: Amtshaftung im bewaffneten Auslandseinsatz. Anwendbarkeit und Leistungsfähigkeit des Amtshaftungsrechts bei Verletzung des *ius in bello*. 2010.

Band 88 Johannes Mosters: Ethische Beschaffung. Sekundärzwecke im Zeitalter der Globalisierung. 2010.

Band 89 Thomas Herntrich: Thüringen. Von den thüringischen Kleinstaaten nach Zerfall des Alten Reiches bis zum Freistaat Thüringen. Eine völkerrechtliche und verfassungsrechtliche Betrachtung. 2010.

Band 90 Marcelo Antonio Villagrán Abarzúa: Verfassungsrechtliche Grundlagen der Gemeindeverwaltung in Chile. Auch ein Beitrag zur Dezentralisierung und Dekonzentration. 2010.

Band 91 Manfred Hechtl: Die offensive Defensive: Das Recht der präventiven Selbstverteidigung? Lösungsansätze für (scheinbare) Bedrohungen durch einzelne Staaten und internationale Terrornetzwerke. 2011.

Band 92 Christian Grüner: Quantität und Qualität der europäischen Rechtsetzung. 2011.

Band 93 Anna Keller: Der neue Rechtsrahmen für den öffentlichen Rundfunk in Frankreich. 2011.

Band 94 Jörn Eschment: Musterprozesse vor dem Europäischen Gerichtshof für Menschenrechte. Probleme und Perspektiven des Piloturteilsverfahrens. 2011.

Band 95 Marija Dietrich: Staatliches Souveränitätsverständnis im Wandel der gesellschaftspolitischen Strukturen. Eine Perspektive der Europäischen Union nach Inkrafttreten des Vertrags von Lissabon. 2011.

Band 96 Philipp Austermann: Die Anrechnungsbestimmungen im Abgeordnetenrecht des Bundes und der Länder. Eine verfassungsrechtliche und verfassungspolitische Untersuchung unter besonderer Berücksichtigung des Abgeordnetenstatus. 2011.

Band 97 Gilbert Gornig (Hrsg.): Krisengebiete der Welt. Völkerrechtliche und politische Aspekte. 2011.

Band 98 Jörg Brackmann: Genehmigung, Anmeldung und Anzeige gentechnischer Arbeiten und Anlagen. Nach den Änderungen des Gentechnikrechts 2002, 2005 und 2008. 2011.

Band 99 Giuseppe de Vergottini / Valeria Piergigli (eds.): Topographical Names and Protection of Linguistic Minorities. 2011.

Band 100 Nevzat Kirkagac: Verdachtsausweisungen im deutschen Rechtsstaat. 2011.

Band 101 Karlheinz Rode: Verfassungsidentität und Ewigkeitsgarantie. Anmerkungen zu einem Mythos der Deutschen Staatsrechtslehre. 2012.

Band 102 Markus Kühnl: Enteignung und Mediation. Ansätze mediativer Konfliktlösung hinsichtlich einer Enteignung zur Realisierung planfeststellungsbedürftiger Großvorhaben. 2012.

Band 103 Max Fischer: Das System konsistenter Entgeltregulierung im deutschen Telekommunikationsrecht. 2012.

Band 104 Jennifer Satish: Nationale Handlungsspielräume beim Anbau von gentechnisch veränderten Organismen (GVO). Europa- und welthandelsrechtliche Implikationen. 2012.

Band 105 Eva Marie Lischka: Völkerrechtliches und nationales Schifffahrtsrecht. 2013.

Band 106 Friederike Maria Posor: Der Darfur-Konflikt und seine Auswirkungen auf die internationale Staatengemeinschaft. Vor dem Hintergrund neuer völkerrechtlicher Rechtsfortbildung. Möglichkeiten und Grenzen der internationalen Friedenskonsolidierung. 2013.

Band 107 Kai Georg Krenz: Rechtliche Probleme des internationalen Kulturgüterschutzes. Durchsetzung, Harmonisierungsbestrebungen und Restitutionen von Kulturgütern. 2013.

Band 108 Jörg Sommer: Das Recht der Kriegsgefangenen in modernen bewaffneten Konflikten. 2013.

Band 109 Henning Hildebrandt: Die Rechtsproblematik multipler Regulierungsstrukturen in der Doping-Bekämpfung. Zur Notwendigkeit und Möglichkeit einer globalen öffentlich-rechtlichen Kontrolle sozialmächtiger Sportverbände. 2013.

Band 110 Isabelle Reutzel: Das Weltraumrecht in Europa. Eine Analyse der nationalen Regelungen zur Raumfahrt. 2014.

Band 111 Lì Lǐ: Potenzial und Grenzen der Missbrauchskontrollregelung in der Europäischen Union und in der Volksrepublik China. Eine rechtsvergleichende Analyse am Beispiel der Kampfpreisstrategien. 2014.

www.peterlang.com